あなたの予想と馬券を変える
革命競馬

はじめに

皆さんは「ワイド万馬券」を獲ったことがあるでしょうか?

そもそも出現率が低いうえに、仮に出たとしても穴馬同士の組み合わせというケースが多いため、的中させることはかなり難しい。こと万馬券的中という点で比較するならば、3連単のほうがはるかにカンタンでしょう。ワイド万馬券には配当以上の価値がある——私はそう考えています。

冒頭からこのようなことを書くと、「ワイドに特化した本なの?」と思われるかもしれませんが、それは違います。強調したいのは、今回本書で発表する新理論【エリートポイント】(略称、EP)は「複数頭の穴馬をピンポイントで指名することを可能にし、ワイド万馬券の的中を日常茶飯事にしてくれる」ということです。

その〝証拠〟をいくつか紹介するので、ご覧いただきましょう。

1、2着のワイドの組み合わせが万馬券になったレースでは、ほぼ100%に近い確率で馬連、馬単、3連複、3連単も万馬券になります。

つまり、ワイド万馬券を獲れるのであれば、あとひと手間加えたり、券種をアレンジしたりするだけで、さらに大きな配当をゲットする確率を高められるということです。万馬券に限らず、シンプルに「穴馬券を獲る」という観点からすれば、もちろん単複派にとっても無関係な話ではありません。

用いる予想ツールは、日刊コンピ指数(以下、コンピ)です。コンピについては、ほとんどの読者にとって説明不要だと思いますが、念のため序章(P8~)にて概要を解説しています。コンピビギナーの方は、こちらに目を通してから本編(第1章以降)にお進みください。

コンピがこの世に誕生し、日刊スポーツの紙面に初めて公開されたのは１９９１年のことになります。以来30年以上（コンピの前身となる「コンピュータ予想」の時代を含めると40年以上）が経過し、さまざまな理論、

万馬券的中証明書

田中　洋平様

2024年04月06日
JRA日本中央競馬会

あなたは下記の万馬券を的中させましたので
ここに証明いたします。

記

2024年　3回中山5日　12R
ワイド　10−14　100円購入
払戻金単価　@37,090円
払戻金合計　37,090円

万馬券的中証明書

田中　洋平様

2024年04月27日
JRA日本中央競馬会

あなたは下記の万馬券を的中させましたので
ここに証明いたします。

記

2024年　3回京都3日　5R
ワイド　01−09　100円購入
払戻金単価　@34,890円
払戻金合計　34,890円

万馬券的中証明書

田中　洋平様

2024年04月06日
JRA日本中央競馬会

あなたは下記の万馬券を的中させましたので
ここに証明いたします。

記

2024年　3回中山5日　12R
ワイド　07−14　100円購入
払戻金単価　@21,570円
払戻金合計　21,570円

万馬券的中証明書

田中　洋平様

2024年05月26日
JRA日本中央競馬会

あなたは下記の万馬券を的中させましたので
ここに証明いたします。

記

2024年　2回東京12日　5R
ワイド　11−16　100円購入
払戻金単価　@12,220円
払戻金合計　12,220円

万馬券的中証明書

田中　洋平様

2024年08月18日
JRA日本中央競馬会

あなたは下記の万馬券を的中させましたので
ここに証明いたします。

記

2024年　2回中京4日　5R
ワイド　06−10　100円購入
払戻金単価　@12,060円
払戻金合計　12,060円

万馬券的中証明書

田中　洋平様

2024年08月04日
JRA日本中央競馬会

あなたは下記の万馬券を的中させましたので
ここに証明いたします。

記

2024年　2回新潟4日　9R
ワイド　03−05　100円購入
払戻金単価　@15,480円
払戻金合計　15,480円

必勝法、攻略術が生み出されてきました。

コンピは今なお競馬ファンのあいだで根強い人気を誇る一方、「すでに研究し尽くされているため、新たな理論を開発することは難しい」「その余地はほとんど残されていない」という声も多く聞かれます。

しかし、私はまったくそう思っていません。詳しくは後ほど触れますが、コンピは日々変わりつつある競馬の常識やセオリーに置いていかれることなく、歩調を合わせるように進化し、高い精度を保ち続けているからです。

時代の変化についていけているコンピだからこそ、新たな切り口を見つけることができると信じて私は研究を続けていますし、実際にそれを成功させています。ここに掲載したワイド万馬券群は、その成果を証明したものといえるでしょう。


私はこれまで、好走率や期待値の高いコンピ順位の〝ゾーン〟を狙う理論をおもに提唱してきました。そして今回初公開するエリートポイントは、特定のコンピ順位の馬を〝ピンポイント〟で狙うことを可能にしています。両者を融合させれば、破壊力はさらに増し、予想精度を大幅に向上させられることは論をまちません。

それを机上の空論にとどまらせず、リアルに実証してくれたのが、田中洋平のコンピ理論のよき理解者であり、書籍・雑誌における長年の担当者でもある穴党編集スタッフのHさんです。馬連・ワイドを主体とする2連勝馬券派の私に対し、Hさんはバリバリの3連勝馬券派。もともと持っている優れた馬券センスに私の理論を融合させて、高配当を次から次へと的中させています。

そして過去に発表した理論（単行本）同様に、エリートポイントでもいろいろと結果を残してくれました。

その一部始終は第4章にまとめたので、3連勝馬券で夢馬券を求める向きはぜひ参考になさってください。

エリートポイントを実践するにあたり、何か特別な知識や作業を求められることはありません。競馬ならびにコンピの最低限の知識さえあれば、誰でもすぐに活用することができます。ベテランの皆さんはコンピの常識をアップデートし、ビギナーの皆さんはコンピの素晴らしさを知り、どんどん儲けていただくのが私の望みです。

コンピがあれば、これから行なわれるレースにおいて、荒れる可能性が高いか、それとも堅く収まりそうかがわかります。馬券に絡む公算の大きい順位のゾーン、期待値の高い順位のゾーンも明らかになります。そしてさらに、新理論エリートポイントによって、馬券になりやすいピンポイントの順位、それも高配当を運んでくれる下位の穴馬を一本釣りすることが可能になりました。

コンピの可能性は無限大です。

だからこそ、上手に利用すればオイシイ的中馬券をひっきりなしにしとめられるようになります。

迷っているヒマはありません。今すぐに、次なる一歩を踏み出しましょう！

日刊スポーツ公認コンピ研究家　田中洋平

日刊コンピ　エリートポイント

目次

第3章●乗り替わり、馬場・距離変更…EP馬狙い撃ち応用編

第4章●EP実践!みんなで夢馬券を獲りにいこう

装丁●橋元浩明(sowhat.Inc.) 本文DTP●オフィスモコナ
写真●野呂英成 馬柱・コンピ表●日刊スポーツ
※名称、所属は一部を除いて2024年9月末日時点のものです。成績、配当は必ず主催者発行のものと照合してください。
コンピ・データの集計期間は2021年1月～23年12月です。
馬券は必ず自己責任において購入お願いいたします。

日刊コンピ指数&田中洋平のコンピ理論の基礎知識

私はこれまで、多種多様のコンピ理論を開発し、そのつどメディアで発表してきました。世に送り出したコンピ関連書は5冊（本書を含めると6冊）。おかげさまで、多くの競馬ファン・コンピファンからご支持をいただいています。

その功績がコンピの本家である日刊スポーツ新聞社にも認められ、同社が運営する公式サイト『新極ウマ・プレミアム』での予想提供や、YouTubeチャンネルへの出演といった活動をさせていただくようになりました。これらはすべて励みになりますし、コンピ研究や予想に取り組むうえでの大きな原動力になっています。

そして、新たな競馬ファンが増えていることにも喜びを感じています。コロナ禍が到来して競馬をはじめとする公営競技のネット投票に注目が集まり、思いがけず売上が増加。そこにウマ娘ブームが重なり、新規ファンがさらに増える状況が生まれました。競馬を生業（なりわい）とする者にとって、こんなに嬉しいことはありません。

本書を手に取ってくださった方のなかにも、競馬を始めたばかりだったり、自分に合う予想方法を模索している最中だったり、という方はいるでしょう。ここ最近、コンピに出会ったばかり、という方も当然いらっしゃると思います。

そこで本編に入る前に、日刊コンピ指数ならびに、田中洋平のコンピ理論の基礎知識を紹介するページを用意いたしました。私がいくつものコンピ理論を開発してきたことは前述した通りですが、それぞれ結論に至るアプローチの方法に違いがあるだけで、コンピに対する私の考え方は終始一貫しています。コンピ初心者や本書を通じて私の存在を初めて知った方は、この序章に必ず目を通してください。

なお、序章のこれ以降の文章については、前著『日刊コンピ　新テクニカル6』の序章を流用し、一部加筆修正したものとなります。

●改めて「日刊コンピ指数」とは……

まずはコンピの解説から始めていきます。

コンピは、日刊スポーツ新聞社が開発・公開している競馬予想ツールで、競走馬の能力を独自に数値化したものです。日本で最も知名度が高く、ユーザー数の多い競馬予想の指数であることは間違いありません。

コンピが『日刊スポーツ』の紙面に掲載されるようになったのが1991年ですので、その歴史は30年以上（その前身となる「コンピュータ予想」の時代を含めると40年以上）。その間、まったく色あせることなく存在感を放ち、多くの競馬ファンの心をつかみ続けてきました。

その理由は「使えるから」にほかなりません。だから、競馬ファンはコンピに熱い視線を送り、こぞって研究に没頭しているのです。なかには当然、私よりも長くコンピを研究・活用しているベテランユーザーもいらっしゃるでしょう。

コンピは、日刊スポーツ新聞社が運営する競馬予想サイト『新極ウマ・プレミアム』に登録すればレース前日の午後7時ごろに、また駅売店やコンビニなどで『日刊スポーツ』本紙を購入（あるいは定期購読）すればレース当日の朝に、それぞれ入手可能。同紙公式サイトでは、コンピを次のように定義しています。

馬の能力指数を数値化したもので最高点は90点（最低40点）で、数字が大きい方が有利です。指数算出のための素材は、馬の過去の実績や血統など日刊スポーツ新聞社の競馬データベースに登録されたデータをはじめ、追い切り時の調子など取材でしか得られない情報まで多岐にわたります。これらを日刊スポーツオリジナルの方法で算出、平均値化したものが「コンピ指数」です。

要するに、コンピは能力指数ということなのですが、私はこの定義の仕方に対して少々懐疑的な考えを持っています。なぜなら、コンピの順位は能力順というよりは、人気順に並んでいるとしか思えないからです。

能力は高いのに人気の盲点になっていて、レースで圧勝する馬は時に出現します。終わってからファンがその馬の強さに気づかされる、というケースです。

優秀な能力指数というのは本来、そういった「人気はないけれど、じつは強い馬」をレース前に見抜き、高い指数を示すことによって、私たちに「妙味のある穴馬だよ」ということを教えてくれるもの。逆に「人気先行タイプ」に低い指数を示すことで、「危険な人気馬」「軽視してしかるべき馬」であることを教えてくれる場合もあります。

指数が2位なのに8番人気＝買い
1番人気なのに指数が9位＝消し

精度の高い能力指数であれば、このような判断が可能になるわけです。もちろん、人気の有無にかかわらず指数上位の馬を中心に馬券を組み立てるのが、基本スタンスにして正しい活用法になります。

●「コンピは人気指数!?」――そこに攻略の糸口がある

しかし、コンピは順位がほぼ人気順になるため、同じように扱うことができません。コンピ2位が8番人気だったり、コンピ9位が1番人気だったり、というケースは皆無に等しいのです。

1位はたいてい1番人気か2番人気なので、これをひたすら買い続けると、高い的中率はキープできるものの、長期的には必ずマイナス収支を記録することになります。

だから私は、「コンピは能力指数というよりは、人気指数ととらえるべき」と主張しているのです。

2020年10月から、極ウマ（現在の新極ウマ）のAI予想のロジックがコンピに取り入れられるようになったと私は考えており、上位指数の馬のパフォーマンスは確かに上がりましたが、それでも順位がほぼ人気順になる特徴は変わっていません（※このあたりの詳細については、前著『日刊コンピ　新テクニカル6』に記載しています）。

「指数順に買っても儲からないのなら、使えないのではないか？」

そう考える方も、なかにはいらっしゃるでしょう。

でも、それは違います。能力指数ではなく、最初から人気指数だと思っていれば、攻略の糸口が見えてくるからです。

レースによって、外せない1番人気や絶対に買っておいたほうがいい8番人気がいるように、コンピにも鉄板級の1位や激走確率の高い8位が存在します。

逆に、信頼できない1番人気（コンピ1位）やバッサリ切ってしまっても構わない8番人気（コンピ8位）もいます。

つまり、上から順に買えばいいのではなく、そのコンピ順位の馬、あるいはコンピ順位のゾーン（例えば4〜6位）に入っている馬は買う価値があるかないかを、レースごとに判断していけばいいのです。

コンピは、その順位と人気順が高確率でリンクする、とても精度の高い人気指数です（能力指数ではなく、あえて人気指数と呼びます）。指数値の高低をオッズに置き換えれば、きわめて優秀な予測オッズと考えることもできるでしょう。

それゆえに、レース条件や指数値の出現形態によって傾向がハッキリと出ます。

その傾向をパターン化し、好走確率の高い馬に狙いを定めるのが、コンピの正しい使い方。そのようにお考えください。

●コンピの3大特性を頭のなかに入れておこう

私が開発した理論は、そんなコンピの特性を最大限に利用していますが、その大前提を踏まえ、あらかじめ把握しておくべきコンピの特性を3つ挙げていきます。

①最高値が90、最低値が40と決まっている

ディープインパクト、オルフェーヴル、アーモンドアイ、イクイノックスのような圧倒的存在の馬が出走していても、100や110といった高数値が出ることはありません。

逆に、10戦連続最下位というように、目も当てられないようなひどい成績の馬に、10や20といった低数値が付けられることもありません。

91ですら出現しませんし、39というケースもゼロ。すべては40から90の間で指数値が付けられます。

②同じ指数値が出現することはない

実際にはあり得ないことですが、同じ遺伝子を持ったクローンの馬が18頭出走してきたレースがあったとしても、必ずすべてに1以上の差がつけられます。

下馬評にほとんど差がなく、人気割れ確実のレースでもそれは同じ。つまり、持っている能力や世間の評価がまったく同じでも、10以上の大きな指数差がつくケースがあるということです。

③絶対評価ではなく相対評価

例えばスピード指数などの能力指数の場合、競走馬の能力から算出した指数は絶対値で表され、100と70の馬が同じレースに出走すると、100の馬のほうが速く走れると考えることができます。

まったく同じ能力であれば、100の馬が2頭存在するケースも発生するわけです。

しかしコンピの場合は、最高評価の馬に90という指数値が与えられ、そのレースに同レベルのライバルが参戦してきたとしても、同値が存在しないため90で横並びになることはありません。2位は81、3位は80というように、必ず一定の差が付けられます。

すなわち、コンピの指数値は絶対的なものではなく、相手関係次第で変わるということ。馬の能力を純粋に表す指数ではないのでご注意ください。

以上の3つのポイントを念頭に置き、コンピをさまざまな角度から研究した結果、私は次のように結論づけました。

・同じ馬でも相対的に指数が変わってくるので、指数値の大小をピンポイント（点）で見ても意味がない。
・1位が抜けた指数を示しているレースよりも、上位数頭の指数が高値で安定しているレースのほうが堅く収まる傾向にある。よって、コンピの順位や指数を点ではなくゾーン（面）で見て、傾向を分析したほうが効果的。
・ただし、各順位の平均指数値や出走頭数などを加味することによって、特定の順位の馬を狙い撃ちすることが可能になる→それを実現したのが本書で公開する新理論＝エリートポイント。
・最低値が40と決まっているので、下位（目安は10位以下）の馬ほど指数差が小さくなる傾向にある（ほとんどが50を下回る）。すなわち、下位について分析しても、的中に結び付く有力なデータは得られない。
・少頭数レースは、コンピが一ケタ順位でも、下位であれば自ずと40台の数値が付く。9頭立ての9位は、ほとんどが最低値の40になる。つまり、下位になればなるほど指数の出方が曖昧になる。

●コンピを点ではなく、ゾーンで見る理由

こうして私は、コンピの特性やある種の弱点を効果的に利用した、数々のコンピ理論を開発してきたわけですが、なかでもとりわけ「コンピを点ではなくゾーンで見る」というスタイルにはこだわりを持ってきました。

いちばんの理由は、コンピを点で見る理論は、アプローチの方法によっては大きな欠陥を抱える可能性をはらんでいるからです。

コンピを点で見る理論の代表例は、「過去10年において、コンピ1位の指数値が80かつコンピ5位が50以上のレースでは、コンピ7位が単勝回収率１１０％を記録している。よって、同じ指数パターンのときはコンピ7位を狙いましょう」といったたぐいのもの。データ母数は過去10年と豊富で、一見理にかなっているアプローチ方法のように感じるかもしれません。

しかし、ここには大きな落とし穴が潜んでいます。

なぜ7位が高い回収率を計上しているのか、明確な理由を説明できないからです。「事実、そういう数字が出ているから」では説得力がありません。

偶然、その指数形態のときに7位の好走が多かった可能性は否定できない。

未来も同じような傾向をたどる保証はどこにもない。

くある話です。

それが実態であり、「この情報を知ってから7位を買いはじめたら急に当たらなくなった」というのは、よくある話です。

いわばこれは、再現性に乏しい単なる出目理論。コンピを有効活用するためには、指数の構造上の特性に目を向け、高い再現性に期待できるパターンを狙っていく必要があります。

一方、コンピをゾーンで見る理論は、ゾーンごと（例えば1～3位、4～6位など）の指数の偏りや全体における指数値の比率を分析することにより、馬券になる確率の高いゾーンを統計的にあぶり出すこと（これはすなわち、レースが堅く収まりやすいか、荒れやすいかを事前に予測するということ）に主軸を置いていますので、「データを出したとたんに当たらなくなる」という事態に陥ることはありません。

「この馬が来る」とピンポイントで予想するのではなく、「このあたりのゾーンの数頭が馬券に絡む可能性が高い」と予想するので、総崩れに終わるケースを高い確率で回避することができます。

その点が、コンピを点で見る理論（出目理論）とゾーンで見る理論の決定的な違いといっていいでしょう。

●レースの波乱度を測定する【テクニカル6】

コンピに着目した当初の私は、この〝再現性に乏しい単なる出目理論〟に傾倒し、何度も挫折を味わうことになりましたが、コンピを点ではなくゾーンで見ることの有効性に気づくことによって、状況は一変。「コンピで競馬に勝つ」ことを実現できるようになりました。

そして、メディアデビュー作となった【コンピ・アナライズ】、その進化版の【ゾーンレベル】、過去作のよい部分のみを踏襲しつつパワーアップさせた【テクニカル6】（精度をさらに向上させたアップデート版の【テクニカル6　バージョンα】）、テクニカル6の外伝的な理論となる【断層インパクト】、テクニカル6に出走頭数の概念を取り入れた【テクニカル6　ハイブリッド】、コンピの仕様変更があった（と考えられる）2020年10月以降の傾向に対応した【新テクニカル6】というように、数々の理論を世に送り出してきたのです。

そして、本書で紹介する【エリートポイント】は、**特定のコンピ順位の馬をピンポイントで狙い撃つことを可能にする**という、かつてない画期的な理論となりました。

これまで、コンピをゾーンで見る理論にこだわり、点で見る理論に否定的だった私が、なぜそのスタンスを崩したのか？

再現性に乏しい単なる出目理論と、エリートポイントとの決定的な違いは何か？

エリートポイントの精度の高さ、破壊力はどれだけスゴいのか？

その答えは、第1章以降で詳しく解説していきます。

誤解なきようにお伝えしておくと、エリートポイントを完成させたからといって、過去に発表したゾーンで見る理論を否定することはいっさいありません。なぜなら、両者は共存できるからです。

というよりむしろ、共闘体制をとることによって攻撃力が増すので、必要不可欠の存在とさえいえます。

その中核を成すのが、田中洋平のコンピ理論の屋台骨を支えるテクニカル6です。そのなかのレース波乱度判定のロジックを組み合わせないと、エリートポイントの持ち味を存分に活かすことができません。よって大前提として、テクニカル6のレース波乱度判定がどういうものかを知っていただく必要があります。

概要を説明しましょう。

テクニカル6は、端的に表現すると「堅く収まりやすいレースなのか、それとも荒れやすいレースなのか、あるいはその中間くらいなのか、ということをたちどころに明らかにしてくれるコンピ理論」です。

シンプルな手順を踏むだけで、レースの決着構図を事前にクリアにイメージできます。

テクニカル6のレース波乱度判定の手順は次の通りです。

■手順①

これから行なわれるレース（予想するレース）のコンピ一覧を用意し、1〜3位の指数の合計値を算出してください。

コンピ1位が80、2位が68、3位が62であれば、合計値は210となります。

計算は、暗算でもいいですし、電卓を使っても構いません。オススメなのは、スマホに搭載されている電卓機能を利用する方法です。

■手順②

合計値が出たら、パターン早見表（左に掲載）に照らし合わせ、1から6のどのレースパターンに該当するかをチェックします。

数字が大きいパターンのレースほど堅く収まりやすく、小さいパターンのレースほど荒れやすいと予測できます。

文章にするとほんの数行で済んでしまいますが、1〜3位の合計値とレースの決着構図（1〜3着馬の人気や配当）との相関関係を正確に把握すべく、膨大な数のレース検証を行なった末に導き出した結論ですので、

●テクニカル6のパターン早見表

パターン	1〜3位の和	レース傾向
6	220以上	順当
5	216〜219	順当
4	212〜215	平均
3	209〜211	やや波乱
2	206〜208	波乱
1	205以下	波乱

しきい値は2023年に改訂されたもの。詳細は前著『日刊コンピ新テクニカル6』参照。

●参考――テクニカル6による買い目のルール

【コンピ1位83以上】

パターン	軸馬の範囲	ヒモの範囲
6	1位	2〜3位
5	1位	2〜3位
4	1位	2〜4位
3	1位	3〜9位
2	1位	4〜10位
1	1位	4〜14位

【コンピ1位82以下】

パターン	軸馬の範囲	ヒモの範囲
6	1〜2位	1〜3位
5	1〜2位	1〜3位
4	2〜3位	1〜4位
3	3〜4位	3〜9位
2	4〜5位	4〜10位
1	4〜6位	4〜14位

買い目のルールは、券種としては2連勝式が対象。各パターンでのコンピ各順位の勝率・連対率・複勝率・単勝回収値・複勝回収値を加味したもの。

その判定精度はバツグンです。高い確率で判定通りの決着パターンに収まることは、理論の考案者である私が保証します。

たったこの2つの手順を踏むだけで、レースの波乱度を的確に予測することができます。そして、エリートポイント理論を実践する際に、強力な援軍としてとてつもない威力を発揮してくれるのです。

以上、だいぶ駆け足になってしまいましたが、コンピならびに私のコンピに対する考え方の基礎知識をご理解いただけたのではないでしょうか。

では、第1章にお進みください。本題となる、エリートポイントの全貌を公開していきます。

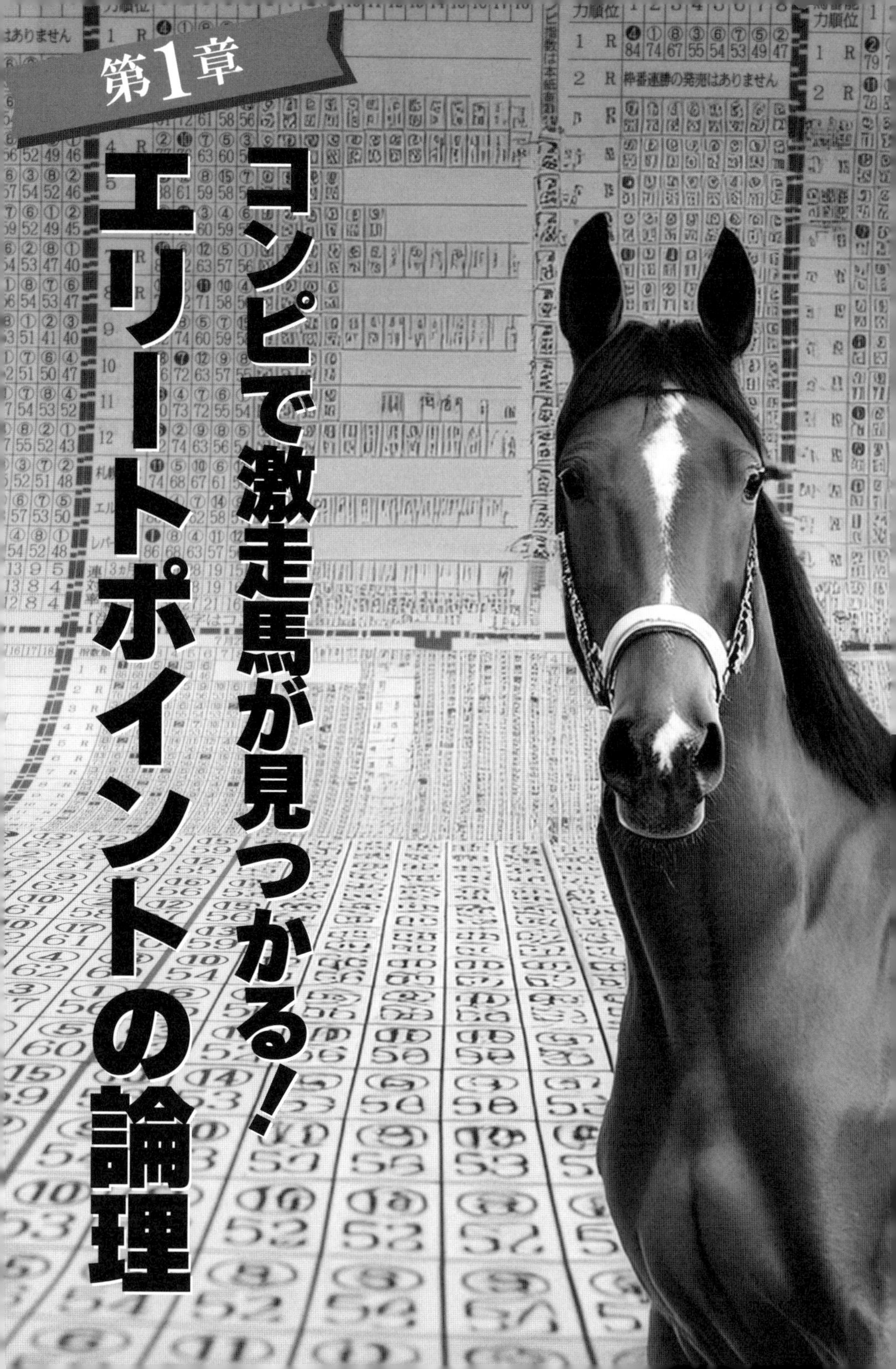

第1章

コンピで激走馬が見つかる！ エリートポイントの論理

時代は変われど、コンピは不変

「あれ？　締切5分前に買ったときは○倍あったのに、最終的にはこれだけしかつかないのか……」

最近、馬券を的中させたときにこんな思いをしたことはないでしょうか。購入時のオッズをもとに払戻金を計算するも、確定した配当が一気に下がっていて、実際に手にできた金額は半減。ぬか喜びに終わる、というパターンです。

せっかく当たったのに、どこかガッカリ……。

なんとも残念な結末ですよね。主にオッズ研究を専門にしている予想家仲間によると、結果的に的中する組み合わせが締切直前に大量に購入され、オッズがガクンと下がる現象は、年々増えているとのこと。その背景には、AI予想を導入した馬券自動購入ツールの広まりがあるともいわれています。

また、『TARGET』に代表されるデータベースソフトの普及などもあり、一般的な競馬ファンの予想スキルも近年上がっている印象です。いわゆる「勝ち組」や「馬券上手」の人たちが、正解となる組み合わせに締切直前にドカンと票を投じていることが、このような現象を招く一因になっているのでしょう。

ひと言、昔に比べてオッズがシビアになりました。同じ戦術、同じアプローチで臨んでも、同じだけ儲けることが難しくなりました。

それ以外にも、変わったこと、変わりつつあることは多々あります。

ディープインパクト、キングカメハメハの2大種牡馬が相次いでこの世を去り、生産界は群雄割拠の時代に。ただでさえ複雑な血統予想は、より難解さが増している状況です。

ローテーションにしても、かつてはトライアルや前哨戦をひと叩きしてからGI本番、という流れが主流だったのに、近年は育成技術・調教技術の飛躍的な進歩によって、ぶっつけ本番というローテが珍しくなくなりました。事実、休み明けでGIを勝つトップホースが次から次へと当たり前のように誕生しています。

もう、過去の常識や王道は通用しなくなったのです。勝つために求められるのは、新たな常識を受け入れ、自分の予想スタイルをそこに合わせていく（変えていく）こと。目の前のレースを行き当たりばったり予想するのではなく、長期スパンで考えた戦略を用意し、それを貫くこと。これらをしっかり実践していかないと、皆さんの回収率は低空飛行を続けるはめになるでしょう。

でも、心配はいりません。私たちにはコンピがあります。競馬が新時代に突入し、オッズがシビアになっても、その精度の高さに変わりはありません。コンピはきわめて正確な予測オッズという側面を持っており、レース前日の時点で示されるコンピの指数・順位と、確定オッズ・人気順位がきれいにリンクします。

馬の能力、調子、レース展開、馬場傾向など、レース結果に影響するファクターを考慮する前に、まずはコンピをチェックしましょう。コンピを使えば、レースの波乱度合いや、好走しそうな馬を見つけることができます。それが、大きなアドバンテージになるのです。

コンピである程度、狙い馬の目星をつけておき、そこから自身が得意とするファクターを用いて吟味すれば、予想精度は各段にアップするでしょう。そのスタンスを崩さなければ、競馬の常識が変わっても、置いていかれることはありません。

同じコンピ順位でも、指数値が高いほど好走率がアップする

私は【テクニカル6】を完成させた当初、これこそが最も手軽で、なおかつ使い勝手がいい（費用対効果が高い）最強のコンピ理論と自負していましたが、さすがにパーフェクトとはいえませんし、再三述べているように、立ち止まっていては時代の流れや変化についていけなくなります。

当然、日々の研究には余念がありません。コンピという唯一無二の武器を主軸に据えつつ、高品質の新理論を生み出せるように全力を尽くしています。

テクニカル6の弱点をあえて挙げるとするならば、それは「馬券に絡む確率の高いコンピ順位のゾーンしかわからない」ということです。ゾーンで見る理論だからこそ高い再現性に期待できることに自信を持ちつつ、その一方で特定のコンピ順位の馬をピンポイントで狙い撃ちできないという、ある種のジレンマを抱えていました。

なんとかひとつのコンピ順位を、ピンポイントで釣り上げられないか……。

そんな思いを抱くようになり、あみ出したのが【断層インパクト】における「エリート」という概念です。今振り返ると、これがエリートポイント開発の原点となりました。

私が注目したのは、「同じコンピ順位の馬でも、指数値が高いほど好走率がアップする」という点です。これはコンピ研究を始めたころから感覚的にわかっていましたし、同時にその事実を示すデータも出していました。今やコンピファンにとって、これは常識といっていいでしょう。

例えば指数80の2位と、指数64の2位を比べたら、前者のほうが高確率で馬券に絡みます。両者の中間の指

数70の2位は、そのあいだに収まります。具体的には、次の通りです。

コンピ2位80　勝率34％
コンピ2位70　勝率19％
コンピ2位64　勝率14％

このように、同じ順位でも指数値が大きければ好走率がアップし、反対に指数値が小さければ好走率はダウンします。これがコンピの特徴です。ちなみに、コンピ2位全体の平均指数値は70となっています。

詳細説明は割愛しますが、断層インパクトでは各順位の指数値の平均値を大きく上回る上位約3・5％をエリートと位置付けました（例えば2位の場合、平均値は70で、これを大きく上回る78以上の馬をエリートと定義）。これにより、エリートと非エリートの能力差を際立たせ、予想精度を高めることに成功したのです。

しかし、これが最適解でもなければ、ファイナルアンサーでもないということに、内心では気づいていました。同じコンピ順位内においての指数値が「高い」「低い」だけで好走率の高い馬を探し出すだけでは芸がありません。

何かもうひと捻りを加えれば、より精度を上げることができる。

もっと奥行きのある、別の分析方法はきっと存在する。

そう信じながら、試行錯誤の日々を送りました。仮説を立てて、検証し、結論に納得がいかなければまた新たな仮説を立て、という具合です。そしてあるとき、私が求める答えに近づくことを確信させるひとつのファクターにたどり着きました。
それは、単勝オッズです。

1位90のレースで、2位が指数70だったら、かなり優秀――その理由は

オッズは投票比率によって決まります。全体の投票数と、その馬に投票された票数から支持率を求め、券種によって異なる払戻率という定数を使って、オッズを算出する仕組みです。

払戻率÷支持率＝オッズ

具体的には、このように計算します。
例えば単勝の場合、全体の投票数が100、A馬の投票数が50とすると、A馬の支持率は50％（0・5）です。単勝の払戻率は80％（0・8）なので、次のような計算式でオッズを算出します。

0・8÷0・5＝1・6

これにより、A馬には1・6倍という単勝オッズが示されます。A馬の支持率が上がれば単勝オッズは下がり、逆にA馬の支持率が下がれば単勝オッズは上がる、というシステムです。つまり、全体の投票数のなかで

最も票数を集める1番人気の支持率が上がると、相対的に2番人気以下の投票数は少なくなります。

この例の場合、1番人気が50票を集めているので、2番人気以下の馬たちが残りの50票を分け合うかたちで、オッズが形成されるということです。

このような着想から「もしかしてコンピも同じような仕組みになっているのではないか？」と思い、徹底的に分析を進めました。

単勝オッズ1番人気に相当するのは、いわずもがなコンピ1位です。コンピ1位が最高値90の場合、単勝オッズは1倍台前半の断然人気に等しいので、2位以下の馬たちで残り少ない限られた票数を奪い合うことになります。

コンピ1位が票数（指数値）をたくさん持っていってしまっているため、2位以下の指数値は相対的に低迷するのが必然です。調べたところ、コンピ1位が90のレースにおけるコンピ2位の平均指数値は67でした。コンピ2位全体の平均指数値は70なので、1位が断然のレースにおいては、オッズ同様に平均を下回っていることがわかります。これは、3位以下について検証しても同じでした。

繰り返します。コンピ1位が90の場合、コンピ2位の平均は67です。つまり、これを基準にすると、68以上であればその2位は「優秀」と考えることができます。

仮に2位が70だったとしたら……。1位が多くの票数を持っていき、2位以下がし烈な争いを繰り広げているなかで、かなり頑張っている印象を受けるでしょう。実際に、コンピ1位90におけるコンピ2位70は、勝率27％・連対率46％・複勝率82％・単勝回収率１０７％・複勝回収率１３２％という素晴らしい成績を記録しています。

全レースのコンピ2位の平均指数値は70なので、1位の指数値を見ずに2位の指数値だけを見ていたら、70は高く評価できません。

しかし、1位の指数値を加味して判断すると、先に成績を示したように状況は一変します。1位が90のレースで2位が70の指数値なら、それは〝激アツ〟とみなせるのです。

1位の指数別に、2位以下の平均値を出さないと意味がない

これは裏を返すと、2位が70であっても、1位の指数値によってはまったく評価できない可能性があることを意味します。

例えば、コンピ1位が78のレースにおけるコンピ2位の平均指数値は71です。よって70は平均以下になってしまい、評価を下げる対象になります。

先ほど取り上げた、コンピ1位が90のレースにおける2位70の成績と比較してみましょう。

・1位90のレースにおける2位70
勝率27％　連対率46％　複勝率82％　単勝回収率107％　複勝回収率132％

・1位78のレースにおける2位70
勝率17％　連対率37％　複勝率46％　単勝回収率71％　複勝回収率70％

このように、同じコンピ2位70でも、1位の指数値によって、その価値がまったく違ってくるのです。

断層インパクト開発時は、コンピ2位の平均値70より上か下かで、同順位内での優劣を単純に判断していましたが、単勝オッズの仕組みの視点で考えると、それ以外の順位、とりわけ1位の指数値を考慮しなければダメなことがわかりました。

「コンピ1位の指数値がこれくらいなら、コンピ2位の指数値はこれくらいが妥当。同様に、コンピ3位の指数値はこれくらいが妥当」という指数値のライン（平均値）が、各コンピ順位に存在するわけです。

私は、出現実績のあるコンピ1位90～62のすべての指数値（28パターン）ごとに、2～18位の全順位（17パターン）の平均値を算出しました。その数は全部で28×17＝476パターンです。

そして、各パターンの各順位で平均以上の指数値をつけている馬は、好走率と回収率が総じて平均よりも高くなっていることがわかりました。

「これはいけるかもしれない」

おぼろげながらに、新理論誕生の手応えをつかんだ瞬間でした。

整理すると、平均値よりも各順位の指数値が上であればあるほど優秀、下であればあるほど劣等と判断し、馬券に組み込むか消すかを決めればいい、という結論になります。

私は平均値との指数差のことを「エリートポイント」と命名し、上回っている場合はプラス（＋）を、下回っている場合はマイナス（－）を数字の前に付けるルールを設定しました。例えば平均値が67、実際のその馬の指数値が70であれば、エリートポイントは「＋3」になるということです。

コンピ1位の指数値に対する、各順位の平均値を一覧表にしたのでご確認ください（次ページの表1）。

表1●コンピ【1位指数別】2～10位指数の平均値

1位	2位	3位	4位	5位	6位	7位	8位	9位	10位
90	67	61	57	55	53	52	51	50	49
88	67	61	58	55	53	52	51	50	49
87	68	62	58	55	54	52	51	50	49
86	68	62	58	55	53	52	51	50	49
85	68	63	58	55	54	52	51	50	49
84	69	62	58	56	54	52	51	50	49
83	69	62	58	56	54	52	51	50	49
82	70	63	59	56	54	52	51	50	49
81	70	63	59	56	54	52	51	50	49
80	70	63	59	56	54	52	51	50	49
79	71	63	59	56	54	52	51	50	49
78	71	64	59	56	54	53	51	50	49
77	71	64	59	56	54	53	51	50	49
76	70	65	60	57	55	53	51	50	49
75	70	65	60	57	55	53	51	50	49
74	70	65	61	57	55	53	51	50	49
73	69	65	61	58	55	53	51	50	49
72	69	65	61	58	55	53	51	50	49
71	68	65	62	58	56	53	52	50	49
70	68	65	62	59	56	53	52	50	49
69	67	65	62	59	57	54	52	51	50
68	66	64	62	60	57	54	52	51	50
67	65	63	62	59	57	55	53	51	50
66	64	63	61	60	58	56	54	52	51
65	64	62	61	60	58	56	54	52	51
64	63	62	61	60	58	56	54	52	51
63	62	61	60	60	58	56	54	52	51
62	61	60	59	58	57	56	54	52	51

1位89の出現率は極度に低いので除外している。

便宜上、10位までの平均値を出しているが、実際に10位まで必要なのは18頭立てのみ。コンピ下位の平均値は、P39掲載の「表3●出走頭数別の平均値」が優先となる（後述）。

これを見れば、例えば「コンピ1位が71の場合、2位の平均値は68、3位の平均値は65（以下略）」となり、各順位の平均値を上回る指数値を持っている馬を優秀と評価できます。

ここで「あれ？」思った方も多いでしょう。そうです。この一覧表にはコンピ11～18位の欄がありません。これに関しては、理由とともに後述させていただきます。

2つのレースに見る「平均値超え＝エリートポイント馬」の激走

それでは、実際に行なわれたレースを2つ取り上げて、平均値を上回った馬のパフォーマンスを振り返っていきます。

まずは2024年3月17日に行なわれた中山10R千葉Sです（P32～33に馬柱）。

出走馬のコンピ順位と指数値はご覧の通りです。コンピ1位は①オメガシンフォニーで、指数値は71となっています。1位が71のときの一桁順位（2～9位）の平均値を1頭ずつ確認していきましょう。カッコ内の数字が平均値、矢印（↓）のあとの数字がその馬の指数値、イコール（＝）のあとがエリートポイントです。

2位⑬（68）↓65＝－3
3位⑪（65）↓63＝－2
4位⑩（62）↓62＝0
5位⑨（58）↓61＝＋3

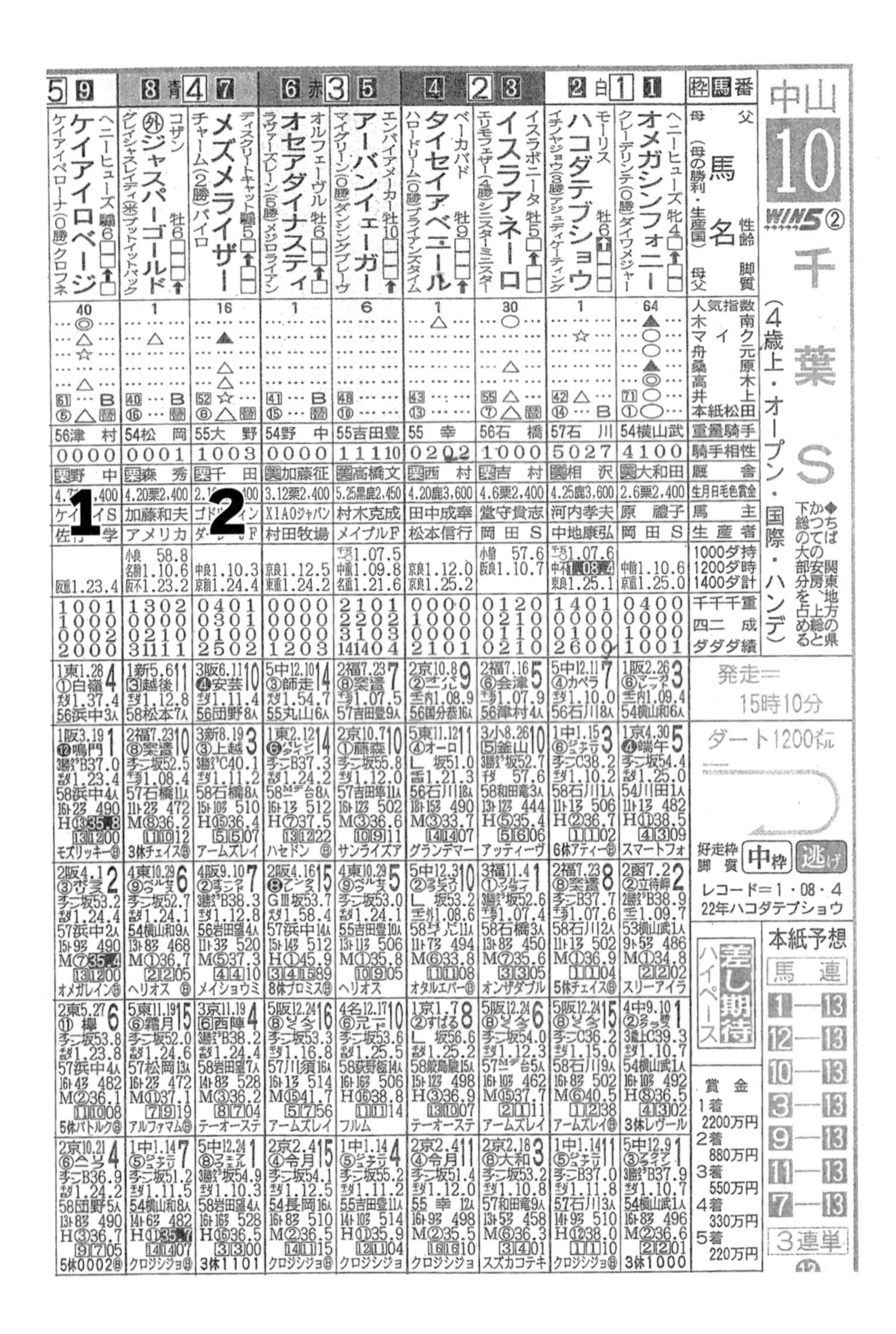

中山 10 WIN5② 千葉S（4歳上・オープン・国際・ハンデ）

◆ちばかつての安房、上総と下総の大部分を占める関東地方の県

発走＝15時10分

ダート1200メートル

好走枠 中枠　脚質 逃げ

レコード＝1・08・4　22年ハコダテブショウ

差し期待　ハイペース

枠	馬番	馬名	性齢	父	母（母の勝利・生産国）	母父	人気指数	重量騎手	騎手相性	厩舎	生月日毛色賞金	馬主	生産者	持時計	千千千重 四二成 ダダダ績
1白	1	オメガシンフォニー	牝4	ヘニーヒューズ	クーデリンテ（0勝）	ダイワメジャー	64	54横山武	4100	美大和田	2.6栗2,400	原 禮子	岡田S	中稍1.10.6 京稍1.25.0	0400 0000 1000 1001
1白	2	ハコダテブショウ	牡6	モーリス	イチノヤジョウ（3勝）	アジュディケーティング	1	57石川	5027	美相沢	4.25鹿3,600	河内孝夫	中地康弘	千ダ1.07.6 中不1.08.4 東良1.25.1	1401 0000 0100 2600
2黒	3	イスラアネーロ	牡5	イスラボニータ	エリモフェザー（4勝）	シニスターミニスター	30	56石橋	1000	栗吉村	4.6栗2,400	堂守貴志	岡田S	小稍57.6 阪良1.10.7	0120 0210 0110 0210
2黒	4	タイセイアベニール	牡9	ベーカバド	ハロードリーム（0勝）	ブライアンズタイム	1	55幸	0202	栗西村	4.20鹿3,600	田中成奉	松本信行	京良1.12.0 京良1.25.2	0000 1000 0000 2101
3赤	5	アーバンイェーガー	牡10	エンパイアメーカー	マイグリーン（0勝）	ダンシングブレーヴ	6	55吉田豊	1110	美高橋文	5.25黒鹿2,450	村木克成	メイプルF	千ダ1.07.5 中稍1.09.8 中重1.21.6	2101 2202 3103 14104
3赤	6	オセアダイナスティ	牡6	オルフェーヴル	ラヴァーズレーン（5勝）	メジロライアン	1	54野中	0000	美加藤征	3.12栗2,400	XIAOジャパン	村田牧場	京良1.12.5 東重1.24.2	0000 0000 0000 1203
4青	7	メズメライザー	牝5	ディスクリートキャット	チャーム（2勝）	パイロ	16	55大野	1003	美千田	2.1[illegible]	ゴドルフィン	ダーレーJF	中良1.10.3 京良1.24.4	0401 0301 0100 2502
4青	8	（外）ジャスパーゴールド	牡6	コザン	グレイシャスレイディ（米）	ブッチャーイットバック	1	54松岡	0001	美森秀	4.20栗2,400	加藤和夫	アメリカ	小良58.8 名稍1.10.6 阪不1.23.2	1302 0000 0210 31111
5	9	ケイアイロベージ	騸6	ヘニーヒューズ	ケイアイベローナ（0勝）	クロフネ	40	56津村	0000	栗野中	4.7[illegible],400	ケイアイS	佐[illegible]学	阪良1.23.4	1001 1000 0002 2000

予想印（南・ク元・木原・イ木上・マ・舟・桑・高・井・本紙松田）：1 ▲〇〇▲◎〇 71 ①〇／2 ☆ 42 △ ⑭B／3 〇 △ 55 △ ⑦△／4 △ 43 ⑬／5 48 ⑩／6 41 B ⑮／7 ▲ △ △ ☆ 52 ⑧△／8 △ 40 B ⑯／9 ◎ △ ☆ △ 61 B ⑤△

馬番	前走	2走前	3走前	4走前	5走前
1	1阪2.26 ⑥ 3着 芝内1.09.4 54横山和6人	1京4.30 ④端午 5着 芝坂54.4 ダ1.25.0 54川田1人 11ト1ダ 482 H①38.5 4 3 09 スマートフォ	2函7.2 ②立待岬 2着 2勝ク B38.9 ダ1.09.7 53横山武1人 9ト5ダ 486 M①34.8 2 2 02 スリーアイラ	4中9.10 ② 1着 3勝上C39.3 ダ1.10.7 54横山武1人 16ト10ダ 492 H⑧36.5 4 3 02 3休レヴール	5中12.9 ③ 1着 3勝ク B37.9 ダ1.10.7 54横山武1人 16ト8ダ 496 M②36.6 2 2 01 3休1000
2	5中12.11 ④カペラ 7着 ダ1.10.0 56石川8人	1中1.15 ⑥ 3着 芝C38.2 ダ1.10.2 58石川1人 11ト1ダ 506 H②36.7 1 1 02 6休アティー	2福7.23 ⑧安達 8着 芝B37.7 千ダ1.07.6 58石川2人 11ト1ダ 502 M①36.9 1 1 04 5休チェイス	5阪12.24 ⑧ 15着 芝C36.2 ダ1.15.0 58石川9人 16ト8ダ 502 M⑥40.5 1 2 38 アームズレイ	1中1.14 ⑤ 11着 芝B37.0 ダ1.11.8 57石川3人 14ト9ダ 510 H⑫38.0 1 1 10 クロジシジョ
3	2福7.16 ⑥会津 5着 芝ダ1.07.9 56津村4人	3小8.26 ⑤釜山 10着 3勝ク坂52.7 ダ57.6 58和田竜3人 13ト12ダ 444 H⑤35.4 5 6 06 アッティーヴ	3福11.4 ① 1着 3勝ク坂52.6 ダ1.07.4 58石橋3人 13ト8ダ 450 M⑦35.6 3 3 05 オンザダブル	5阪12.24 ⑧ 6着 芝坂54.0 ダ1.12.3 57M デ台5人 16ト10ダ 462 M⑮37.7 2 1 11 アームズレイ	2京2.18 ⑧大和 3着 芝坂53.2 ダ1.10.8 57和田竜9人 13ト5ダ 458 M⑥36.3 3 4 01 スズカコテキ
4	2京10.8 ② 9着 芝内1.08.9 56国分恭16人	5東11.12 ④オーロ 11着 L坂51.0 ダ1.21.3 56石川18人 18ト5ダ 490 M③33.7 14 14 07 グランデマー	5中12.3 ② 10着 L坂53.2 ダ1.25.2 58[illegible]11人 11ト7ダ 494 M⑥33.8 1 1 08 オタルエバー	1京1.7 ②すばる 8着 L坂56.6 ダ1.25.2 58飯島駿15人 15ト12ダ 498 H③36.9 13 10 07 テーオーステ	2京2.4 ④令月 11着 芝坂51.4 ダ1.12.0 55幸12人 16ト9ダ 498 M②35.5 16 16 10 クロジシジョ
5	2福7.23 ⑧安達 7着 芝ダ1.07.5 57吉田豊9人	2京10.7 ①藤森 10着 芝坂55.8 ダ1.12.0 57吉田隼11人 16ト1ダ 502 M③36.6 10 9 11 サンライズア	4東10.29 ⑨ 5着 芝坂53.0 ダ1.24.1 55吉田豊10人 13ト10ダ 506 M①35.8 10 9 05 ヘリオス	4名12.17 ⑥ 10着 芝坂53.6 ダ1.25.5 58荻野極14人 16ト16ダ 506 H⑯38.8 1 1 14 フルム	1中1.14 ⑤ 4着 芝坂55.2 ダ1.11.2 55吉田豊11人 14ト10ダ 514 H①35.9 12 11 04 クロジシジョ
6	5中12.10 ③師走 14着 ダ1.54.7 55丸山6人	1東2.12 ⑥ 14着 芝B37.3 ダ1.24.2 58M デ台8人 16ト1ダ 512 H⑦37.5 13 12 22 ハセドン	2阪4.16 ⑧ 15着 GIII坂53.7 ダ1.58.4 57浜中14人 15ト14ダ 512 H①45.9 3 4 15 89 8休プロミス	5阪12.24 ⑧ 16着 芝坂53.3 ダ1.16.8 57川須16人 16ト1ダ 514 M⑮41.7 5 7 56 アームズレイ	2京2.4 ④令月 15着 芝坂54.1 ダ1.12.5 54長岡16人 16ト8ダ 510 M②36.5 14 11 15 クロジシジョ
7	3阪6.11 ④安芸 10着 ダ1.11.4 56団野8人	3新8.19 ③上越 3着 3勝ク C40.1 ダ1.11.2 58石橋8人 15ト10ダ 510 H⑮36.4 5 5 07 アームズレイ	4阪9.10 ② 7着 3勝ク B38.3 ダ1.12.8 56岩田望4人 11ト3ダ 520 M⑤37.3 4 4 10 メイショウミ	3京11.19 ⑥西陣 4着 3勝ク B38.2 ダ1.24.4 58岩田望7人 14ト8ダ 528 M③36.2 8 7 04 テーオーステ	5中12.24 ⑧ 1着 3勝ク坂54.9 ダ1.10.3 58岩田望4人 16ト16ダ 528 H⑯36.5 3 3 00 3休1101
8	1新5.6 ③越後 11着 ダ1.12.8 58松本7人	2福7.23 ⑧安達 10着 芝坂52.5 千ダ1.08.4 57石橋11人 11ト2ダ 472 M⑧36.2 1 10 12 3休チェイス	4東10.29 ⑨ 6着 芝坂52.7 ダ1.24.4 54横山和9人 13ト8ダ 468 M①36.7 2 2 05 ヘリオス	5東11.19 ⑥霜月 15着 芝坂52.0 ダ1.24.6 57松岡13人 16ト2ダ 472 M①37.1 7 9 19 アルファマム	1中1.14 ⑤ 7着 芝坂51.2 ダ1.11.5 54横山和8人 14ト6ダ 482 H①35.7 14 14 07 クロジシジョ
9	1東1.28 ①白嶺 4着 ダ1.37.4 56浜中3人	1阪3.19 ⑫鳴門 1着 3勝ク B37.0 ダ1.23.4 58浜中4人 16ト2ダ 490 H③35.8 13 12 00 モズリッキー	2阪4.1 ③ 2着 芝坂53.2 ダ1.24.4 57浜中2人 15ト9ダ 490 M⑦35.4 13 12 00 オメガレイン	2東5.27 ①欅 6着 芝坂53.8 ダ1.23.8 57浜中4人 16ト4ダ 482 M②36.1 1 10 08 5休バトルク	2京10.21 ⑥ 4着 芝B36.9 ダ1.24.2 58団野5人 13ト8ダ 490 H③36.7 9 7 05 5休0002

本紙予想

馬連
1—13
12—13
10—13
3—13
9—13
11—13
7—13

3連単

賞金

1着 2200万円
2着 880万円
3着 550万円
4着 330万円
5着 220万円

●2024年3月17日・中山10R千葉S（OP、ダ1200m）

1着⑨ケイアイロベージ
　（5位・6番人気）
　＝EP＋3馬
2着⑦メズメライザー
　（8位・9番人気）
3着⑬パウオレ
　（2位・4番人気）
※EP＝エリートポイント
（ELITE POINT）の略

単⑨ 1110 円
複⑨ 340 円
　⑦ 630 円
　⑬ 260 円
馬連⑦－⑨ 13330 円
馬単⑨→⑦ 22710 円
ワイド⑦－⑨ 3060 円
　　⑨－⑬ 1620 円
　　⑦－⑬ 2820 円
3連複⑦⑨⑬ 29930 円
3連単⑨→⑦→⑬ 197240 円

16 桃8	15 桃8	14 橙7	13 橙7	12 緑6	11 緑6	10 黄
リオンディーズ 牝6 アビッグチア シベリアンクラシカ(4勝)サイフォン	マリブムーン 牡7 ㊕オーロラテソーロ フォーパッション(米)ソットフォーラヴ	ミッキーアイル 牡6 デュアリスト デュアルストーリー(4勝)エンドスウィープ	ヘニーヒューズ 牝5 パウオレ エイシンピカデリー(0勝)ハードスパン	アジアエクスプレス 牡4 ドンアミティエ クラシックス(0勝)キングヘイロー	ロードカナロア 牝5 チェイスザドリーム ゴールドチェイス(1勝)アドマイヤムーン	フリオーソ 牡5 クロジシジョー サイレンスラヴ(0勝)スペシャルウィーク
4 … … … △ ☆ 47 … ⑪ …	2 … … … … … 46 … ⑫ …	10 … △ … … … 50 … ⑨ …	64 ☆ ◎ △ ◎ ▲ 65 ◎ ② ◎	36 … … △ ☆ △ 57 △ B ⑥ ▲	44 △ … ▲ ○ △ 63 △ ③ △	46 △ △ ◎ △ ○ 62 ▲ ④ ☆
54丹内	59原	59北村友	54横山和	55田辺	55坂井	58戸崎
0000	0001	2103	0000	0100	0004	2001
美水野	美畠山	栗福永	美嘉藤	栗今野	栗矢作	栗岡田
3.13黒鹿2,400	3.29栗7,400	5.15栗5,750	3.2[illegible]00	1.27黒鹿2,400	5.20鹿4,350	4.13青鹿4,800
藤田在子	了德寺健二HD	サンデーR	ノル[illegible]ー	山田貢一	ヒダカBU	河内孝夫
天羽禮治	アメリカ	ノーザンF	佐藤牧場	村田牧場	グランド牧場	増尾牧場
芝良1.07.9 芝良1.20.1	盛岡1.09.4 東不1.22.8	千五二〇1.07.3 阪稍1.10.0 名稍1.23.6	千五二〇1.07.7 中重1.09.4 東良1.23.6	千五二〇1.08.2 京重1.10.4 阪良1.24.9	函良 58.0 中良1.09.8 阪稍1.24.8	中重1.09.6 名重1.23.8
0000 0000 0000 0000	3502 1201 4201 9603	2401 1001 0100 2900	0301 0101 1000 0100	1200 0201 1101 2100	0220 1200 0000 0700	1501 0400 2301 3302
5中12.4 5 ②ラピスラズリ 芝外1.08.4 54鴨田11人	3阪6.4 1 ②松風月 ダ1.10.8 58.5幸5人	2福7.23 3 ⑧安達 ダ1.07.3 60戸崎5人	4中9.25 1 ⑦1勝クラス ダ1.09.8 53松山1人	2福7.2 1 ②さくらんぼ ダ1.08.2 55松若1人	2京10.7 4 ①藤森 ダ1.11.7 56坂井4人	2札8.13 14 ②UHB 芝1.09.4 57古川吉13人
3福11.5 14 ②みちのく オープンB37.2 芝1.10.7 55鴨田3人 16ト7ヲ 512 H⑯36.9 [1][2]11 グレイトゲイ	盛岡8.15 4 ⑥クラスターC JpnⅢ ダ1.09.6 55幸4人 14ト10ヲ 505 H②35.6 [3][2]10 リメイク	3新8.20 5 ④NST オープン坂57.0 ダ1.11.7 59斎藤5人 14ト5ヲ 506 H④36.8 [7][7]05 アルファマム	5中12.3 1 ①鹿島 2勝クラスB38.3 ダ1.10.6 54横山武1人 16ト13ヲ 458 M⑭36.5 [3][3]05 7休メサテソ	3京11.4 4 ①貴船 3勝クラス坂52.4 ダ1.11.2 56藤岡康4人 16ト13ヲ 500 M③35.6 [2][2]04 パラシュラー®	3京11.12 8 ④室町 オープン坂50.9 ダ1.12.8 55坂井5人 16ト13ヲ 480 M⑤37.8 [2][2]03 アイスリアン	3京11.12 11 ④室町 オープン坂52.0 ダ1.12.8 56浜中8人 16ト7ヲ 454 M⑤36.8 [11][10]03 アイスリアン
5阪12.16 10 ⑤タンザナイト オープンB36.5 芝内1.09.0 53角田河12人 16ト7ヲ 506 M①34.9 [2][2]05 カルネアサー	浦和9.20 3 ❷オーバルSP JpnⅢ ダ1.26.5 55川田3人 10ト9ヲ 509 M⑥38.1 [5][4][4]08 ドライスタウ	3京11.12 3 ④室町 オープン坂54.9 ダ1.12.5 59ムーア7人 16ト4ヲ 506 M⑤36.6 [10][10]00 アイスリアン	2福7.16 1 ⑥会津 3勝クラスC39.8 ダ1.07.7 54戸崎1人 16ト3ヲ 470 H②36.9 [3][3]00 ウラカワノキ	5中12.9 2 ③アクアライン 3勝クラス坂51.8 ダ1.10.8 56田辺2人 16ト4ヲ 504 M①36.8 [1][1]01 オメガシンフ®	5中12.10 2 ④カペラ GⅢ坂53.3 ダ1.09.8 55藤岡佑10人 16ト13ヲ 472 M①36.1 [2][2]05 テイエムトッ	5阪12.24 3 ⑧りんくう オープン坂51.4 ダ1.11.8 57菱田6人 16ト6ヲ 452 M⑮35.9 [13][11]06 アームズレイ
1中1.8 3 ③カーバンクル オープンC37.8 芝外1.07.9 55キング15人 16ト4ヲ 518 H②34.7 [2][3]01 シュバルツカ	5中12.10 14 ④カペラ GⅢB38.1 ダ1.11.3 57佐々木9人 16ト8ヲ 504 M①37.1 [6][7]20 3休テイエム	5中12.10 8 ④カペラ GⅢ坂53.6 ダ1.10.5 57三浦5人 16ト4ヲ 502 M①36.6 [3][3]12 テイエムトッ	4中9.23 2 ❻ながつき オープンB38.5 ダ1.09.4 55横山武1人 12ト5ヲ 472 M⑫36.0 [2][1]05 3休タガノク	1京1.21 3 ❼羅生門 3勝クラス坂53.4 ダ1.10.4 58坂井1人 16ト13ヲ 500 H⑧36.8 [1][1]02 ゼットレヨン®	5阪12.24 14 ⑧りんくう オープン坂51.5 ダ1.13.7 57藤岡佑8人 16ト7ヲ 478 M⑮37.5 [15][14]25 アームズレイ	1中1.14 1 ⑤ジャニュアリー オープン坂55.4 ダ1.10.8 56戸崎4人 14ト2ヲ 450 H⑪36.1 [7][6]01 タイセイブレ
2小2.11 5 ②短距離 オープンC38.7	1阪3.9 12 ⑤ラ[illegible]ル L C37.5	2京2.4 10 ④令月 オープン坂55.9	5阪12.24 13 ⑧りんくう オープンB39.5	2京2.3 1 ③橿原 3勝クラス坂52.2 [illegible].10.8 [illegible]田竜3人 [illegible] 504 [illegible]②36.6 [illegible][2]00 [illegible]ラフィオ®	2京2.18 6 ⑧大和 オープン坂52.8 ダ1.11.2 57坂井3人 13ト3ヲ 474 M⑪37.0 [1][1]05 スズカコテキ	2京2.4 1 ④令月 オープン坂51.2 ダ1.11.0 57西村淳2人 16ト16ヲ 452 M②35.6 [6][5]01 ヴァガボンド

馬番能力順位	1	2	3	4	5	6	7	8	9	10	11	12	13	14	15	16
10 R	❶71	⑬65	⑪63	⑩62	⑨61	⑫57	③55	⑦52	⑭50	⑤48	⑯47	⑮46	④43	②42	⑥41	⑧40

6位⑫（56）→57＝＋1
7位③（53）→55＝＋2
8位⑦（52）→52＝0
9位⑭（50）→50＝0

エリートポイントを算出した結果、5～7位が優秀、4位ならびに8～9位は平均、2～3位は劣等とジャッジできます。狙い目の中心が5～7位になることはいうまでもありません。

勝ったのは、5位⑨ケイアイロベージでした。エリートポイントは最高値の＋3だったので、まさに期待通りの結果だったといえるでしょう。

中京 10 昇竜S（3歳・オープン・国際・別定）

◆しょうりゅう 空に昇っていく竜のこと。勢いのよいことの例え

発走＝14時50分

ダート1400メートル

好走枠 外枠 脚質 先行

レコード＝1・20・3 18年マテラスカイ

枠馬番	白 1 1	2 2
父	タリスマニック	ベストウォーリア
馬名 性齢 脚質	タリスマン 牡3	ジョージテソーロ 牡3
母（母の勝利・生産国） 母父	クロエチャン(未登録) スパイキュール	グリンテソーロ(0勝) カジノドライヴ
人気指数	1	84
木南	…	▲
マイク	…	☆
松田	…	◎
桑原	…	△
舟元	…	◎
井上	40 …	79 ◉
本紙明神	⑨ …	① ◯
重量騎手	57伊藤	57原
騎手相性	1004	2112
厩舎	美金成	美[illegible]藤
生月日毛色賞金	2.15黒鹿400	2.14[illegible]00
馬主	リトルブルーF	了徳寺[illegible]D
生産者	リトルブルーF	本間牧場
1200ダ持	中稍1.13.1	中良1.12.6
1400ダ時	東不1.25.1	東良1.25.5
1600ダ計		東良1.37.7
千ダ重成績	0101	0100
四ダ	0000	1000
六ダ	0000	0010
二ダ	0110	0110
前走	4東10.15 1 / 5未勝利 / 2歳C39.5 / ダ1.25.1 / 56伊藤4人 / 13ト5ゲ 454 / H④37.6 / 2 2 04 / ピュアケミス	5東11.25 2 / ⑦カトレア オープンB37.8 / ダ1.37.7 / 56原 15人 / 16ト9ゲ 474 / H⑤37.3 / 3 2 02 / アマンテビア
2走前	園田11.22 9 / ①兵庫JG / JpnII / ダ1.32.7 / 55伊藤8人 / 12ト1ゲ 465 / M⑥41.8 / 7 9 8 33 / 3休イーグル	1東2.3 / ③1勝クラス / 3歳B37.1 / ダ 中止 / 56原 1人 / 8ト3ゲ 472 / S② / S直後落馬 / セントラルヴ
3走前	2中3.3 13 / 4 1勝クラス / 3歳C37.4 / ダ1.13.1 / 57伊藤13人 / 16ト6ゲ 470 / H⑯38.0 / 13 13 16 / ガビーズシス	1東2.17 1 / ⑦1勝クラス / 3歳B38.0 / ダ1.25.5 / 56原 1人 / 16ト3ゲ 470 / M⑫37.6 / 1 1 06 / エースアビリ
全芝成績	01001	02002
左回りダ	00000	01001
右回りダ	00000	00101
中京ダ	20204	02002
連対体重	454	470―474
単予想オッズ	69.8	2.5
今回調教 6F 5F 3F 1F	連闘軽め	美W 82.8強 65.9 37.3め 11.7C
短評	変身薄い	前走圧巻

上位拮抗 平均ペース

賞金 1着 1800万円 2着 720万円 3着 450万円 4着 270万円 5着 180万円

本紙予想

馬連 2―9 7―9 6―9 8―9

3連単 ⑨ ▼ ②⑥⑦⑧ ▼ ②⑥⑦⑧

②⑦ ▼

●2024年3月10日・中京10R昇竜S（OP、ダ1400m）

1着⑥チカッパ
（4位・4番人気）
＝EP＋3馬
2着②ジョージテソーロ
（1位・2番人気）
3着⑦ナスティウェザー
（3位・3番人気）

単⑥ 510円
複⑥ 150円
②130円
⑦140円
馬連②－⑥ 950円
馬単⑥→② 1920円
ワイド②－⑥ 330円
⑥－⑦ 290円
②－⑦ 280円
3連複②⑥⑦ 1170円
3連単⑥→②→⑦ 7400円

9	桃8 8	橙7 7	緑6 6	黄5 5	青4 4	赤3 3
ダイワメジャー 牡3 フラムリンガム ファルネーゼ(3勝)フレンチデピュティ	ヘニーヒューズ 牡3 アイアムユウシュン アイアムネフライト(2勝)アグネスタキオン	パイロ 牡3 ナスティウェザー レッドフェザー(1勝)ディープスカイ	リアルスティール 牡3 チカッパ ユニキャラ(1勝)イントゥミスチーフ	セントパトリックスデイ 牡3 (外)エンブレムボム ジェリーケイブル(米)スカイメサ	コパノリッキー 牡3 ペッパーミル トーウフォーチュン(未出走)エンドスウィープ	パイロ 牡3 アンシール トラディション(0勝)ゴールドアリュール
70 △ ○ △ ○ ○ 68 ☆ ② ◎ 図	38 ◎ △ ▲ ◎ … 59 △ ⑤ △	60 ○ ▲ ○ ▲ ▲ 65 ○ ③ ▲ 図	48 △ △ ☆ △ ☆ 62 ▲ ④ ☆ 図	4 △ … … ☆ … 48 … ⑦ … 図	4 … △ … … 初 47 … B ⑧ … 図	16 ☆ ◎ … … … 53 △ ⑥ … 図
57川田	57戸崎	57ルメール	57三浦	57吉田隼	57幸	57藤岡康
0000	2010	0000	0000	0000	0000	0000
栗田中克	美奥平	美[illegible]征	栗[illegible]竹	栗森秀	美加藤士	栗小崎
4.28栗900	3.8栗900	2.9[illegible]00	4.12[illegible]900	3.18鹿400	4.10鹿400	4.22栗400
吉田照哉	堀紘一	ゴドルフィン	岡[illegible]二	サヴァイブHR	橋詰弘一	ノースヒルズ
社台C白老F	まるとみ冨岡牧場	ダーレーJF	サンデーヒルズ	アメリカ	木村牧場	ノースヒルズ
芝良1.10.6 京稍1.24.7	中良1.10.9 京良1.24.8	芝重1.13.9 京良1.24.7 川崎1.45.7	中良1.11.6 東良1.25.2 東良1.37.3	阪不1.13.6 東不1.26.3 天2.00.5	雪1.20.8 東良1.38.9	東良1.26.2 天1.56.3
0201 0100 0000 0100	0010 0100 0010 0100	0101 0100 0000 1000	0021 0210 0000 1000	0101 0000 0000 0011	0000 0000 0000 1000	0100 0000 0100 0000
3京11.18 1 ⑤未勝利 2歳坂55.0 ダ1.24.8 56坂井2人 16ト10ゲ 484 M②37.3 1 2 01 テーオードラ	5東11.11 13 ③オキザリス 1勝クラC38.3 ダ1.26.6 56柴田善2人 16ト7ゲ 516 H⑥39.1 5 4 15 ノヴァエクス	4阪9.30 2 ⑧ヤマボウシ 1勝クラC39.0 ダ1.25.8 55岩田望5人 9ト2ゲ 452 H⑧38.0 5 6 00 サトノフェニ	5東11.11 2 ③オキザリス 1勝クラ坂50.8 ダ1.25.2 56横山典14人 16ト13ゲ 478 H⑥37.5 8 7 01 ノヴァエクス	4東10.9 1 ③新馬 2歳坂51.0 ダ1.26.3 56戸崎1人 15ト5ゲ 502 M⑥37.9 2 2 02 エッカート	5中12.23 14 ⑦新馬 2歳C38.8 ダ2.00.0 56黛13人 16ト16ゲ 504 S③42.9 3 5 9 56 ウィンドフォ	4名12.10 1 ④新馬 2歳坂54.3 ダ1.27.2 56松若4人 16ト1ゲ 482 H⑫39.0 2 2 03 サンノーブル
1京1.20 5 ⑥1勝クラス 3歳B39.8 ダ1.24.7 57坂井1人 7ト5ゲ 484 M②37.6 3 3 13 ワイワイレジ	5中12.23 3 ⑦1勝クラス 2歳C37.2 ダ1.12.2 56戸崎1人 15ト14ゲ 520 H⑨37.9 4 5 06 チカッパ	2京10.22 1 ⑦なでしこ 1勝クラ坂54.0 ダ1.24.7 56岩田望2人 8ト1ゲ 448 H②36.9 7 7 01 アイアムユウ	5中12.23 1 ⑦1勝クラス 2歳坂51.8 ダ1.11.6 56横山武2人 15ト13ゲ 482 H⑨36.9 9 9 04 エスカル	5中12.10 16 ④1勝クラス 2歳坂54.5 ダ2.00.5 56池添11人 16ト8ゲ 506 M②45.0 6 7 15 80 ミッキーファ	1東2.3 1 ③未勝利 3歳坂54.4 ダ1.20.8 57内田12人 15ト2ゲ 496 H⑪37.7 5 5 03 タマエスポワ	5阪12.28 8 ⑨1勝クラス 2歳坂54.9 ダ1.56.3 56松若7人 9ト7ゲ 480 M④39.8 3 3 3 18 バロンドール
2京2.11 1 ⑥1勝クラス 3歳C39.0 ダ1.24.7 57団野5人 9ト2ゲ 490 M⑧37.4 2 1 12 ネグレスコ	1中1.20 1 ⑥1勝クラス 3歳C39.1 ダ1.10.9 57戸崎2人 10ト7ゲ 508 H③37.1 4 4 02 オウバイトウ	川崎12.13 4 ③全日本2歳優 JpnI ダ1.45.7 56岩田望4人 12ト10ゲ 460 M⑪41.9 5 4 4 22 3休フォーエ	1東2.18 5 ⑧ヒヤシンス L C38.4 ダ1.37.3 57キング6人 11ト4ゲ 482 H⑦37.9 3 3 10 ラムジェット	1阪2.25 9 ②1勝クラス 3歳坂51.7 ダ1.13.6 57松若6人 10ト2ゲ 506 M②37.3 8 9 24 ネグレスコ	1東2.18 10 ⑧ヒヤシンス L 坂53.5 ダ1.38.9 57内田10人 11ト5ゲ 498 H⑦38.7 9 9 26 ラムジェット	1東2.17 3 ⑦1勝クラス 3歳坂52.7 ダ1.26.2 57秋山真11人 16ト6ゲ 474 M①37.3 7 8 07 ジョージテソ
00202 00101 00000 30104	00202 00101 00101 01001	00202 00101 00000 11002	01102 11204 00000 11002	01001 00000 00000 00202	01001 00000 00000 01102	01011 00000 01001 00101
[illegible]	[illegible]	[illegible]—452	478—484	502	496	482
[illegible]	[illegible]	[illegible]3	5.5	42.8	43.2	20.5
[illegible] 12.1B	[illegible] 12.6B	[illegible]5馬 [illegible]5な [illegible]8り 12.9B	4F52.8— 栗坂39.4杯 26.3追 13.2C	4F50.7馬 栗坂37.1な 24.5り 12.2B	4F53.8— 美坂39.6杯 26.2追 13.4C	4F53.5— 栗坂39.3杯 25.1追 12.4C
活気十分	素質秘め	実績上位	短縮歓迎	若さ残す	苦戦覚悟	距離合う

指数	1	2	3	4	5	6	7	8	9
10R	❷ 79	⑨ 68	⑦ 65	⑥ 62	⑧ 59	③ 53	⑤ 48	④ 47	① 40

続いては2024年3月10日に行なわれた中京10R昇竜ステークスです（P34～35に馬柱）。

コンピ1位は②ジョージテソーロで、指数値は78。P30に掲載した一覧表を見ながら、2位以下のエリートポイントを出していきましょう。

2位⑨（71）→68＝－3
3位⑦（63）→65＝＋2
4位⑥（59）→62＝＋3
5位⑧（56）→59＝＋3
6位③（54）→53＝－1
7位⑤（52）→48＝－4
8位④（47）→47＝0
9位①（42）→40＝－2

算出されたエリートポイントを見ると、3～5位が優秀、2位ならびに6～9位が劣等ということがわかります。

結果は、トップタイのエリートポイント＋3をマークしていた4位⑥チカッパが1着、コンピ1位の②ジョージテソーロが2着、＋2だった3位⑦ナスティウェザーが3着に入線しました。エリートポイントを使えば、外しようのないレースだったことが、おわかりいただけると思います。

このように、コンピ1位の指数値によって2位以下の平均値が変化するという特徴を利用し、単勝オッズの仕組みから解き明かしたのが、コンピ指数上位をピンポイントで狙う新たな攻略法なのです。

「出走頭数による平均値」を加えればパーフェクト！

ここで時間軸を少し戻します。

コンピ1位の指数値に対する、各順位の平均値を算出し、それを上回っている馬の好走率・回収率が総じて高いことが明らかになり、大きな達成感を得ることができましたが、ここですぐに新理論完成という流れにはなりませんでした。

なぜなら、コンピ1位の指数値の影響を受けるのはおおむね10位くらいまでで、それ以下（主に二ケタ順位）は指数値の変動幅が小さいためか、一律似たような平均値になってしまうことが明らかになったからです。検証しても期待するような結果にならず、頭を抱えることになりました。

そこで私は、コンピ1位の指数値以外に、基準になるファクターを模索し始め、「コンピ最下位の指数値がほぼ40に固定されているということは、出走頭数の影響が大きいのではないか」という考えに行きつきました。

そして、この読みは大正解。コンピ10（11）～18位は、出走頭数が異なると平均値が変わってくることがわかりました。そのうえで、出走頭数別の平均値より上の指数値をマークしている馬は、好走率と回収率が高くなることを確認できたのです。

つまり、16頭立てのコンピ11位の平均値はこれくらい、18頭立てのコンピ11位の平均値はこれくらい、というように、**出走頭数を基準に平均値を出していき、平均値を上回っている馬を狙えばいい**ということです。

「これはいける！」

このとき、新理論を「つくれるかもしれない」から「完成させることができる」という確信に変わりました。コンピ指数をひも解いて、好走しそうな馬をゾーンではなく、ピンポイントで狙える理論のアウトラインを鮮明にイメージすることができました。あまりの嬉しさに、心の中ではなく、実際に「よしっ！」と声を出して叫んでしまったことをよく覚えています（笑）。

その後、平均値と実際の指数値との差（＝エリートポイント）ごとに成績を検証していき、**＋3以上であれば優秀であり、真のエリートとして扱える**という結論に至りました。

さらに副産物的に、出走頭数によってコンピ1位の指数値が影響を与える2位以下の頭数が変わってくることも判明しました。

先ほど「コンピ1位の指数値の影響を受けるのはおおむね10位くらいまでで、それ以下（主に二ケタ順位）は指数値の変動幅が小さいためか、一律似たような平均値になってしまう」と述べましたが、一ケタ順位と二ケタ順位で評価基準を機械的に区切らず、出走頭数を加味して詳細に見ていったほうが、さらに予想精度は上がるということです。

右下に掲載した表2と左の表3を見れば、例えば10頭立てにおいては、コンピ2～7位は1位の影響を受け、残りの8～10位は出走頭数の影響を受ける、ということがわかります。

表2●出走頭数により影響を受けるコンピ順位

出走頭数	5	6	7	8	9	10	11
影響順位	4	5	6	6	7	7	8
出走頭数	12	13	14	15	16	17	18
影響順位	8	8	8	9	9	9	10

表3●【出走頭数別】平均値早見表

コンピ順位↓ ＼ 頭数→	5	6	7	8	9	10	11	12	13	14	15	16	17	18
1	指数90～62													
2														
3														
4	アミ部分はP30の1位指数別平均値が入る													
5	44													
6		44												
7			43	47										
8				43	47	49								
9					42	46	48	48	49	49				
10						42	45	46	47	48	48	48	48	
11							41	43	44	45	47	47	47	48
12								41	43	44	45	46	46	47
13									40	42	43	43	45	46
14										40	41	42	44	45
15											40	41	42	44
16												40	41	42
17													40	41
18														40

アミ部分はp 30の【1位指数別】平均値が入る。例えば12頭立てなら、8位までが1位指数による平均値が入り、9～12位はこの表の通り、9位48・10位46・11位43・12位41となる。

まとめると、次のようになります。

・出走頭数によって、エリートポイント算出の基準となる各順位の平均値は変わってくる。
・出走頭数別の影響順位まではコンピ1位の指数値の影響を受け、影響順位を下回る場合は出走頭数の影響を受ける。
・影響順位までの馬はコンピ1位の指数値をもとにした平均値（P30の一覧表を参照）からエリートポイントを算出、それを下回る順位の馬は出走頭数別の平均値（P39の一覧表を参照）からエリートポイントを算出する。

以上です。

例えば16頭立ての場合、コンピ1位の指数値が影響をもたらすのはコンピ9位までなので、2～9位の平均値はコンピ1位の指数値から求め、影響外の10～16位は出走頭数から平均値を求める、という要領になります。

コンピ1位の指数値と出走頭数、どちらで平均値を求めた場合でも、各順位の馬がそれを上回る指数値であれば、好走率はアップします。2位から18位まで、そのことを裏付けるデータを用意したので、確認していただきましょう（P41～44の表4）。

注目したいのは、**コンピ下位のエリート（＋3以上）の成績**です。コンピ下位は明らかにそのクラスで能力が足りないと評価できる戦績の馬や、前走で大敗しているような馬が多く該当するので、狙って獲ることは難しい——そう考えているコンピファンは多いでしょう。

しかし、エリートポイントを使えば、激走確率の高いコンピ下位の馬（＝エリートポイントの高い馬）を探

表4−1●コンピ2〜6位/平均値以上馬の成績

▼コンピ2位

EP	着別度数	勝率	連対率	複勝率	単回収値	複回収値
3〜	590- 546- 386- 987/ 2509	23.5%	45.3%	60.7%	78	85
1〜2	436- 421- 314- 1040/ 2211	19.7%	38.8%	53.0%	81	85
0	195- 192- 147- 599/ 1133	17.2%	34.2%	47.1%	73	79
-1〜-2	310- 316- 274- 1064/ 1964	15.8%	31.9%	45.8%	72	80
-3〜	353- 364- 321-1486/2524	14.0%	28.4%	41.1%	76	80

▼コンピ3位

EP	着別度数	勝率	連対率	複勝率	単回収値	複回収値
3〜	309- 308- 283- 929/ 1829	16.9%	33.7%	49.2%	78	80
1〜2	334- 345- 327- 1334/ 2340	14.3%	29.0%	43.0%	77	79
0	175- 195- 213- 910/ 1493	11.7%	24.8%	39.0%	67	77
-1〜-2	315- 333- 355- 1743/ 2746	11.5%	23.6%	36.5%	74	76
-3〜	201- 213- 204-1311/1929	10.4%	21.5%	32.0%	81	77

▼コンピ4位

EP	着別度数	勝率	連対率	複勝率	単回収値	複回収値
3〜	161- 156- 185- 714/ 1216	13.2%	26.1%	41.3%	81	82
1〜2	271- 339- 335- 1772/ 2717	10.0%	22.5%	34.8%	72	76
0	160- 205- 250- 1239/ 1854	8.6%	19.7%	33.2%	69	80
-1〜-2	263- 309- 372- 2303/ 3247	8.1%	17.6%	29.1%	72	75
-3〜	99- 121- 150- 939/1309	7.6%	16.8%	28.3%	76	71

▼コンピ5位

EP	着別度数	勝率	連対率	複勝率	単回収値	複回収値
3〜	110- 90- 110- 629/ 939	11.7%	21.3%	33.0%	95	76
1〜2	233- 314- 321- 2150/ 3018	7.7%	18.1%	28.8%	73	77
0	181- 192- 234- 1697/ 2304	7.9%	16.2%	26.3%	85	76
-1〜-2	208- 274- 314- 2584/ 3380	6.2%	14.3%	23.6%	81	73
-3〜	34- 50- 68- 542/ 694	4.9%	12.1%	21.9%	64	66

▼コンピ6位

EP	着別度数	勝率	連対率	複勝率	単回収値	複回収値
3〜	64- 58- 73- 491/ 686	9.3%	17.8%	28.4%	102	77
1〜2	224- 268- 303- 2372/ 3167	7.1%	15.5%	25.1%	87	82
0	140- 228- 245- 2090/ 2703	5.2%	13.6%	22.7%	71	81
-1〜-2	166- 191- 260- 2489/ 3106	5.3%	11.5%	19.9%	91	74
-3〜	16- 35- 47- 552/ 650	2.5%	7.8%	15.1%	54	62

表4−2●コンピ7〜11位/平均値以上馬の成績

▼コンピ7位

EP	着別度数	勝率	連対率	複勝率	単回収値	複回収値
3〜	38- 56- 56- 467/ 617	6.2%	15.2%	24.3%	72	84
1〜2	170- 243- 264- 2859/ 3536	4.8%	11.7%	19.1%	76	77
0	123- 193- 193- 2321/ 2830	4.3%	11.2%	18.0%	76	80
-1〜-2	84- 156- 185- 2311/ 2736	3.1%	8.8%	15.5%	70	71
-3〜	6- 14- 26- 518/ 564	1.1%	3.5%	8.2%	31	55

▼コンピ8位

EP	着別度数	勝率	連対率	複勝率	単回収値	複回収値
3〜	28- 35- 45- 425/ 533	5.3%	11.8%	20.3%	93	97
1〜2	148- 186- 203- 2761/ 3298	4.5%	10.1%	16.3%	77	78
0	108- 121- 190- 2492/ 2911	3.7%	7.9%	14.4%	90	77
-1〜-2	61- 114- 160- 2521/ 2856	2.1%	6.1%	11.7%	62	79
-3〜	4- 10- 18- 491/ 523	0.8%	2.7%	6.1%	21	69

▼コンピ9位

EP	着別度数	勝率	連対率	複勝率	単回収値	複回収値
3〜	23- 28- 41- 451/ 543	4.2%	9.4%	16.9%	162	106
1〜2	113- 141- 193- 3007/ 3454	3.3%	7.4%	12.9%	70	76
0	65- 93- 146- 2563/ 2867	2.3%	5.5%	10.6%	68	66
-1〜-2	43- 69- 102- 2403/ 2617	1.6%	4.3%	8.2%	53	69
-3〜	2- 5- 5- 300/ 312	0.6%	2.2%	3.8%	23	44

▼コンピ10位

EP	着別度数	勝率	連対率	複勝率	単回収値	複回収値
3〜	22- 32- 57- 734/ 845	2.6%	6.4%	13.1%	76	86
1〜2	95- 140- 175- 3756/ 4166	2.3%	5.6%	9.8%	64	68
0	35- 60- 78- 1857/ 2030	1.7%	4.7%	8.5%	69	72
-1〜-2	21- 38- 35- 1584/ 1678	1.3%	3.5%	5.6%	72	58
-3〜	2- 12- 10- 570/ 594	0.3%	2.4%	4.0%	25	83

▼コンピ11位

EP	着別度数	勝率	連対率	複勝率	単回収値	複回収値
3〜	39- 45- 63- 1364/ 1511	2.6%	5.6%	9.7%	132	86
1〜2	49- 97- 118- 2900/ 3164	1.5%	4.6%	8.3%	54	67
0	22- 22- 37- 1237/ 1318	1.7%	3.3%	6.1%	83	65
-1〜-2	14- 41- 55- 2453/ 2563	0.5%	2.1%	4.3%	32	63
-3〜	1- 0- 1- 139/ 141	0.7%	0.7%	1.4%	69	18

表4－3●コンピ12～16位/平均値以上馬の成績

▼コンピ12位

EP	着別度数	勝率	連対率	複勝率	単回収値	複回収値
3～	16- 30- 32- 949/ 1027	1.6%	4.5%	7.6%	74	78
1～2	34- 53- 78- 2484/ 2649	1.3%	3.3%	6.2%	70	65
0	15- 19- 25- 908/ 967	1.6%	3.5%	6.1%	84	72
-1～-2	17- 32- 56- 3182/ 3287	0.5%	1.5%	3.2%	51	51
-3～	0- 0- 1- 19/ 20	0.0%	0.0%	5.0%	0	65

▼コンピ13位

EP	着別度数	勝率	連対率	複勝率	単回収値	複回収値
3～	34- 46- 74- 2055/ 2209	1.5%	3.6%	7.0%	100	91
1～2	4- 6- 7- 290/ 307	1.3%	3.3%	5.5%	49	59
0	14- 20- 36- 2569/ 2639	0.5%	1.3%	2.7%	50	55
-1～-2	7- 18- 22- 1880/ 1927	0.4%	1.3%	2.4%	28	36
-3～	—	—	—	—	—	—

▼コンピ14位

EP	着別度数	勝率	連対率	複勝率	単回収値	複回収値
3～	17- 28- 24- 838/ 907	1.9%	5.0%	7.6%	106	99
1～2	3- 5- 3- 237/ 248	1.2%	3.2%	4.4%	71	53
0	22- 40- 65- 4436/ 4563	0.5%	1.4%	2.8%	35	49
-1～-2	3- 4- 9- 524/ 540	0.6%	1.3%	3.0%	32	47
-3～	—	—	—	—	—	—

▼コンピ15位

EP	着別度数	勝率	連対率	複勝率	単回収値	複回収値
3～	5- 9- 1- 234/ 249	2.0%	5.6%	6.0%	118	70
1～2	1- 0- 2- 77/ 80	1.3%	1.3%	3.8%	17	27
0	21- 41- 57- 4170/ 4289	0.5%	1.4%	2.8%	57	58
-1～-2	2- 2- 13- 553/ 570	0.4%	0.7%	3.0%	9	61
-3～	—	—	—	—	—	—

▼コンピ16位

EP	着別度数	勝率	連対率	複勝率	単回収値	複回収値
3～	0- 4- 1- 54/ 59	0.0%	6.8%	8.5%	0	90
1～2	—	—	—	—	—	—
0	17- 30- 51- 3881/ 3979	0.4%	1.2%	2.5%	48	56
-1～-2	0- 0- 0- 16/ 16	0.0%	0.0%	0.0%	0	0
-3～	—	—	—	—	—	—

表4−4●コンピ17、18位/平均値以上馬の成績

▼コンピ17位

EP	着別度数	勝率	連対率	複勝率	単回収値	複回収値
3〜	0- 0- 0- 9/ 9	0.0%	0.0%	0.0%	0	0
1〜2	—	—	—	—	—	—
0	6- 6- 10- 772/ 794	0.8%	1.5%	2.8%	109	61
-1〜-2	0- 0- 0- 14/ 14	0.0%	0.0%	0.0%	0	0
-3〜	—	—	—	—	—	—

▼コンピ18位

EP	着別度数	勝率	連対率	複勝率	単回収値	複回収値
3〜	0- 0- 0- 1/ 1	0.0%	0.0%	0.0%	0	0
1〜2	—	—	—	—	—	—
0	6- 5- 7- 627/ 645	0.9%	1.7%	2.8%	89	61
-1〜-2	—	—	—	—	—	—
-3〜	—	—	—	—	—	—

り当てることができます。コンピ指数は、その馬の潜在能力を見逃していません。だから平均値を上回り、＋３以上になることもあるわけです。

これは、我々にはわからないちょっとしたストロングポイントが、コンピ指数値には表れているということ。そう考えると、改めてコンピ指数は本当に素晴らしい競馬予想ツールということができるでしょう。

1位指数＋出走頭数の「完全版・平均値」でエリートポイントを弾き出す！

具体例を見ていったほうが理解しやすいと思うので、実際に行なわれた2つのレースを参考に、アプローチ方法を確認していきます。

まずは２０２４年３月24日に行なわれた阪神12Ｒ（３歳以上２勝クラス、Ｐ46～47に馬柱）の一戦です。

16頭立てなので、２～９位はコンピ１位の指数値（このレースは78）から求めた各順位の平均値を基準に、10～16位は出走頭数から求めた各順位の平均値を基準に、それぞれエリートポイントを算出していきます。

下の一覧表を見ると、５位ならびに８～14位にプラスのエリートポイントが付いていることがわかります。そのうち、13位の⑪オーガスタスカイと14位の⑨リーゼントミニーの「＋４」がひときわ目を引くでしょう。当然、この２頭が要注意の存在になります。

2024年3月24日・阪神12Rのコンピ・指数平均値・EP（エリートポイント）

順位	1	2	3	4	5	6	7	8	9	10	11	12	13	14	15	16
馬番	⑫	⑬	⑥	③	⑩	①	②	⑮	⑤	④	⑯	⑧	⑪	⑨	⑦	⑭
指数値	78	71	62	59	58	54	53	52	51	50	49	48	47	46	41	40
平均値		71	64	59	56	54	53	51	50	48	47	46	43	42	41	40
EP		0	−1	0	2	0	0	1	1	2	2	2	4	4	0	0

16頭立ての場合、2～9位は1位指数による平均値、10～16位は出走頭数による平均値

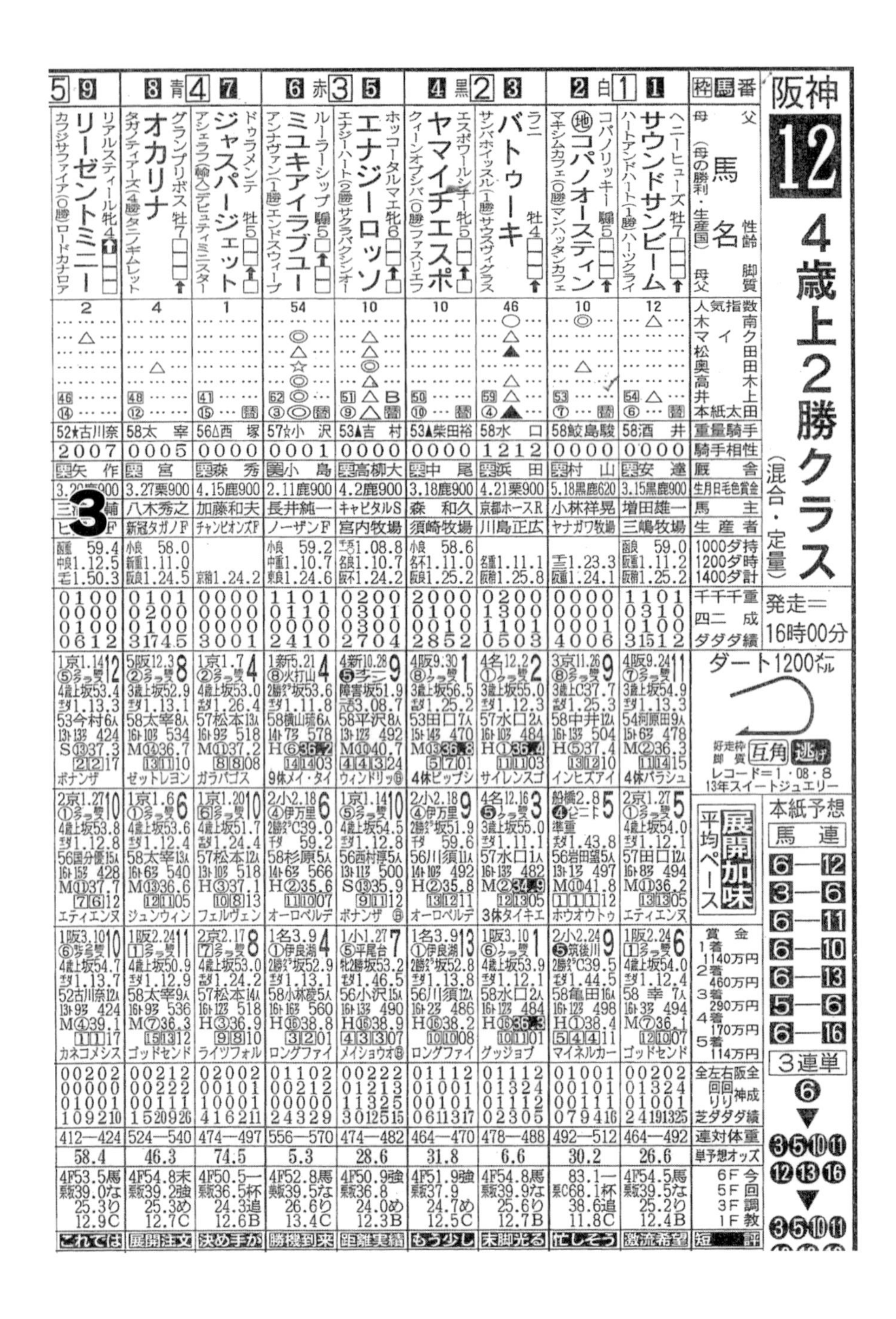

阪神 12 4歳上2勝クラス（混合・定量）

発走＝16時00分

ダート1200メートル

好走枠脚質：互角　逃げ

レコード＝1・08・8 13年スイートジュエリー

枠馬番	枠1白 1	枠1白 2	枠2黒 3	枠2黒 4	枠3赤 5	枠3赤 6	枠4青 7	枠4青 8	枠5 9
父	ヘニーヒューズ	コパノリッキー	ラニ	エスポワールシチー	ホッコータルマエ	ルーラーシップ	ドゥラメンテ	グランプリボス	リアルスティール
馬名	サウンドサンビーム	㊞コパノオースティン	バトゥーキ	ヤマイチエスポ	エナジーロッソ	ミユキアイラブユー	ジャスパージェット	オカリナ	リーゼントミニー
性齢	牡7	騸5	牡4	牝5	牝6	騸5	牡5	牡7	牝4
母（母の勝利・生産国）	ハートアンドハート（1勝）	マキシムカフェ（0勝）	サンバボイッスル（1勝）	クィーンオブシバ（0勝）	エナジーハート（2勝）	アンナヴァン（1勝）	アシェラフ（輸入）	タガノティアーズ（4勝）	カフジサファイア（0勝）
母父	ハーツクライ	マンハッタンカフェ	サウスヴィグラス	ファスリエフ	サクラバクシンオー	エンドスウィープ	デビュティミニスター	タニノギムレット	ロードカナロア
人気指数	12	10	46	10	10	54	1	4	2
木南	△	◎	○	…	…	…	…	…	…
マイク田	…	…	△	…	△	◎	…	…	△
松田	…	…	▲	…	△	△	…	…	…
奥田	…	△	…	…	◎	☆	…	△	…
高木	…	…	△	…	△	◎	…	…	…
井上	54 △	53 …	59 △	50 …	51 △ B	62 ◎	41 …	48 …	46 …
本紙太田	⑥ …	⑦ …	④ ▲	⑩ …	⑨ △	③ ◎	⑮ …	⑫ …	⑭ …
重量騎手	58酒井	58鮫島駿	58水口	53▲柴田裕	53▲吉村	57☆小沢	56△西塚	58太宰	52★古川奈
騎手相性	0000	0000	1212	0000	0000	0001	0000	0005	2007
厩舎	栗安達	栗村山	栗浜田	栗中尾	栗高柳大	美小島	栗森秀	栗宮	栗矢作
生月日毛色賞金	3.15黒鹿900	5.18黒鹿620	4.21栗900	3.18鹿900	4.2鹿900	2.11鹿900	4.15鹿900	3.27栗900	3.2[illegible]900
馬主	増田雄一	小林祥晃	京都ホースR	森和久	キャピタルS	長井純一	加藤和夫	八木秀之	三[illegible]輔
生産者	三嶋牧場	ヤナガワ牧場	川島正広	須崎牧場	宮内牧場	ノーザンF	チャンピオンズF	新冠タガノF	ヒ[illegible]F
1000ダ持時計	函良59.0			小良58.6	千五1.08.8	小良59.2		小良58.0	函重59.4
1200ダ持時計	阪重1.11.2	[illegible]1.23.3	名重1.11.1	名不1.11.0	名良1.10.7	中重1.10.7		新重1.11.0	中良1.12.5
1400ダ持時計	阪稍1.25.2	阪重1.24.1	阪稍1.25.8	阪良1.25.2	阪不1.24.2	東良1.24.6	京稍1.24.2	阪良1.24.5	毛1.50.3
千重	1101	0000	0200	2000	0200	1101	0000	0101	0100
千四	0310	0000	1300	0100	0301	0110	0000	0200	0000
千二成	0100	0001	1101	0010	0300	0000	0000	0100	0100
ダダダ績	31512	4006	0503	2852	2704	2410	3001	31745	0612

項目	1	2	3	4	5	6	7	8	9
前走A	4阪9.24 11着	3京11.26 9着	4名12.2 2着	4阪9.30 1着	4新10.28 9着	1新5.21 4着	1京1.7 4着	5阪12.3 8着	1京1.14 12着
	⑦2クラス	⑧2クラス	①1クラス	⑧1クラス	❺[illegible]	⑧火打山	②2クラス	②2クラス	⑤2クラス
	3歳上坂54.9	3歳上C37.7	3歳上坂55.0	3歳上坂56.5	障害坂51.9	2勝クラ坂53.6	4歳上坂53.0	3歳上坂52.9	4歳上坂53.4
	千二ダ1.13.3	千四ダ1.25.3	千二ダ1.12.3	千四ダ1.25.2	[illegible]3.08.7	千二ダ1.11.8	千四ダ1.26.4	千二ダ1.13.1	千二ダ1.13.3
	54河原田9人	58中井12人	57水口2人	53田口7人	58平沢8人	58横山琉6人	57松本13人	58太宰8人	53今村6人
	15ト6ヲ 478	16ト13ヲ 504	16ト10ヲ 484	15ト14ヲ 470	13ト12ヲ 492	14ト7ヲ 578	16ト9ヲ 518	16ト10ヲ 534	13ト13ヲ 424
	M②36.3	H⑤37.4	H①36.4	M⑬36.8	M⑩40.7	H⑥36.2	M⑪37.2	M⑭36.7	S⑬37.3
	11 14 15	13 12 10	11 11 03	5 7 01	4 4 3 24	14 14 03	8 8 08	13 11 10	2 2 17
	4休パラシュ	インヒズアイ	サイレンスゴ	4休ピップシ	ウィンドリッ⑮	9休メイ・タイ	ガラパゴス	ゼットレヨン	ボナンザ
前走B	2京1.27 5着	船橋2.8 5着	4名12.16 3着	2小2.18 9着	1京1.14 10着	2小2.18 6着	1京1.20 10着	1京1.6 6着	2京1.27 10着
	①2クラス	❹[illegible]	❺1クラス	④伊万里	⑤2クラス	④伊万里	⑥2クラス	①2クラス	①2クラス
	4歳上坂54.0	準重	3歳上坂55.0	2勝クラ坂51.9	4歳上坂54.5	2勝クラC39.0	4歳上坂51.7	4歳上坂53.6	4歳上坂53.8
	千二ダ1.12.1	千六ダ1.43.8	千二ダ1.11.1	千ダ59.6	千二ダ1.12.8	千ダ59.2	千四ダ1.24.4	千二ダ1.12.4	千二ダ1.12.8
	57田口12人	56岩田望5人	57水口1人	56川須11人	56西村淳5人	58杉原5人	57松本12人	58太宰13人	56国分優15人
	16ト8ヲ 494	13ト1ヲ 497	16ト13ヲ 482	14ト10ヲ 492	13ト11ヲ 500	14ト6ヲ 566	13ト10ヲ 518	16ト6ヲ 540	16ト15ヲ 428
	M⑪36.2	M⑩41.8	M②34.9	H②35.8	S⑬35.9	H②35.6	H③37.1	M⑬36.6	M⑪37.7
	13 13 05	1 1 1 12	12 13 05	13 12 11	9 11 12	11 10 07	10 8 13	12 11 05	7 6 12
	エティエンヌ	ホウオウトゥ	3休タイキエ	オーロベルデ	ボナンザ ⑮	オーロベルデ	フェルヴェン	ジュンウィン	エティエンヌ
前走C	1阪2.24 6着	2小2.24 9着	1阪3.10 1着	1名3.9 13着	1小1.27 7着	1名3.9 4着	2京2.17 8着	1阪2.24 11着	1阪3.10 10着
	①2クラス	❺筑後川	⑥1クラス	①伊良湖	⑤平尾台	①伊良湖	⑦2クラス	①2クラス	⑥牝2クラス
	4歳上坂54.0	2勝クラC39.5	4歳上坂53.9	2勝クラ坂52.8	牝2勝坂53.2	2勝クラ坂52.9	4歳上坂53.0	4歳上坂50.9	4歳上坂54.7
	千二ダ1.12.4	千七ダ1.44.5	千二ダ1.12.1	千二ダ1.13.8	千七ダ1.46.5	千二ダ1.13.1	千四ダ1.24.2	千二ダ1.12.9	千二ダ1.13.7
	58幸7人	58亀田16人	58水口2人	56川須12人	56小沢15人	58小林慶5人	57松本14人	58太宰9人	52古川奈12人
	16ト3ヲ 494	16ト12ヲ 498	16ト12ヲ 484	16ト2ヲ 486	16ト13ヲ 490	16ト16ヲ 560	16ト12ヲ 518	16ト9ヲ 536	13ト9ヲ 424
	M⑦36.1	H①38.4	H⑮36.3	H⑯38.2	H⑯38.9	H⑯38.8	H③36.9	M⑦36.3	M④39.1
	12 10 07	5 4 4 11	10 11 01	10 10 08	4 3 3 07	3 2 01	9 8 10	15 13 12	1 1 17
	ゴッドセンド	マイネルカー	グッジョブ	ロングファイ	メイショウオ⑮	ロングファイ	ライツフォル	ゴッドセンド	カネコメシス

項目	1	2	3	4	5	6	7	8	9
全左右阪全	00202	01001	01112	01112	00222	01102	02002	00212	00202
回回神成	01324	00101	01324	01001	01213	00212	00101	00222	00000
りり	01001	00111	01112	00101	11325	00000	10001	00111	01001
芝ダダダ績	24191325	079416	02305	0611317	30122515	24329	416211	1520926	109210
連対体重	464—492	492—512	478—488	464—470	474—482	556—570	474—497	524—540	412—424
単予想オッズ	26.6	30.2	6.6	31.8	28.6	5.3	74.5	46.3	58.4
今回調教 6F	4F54.5馬	83.1一	4F54.8馬	4F51.9強	4F50.9強	4F52.8馬	4F50.5一	4F54.8末	4F53.5馬
5F	栗坂39.5な	栗C68.1杯	栗坂39.9な	栗坂37.9	栗坂36.8	美坂39.5な	栗坂36.5杯	栗坂39.2強	栗坂39.0な
3F	25.2り	38.6追	25.6り	24.7め	24.0め	26.6り	24.3追	25.3め	25.3り
1F	12.4B	11.8C	12.7B	12.5C	12.3B	13.4C	12.6B	12.7C	12.9C
短評	激流希望	忙しそう	末脚光る	もう少し	距離実績	勝機到来	決め手が	展開注文	これでは

展開加味：平均ペース

賞金：1着 1140万円　2着 460万円　3着 290万円　4着 170万円　5着 114万円

本紙予想

馬連：6—12　3—6　6—11　6—10　6—13　5—6　6—16

3連単：6 ▼ 3 5 10 11 12 13 16 ▼ 3 5 10 11 …

●2024年3月24日・阪神12R（4歳上2勝クラス、ダ1200m）

1着⑪オーガスタスカイ
　（13位・10番人気）
　＝EP＋4馬
2着⑫ディキシーガンナー
　（1位・1番人気）
3着⑨リーゼントミニー
　（14位・8番人気）
　＝EP＋4馬

単⑪ 5320円
複⑪ 680円
　⑫ 120円
　⑨ 890円
馬連⑪－⑫ 4300円
馬単⑪→⑫ 13150円
ワイド⑪－⑫ 1390円
　　⑨－⑪ 9380円
　　⑨－⑫ 2090円
3連複⑨⑪⑫ 34620円
3連単⑪→⑫→⑨ 261130円

16 桃8	15 桃8	14 橙7	13 橙7	12 緑6	11 緑6	10 黄
ミッキーアイル スカーレットジンク 牡6 ティンクルチャーミ(1勝) スウェプトオーヴァーボード	コパノリッキー ブルーノート 牡5 ハニードント(4勝) クロフネ	マクフィ オバケノキンタ 牡4 テラノイロハ(2勝) ゼンノロブロイ	ザファクター ゼットノヴァ 牡5 ネオシルヴィア(0勝) ネオユニヴァース	ガンランナー (外)ディキシーガンナー 牡4 ディキシークリスプ(米) ディキシーランドバンド	ロードカナロア オーガスタスカイ 牝5 クィーンズバーン(4勝) スペシャルウィーク	アメリカンペイトリオット (地)タイキエクセロン 牡5 グッドイヴニング(0勝) コマンズ
8 △ … △ △ … 49 △ ⑪ △	10 … … … △ … 52 … ⑧ …	1 … … … … … 40 … ⑯ …	64 △ ▲ ◎ ▲ ▲ 71 ☆ ② △	84 ▲ ○ ○ ○ ○ 78 ○ ① ○	6 … △ ☆ … △ 47 … ⑬ ☆ B	38 ☆ ☆ … … ☆ 58 ▲ ⑤ △ B
58古川吉	58菱田	55▲鷲頭	58 幸	58藤岡康	56団野	58国分恭
0001	0000	0000	2242	0000	0011	1203
栗 宮	栗 梅田	栗 大根田	栗 吉田	栗 中内田	栗 斉藤崇	栗 西園翔
4.7芦900	2.28栗900	3.2鹿900	5.2青鹿900	3.8[illegible]900	3.13[illegible]鹿900	4.12黒鹿710
フォーレスト	薪浦州平	内田玄祥	フォーレスト	ゴドル[illegible]ン	林[illegible]道	大樹F
フジワラF	松浦牧場	本田土寿	フジワラF	ア[illegible]カ	ノー[illegible]F	ビクトリーHR
小良 57.9 名重1.09.9 阪不1.23.8	小不 59.0 名不1.11.4 京良1.25.0	小良1.02.0 芝良1.08.8 名良1.27.6	名良1.10.8 東良1.24.1	阪重1.11.3 阪良1.25.8	新不1.11.4 名稍1.23.8	小良 58.5 名重1.10.6 芝良1.21.1
1001 0101 0111 5904	1100 1000 0100 21015	1001 0000 0000 1010	0200 1400 2300 1301	0200 1100 1101 0000	0201 0000 1201 8201	0101 0110 0000 0312
4名12.9 5 ③豊川 2勝ｸﾗｽ坂51.7 三ダ1.12.0 58和田竜7人 16ト13ﾀ 476 M⑪36.2 9 9 05 ドラゴンゴク	3京11.12 13 4 ドンカスター 2勝ｸﾗｽ坂55.0 四ダ1.27.6 58荻野琢10人 16ト9ﾀ 498 M③38.5 12 11 29 3休エンペラ	佐賀2.23 1 ❸たんぽぽ 重賞 四ダ1.30.5 56 幸 3人 12ト7ﾀ 467 M⑧39.9 1 1 1 00 ネオシエル	2京10.29 3 ⑨2勝クラス 3歳上B37.6 四ダ1.24.9 58 幸 2人 15ト3ﾀ 442 H⑫38.0 4 5 04 ブレーヴジャ	3阪6.3 3 ⓫1勝クラス 3歳上坂55.6 三ダ1.11.3 55川田1人 16ト3ﾀ 494 M②36.1 6 4 04 3休コパノハ	5東11.18 13 ❺2勝クラス 3歳上坂54.0 四ダ1.25.0 56三浦13人 16ト8ﾀ 488 M⑦37.1 12 13 15 マーブルマカ⑮	4名12.16 1 ❺1勝クラス 3歳上B37.9 三ダ1.10.6 58国分恭6人 16ト1ﾀ 502 M②35.3 3 2 03 ジューンアー
1京1.6 10 ①2勝クラス 4歳上坂53.6 三ダ1.13.1 58藤岡康10人 16ト15ﾀ 476 M⑬37.1 13 12 12 ジュンウィン	1阪2.24 5 1 2勝クラス 4歳上坂54.0 三ダ1.12.4 58松若14人 16ト5ﾀ 508 M⑦36.3 9 10 07 ゴッドセンド	2名3.12 16 ②昇竜 3歳ｵｰﾌﾟﾝ坂57.7 四ダ1.27.6 56柴山15人 16ト14ﾀ 462 H④40.3 9 9 36 5休グレート	5中12.24 3 ⑧冬至 2勝ｸﾗｽB37.1 三ダ1.11.1 58松山3人 14ト11ﾀ 442 H⑬37.1 7 7 03 ワールズコラ	4阪9.23 1 6 1勝クラス 3歳上B37.0 三ダ1.11.6 56川田1人 15ト9ﾀ 494 H⑬36.1 11 11 02 マイネルフォ	1京1.7 13 ②2勝クラス 4歳上坂54.6 四ダ1.27.8 56ルメール12人 16ト13ﾀ 488 M⑪38.1 11 13 22 ガラパゴス⑧	1京1.6 8 ①2勝クラス 4歳上C39.3 三ダ1.12.9 58国分恭7人 16ト11ﾀ 506 M⑬37.2 8 9 10 ジュンウィン
2京2.4 7 ④2勝クラス 4歳上坂52.9 四ダ1.26.0 58松山10人 14ト1ﾀ 474 M①37.2 3 4 12 スキピオ	1名3.9 10 ①伊良湖 2勝ｸﾗｽ坂53.6 三ダ1.13.4 58永島11人 16ト13ﾀ 508 H⑯37.3 15 12 04 ロングファイ	3小8.27 15 ⑥[illegible] 2勝ｸﾗｽ坂51.8 七ダ1.47.5 52国分優13人 16ト11ﾀ 462 H①42.1 2 2 3 36 7休1001	1京1.6 5 ①2勝クラス 4歳上B38.8 三ダ1.12.3 58 幸 2人 16ト1ﾀ 444 M⑬36.8 7 7 04 ジュンウィン	5阪12.3 2 ②2勝クラス 3歳上B37.1 三ダ1.12.4 57藤岡佑1人 16ト15ﾀ 500 M⑭36.7 7 6 03 3休2000	2京2.17 12 7 2勝クラス 4歳上坂54.7 四ダ1.24.9 56団野16人 16ト3ﾀ 482 H③38.2 3 4 17 ライツフォル⑧	1名3.9 2 ①伊良湖 2勝ｸﾗｽ坂51.7 三ダ1.13.0 58国分恭3人 16ト4ﾀ 500 H⑯38.0 6 5 00 ロングファイ⑧
01102 11002 40206 669521	01102 01001 01001 087315	10102 10001 00000 11204	00222 04226 01415 10425	00222 01112 00222 00000	02002 00000 01223 365214	01001 01102 00000 12417
456―460	480―493	438―467	430―448	494―500	492	500―520
34.7	31.0	75.5	4.5	2.8	37.3	9.0
80.9馬 栗C65.9な 37.4り	4F54.5強 栗坂39.1 25.3め	4F53.7一 栗坂38.9杯 24.8追	一 一 栗C 一 杯 35.8追	82.6強 栗C67.3 37.2め	4F55.1一 栗坂40.5杯 26.1追	4F52.6末 栗坂37.8強 24.4め 12.2C

指数	1	2	3	4	5	6	7	8	9	10	11	12	13	14	15	16
12R	⑫78	⑬71	⑥62	③59	⑩58	①54	②53	⑮52	⑤51	④50	⑯49	⑧48	⑪47	⑨46	⑦41	⑭40

コンピ順位的にも超人気薄確実なので、穴馬券を獲る大チャンスとお考えください。

結果は、オーガスタスカイが11番人気で1着、リーゼントミニーが8番人気で3着といずれも馬券に絡み、高配当の立役者となりました。

ちなみに、2着はコンピ1位の⑫ディキシーガンナーだったので、エリートポイントの使い手なら外すことのほうが難しいとさえいえるレースでした。3連勝馬券派は、3連複3万馬券、3連単26万馬券の的中が視野に入る一戦だったと思います。

続いては、2024年3月23日に行なわれた中京4R（3歳未勝利、P50～51に馬柱）です。

こちらも16頭立てなので、2～9位はコンピ1位の指数値（このレースは77）から求めた各順位の平均値を基準に、10～16位は出走頭数から求めた各順位の平均値を基準に、それぞれエリートポイントを算出していきましょう。

算出結果は下の一覧表に記載されている通りで、4～6位の3頭が高いエリートポイントをマークしている一方、それ以外の馬はプラスマイナスゼロもしくはマイナスとなっています。ここまで極端に差が出ていると、判断しやすいです。

もちろん、4～6位の3頭、とりわけ優秀な5位で「+4」の⑩ウォーオブサウンドと6位で「+5」の④グランエシェゾーがイチオシの狙い目になることがわかります。

そしてレースは、特注馬のグランエシェゾーが6番人気で1着、エリートポイントが

2024年3月23日・中京4Rのコンピ・指数平均値・EP（エリートポイント）

順位	1	2	3	4	5	6	7	8	9	10	11	12	13	14	15	16
馬番	⑦	①	③	②	⑩	④	⑥	⑤	⑬	⑧	⑫	⑨	⑯	⑪	⑭	⑮
指数値	77	66	62	61	60	59	53	50	48	47	46	44	43	42	41	40
平均値		71	64	59	56	54	53	51	50	48	47	46	43	42	41	40
EP		−5	−2	2	4	5	0	−1	−2	−1	−1	−2	0	0	0	0

先の阪神12Rと同様、16頭立ての場合、2～9位は1位指数による平均値、10～16位は出走頭数による平均値

＋2だった4位の②メイショウソニックが5番人気で2着でした。なんと、エリートポイントがプラスだった3頭のうち、2頭がワンツーを決めたのです。

3着に入った⑥インフルブルームは、コンピ7位でエリートポイントはプラスマイナスゼロ。大きく割り引く要素はなく、確実に相手候補に入れるべき存在でした。よってこのレースは、単勝から3連単まで、どの券種で勝負しても勝つことができたのです。

ここで取り上げた2つのレースは、いずれも16頭立て、コンピ1位の指数値は78と77というように、レース条件は非常に似通っていました。一見しただけだと、同じようなコンピ指数の並びに感じるでしょう。

しかし、2位以下の指数形態はまったく同じではありません。少しでも異なると、優秀なエリートが出現する順位が大きく変わってきます（前者は中位～下位が中心、後者は比較的上位）。

それを見抜くことを可能にしたのが、新理論【エリートポイント】なのです。

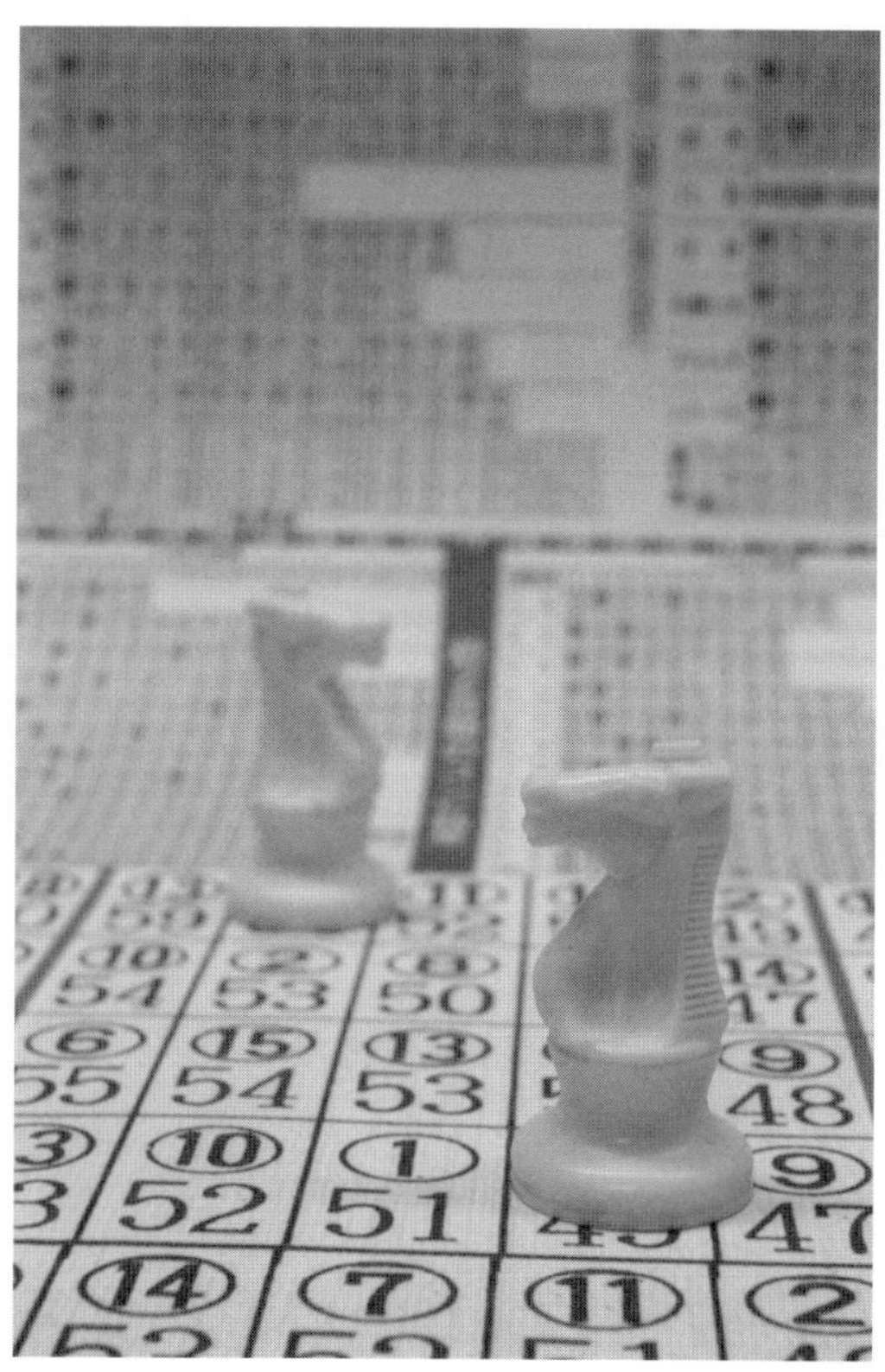

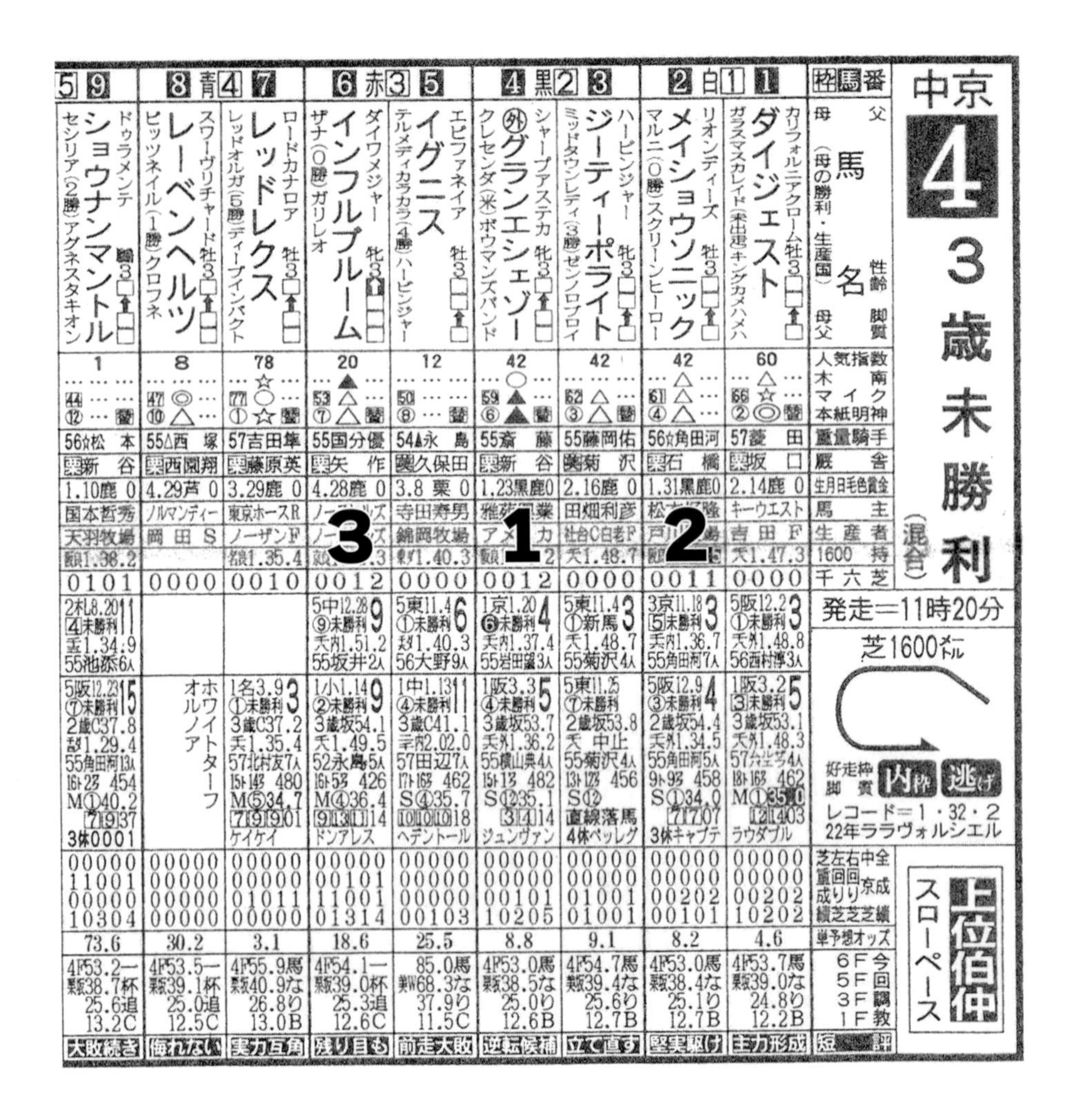

中京 4 3歳未勝利（混合）

発走＝11時20分

芝1600メートル

好走枠 内枠　脚質 逃げ

レコード＝1・32・2 22年ララヴォルシエル

上位伯仲 スローペース

枠馬番	2白1 1	2白1 2	4黒2 3	4黒2 4	6赤3 5	6赤3 6	8青4 7	8青4 8	5 9
父	カリフォルニアクローム	リオンディーズ	ハービンジャー	シャープアステカ	エピファネイア	ダイワメジャー	ロードカナロア	スワーヴリチャード	ドゥラメンテ
馬名	ダイジェスト	メイショウソニック	ジーティーポライト	㊇グランエシェゾー	イグニス	インフルブルーム	レッドレクス	レーベンヘルツ	ショウナンマントル
性齢	牡3	牡3	牝3	牝3	牡3	牝3	牡3	牡3	騸3
母（母の勝利・生産国）	ガラスマスカレイド（未出走）	マルニ（0勝）	ミッドタウンレディ（3勝）	クレセンダ（米）	テルメディカラカラ（4勝）	ザナ（0勝）	レッドオルガ（5勝）	ピッツネイル（1勝）	セシリア（2勝）
母父	キングカメハメハ	スクリーンヒーロー	ゼンノロブロイ	ボウマンズバンド	ハービンジャー	ガリレオ	ディープインパクト	クロフネ	アグネスタキオン
人気指数	60	42	42	42	12	20	78	8	1
木南	△	△	…	○	…	▲	☆	…	…
マイク	66 ☆	61 △	62 △	59 ▲	50 …	53 △	77 ○	47 ◎	44 …
本紙明神	② ◎	④ △	③ △	⑥ ▲	⑧ …	⑦ △	① ☆	⑩ △	⑫ …
重量騎手	57菱田	56☆角田河	55藤岡佑	55斎藤	54▲永島	55国分優	57吉田隼	55△西塚	56☆松本
厩舎	栗坂口	栗石橋	美菊沢	栗新谷	美久保田	栗矢作	栗藤原英	栗西園翔	栗新谷
生月日毛色賞金	2.14鹿 0	1.31黒鹿0	2.16鹿 0	1.23黒鹿0	3.8 栗 0	4.28鹿 0	3.29鹿 0	4.29芦 0	1.10鹿 0
馬主	キーウエスト	松本[illegible]隆	田畑利彦	雅苑興業	寺田寿男	ノー[illegible]ルズ	東京ホースR	ノルマンディー	国本哲秀
生産者	吉田F	戸川[illegible]場	社台C白老F	アメ[illegible]カ	錦岡牧場	ノー[illegible]ズ	ノーザンF	岡田S	天羽牧場
1600持	天1.47.3	[illegible]	天1.48.7	阪良[illegible]2	東ダ1.40.3	新[illegible].3	名良1.35.4		阪良1.38.2
千六芝	0000	0011	0000	0012	0000	0012	0010	0000	0101
前走	5阪12.2 3 ①未勝利 天外1.48.8 56西村淳3人	3京11.18 3 5未勝利 天内1.36.7 55角田河7人	5東11.4 3 ①新馬 天1.48.7 55菊沢4人	1京1.20 4 ⑥未勝利 天内1.37.4 55岩田望3人	5東11.4 6 ①未勝利 ダ1.40.3 56大野9人	5中12.28 9 ⑨未勝利 天内1.51.2 55坂井2人			2札8.20 11 4未勝利 芝1.34.9 55池添6人
前々走	1阪3.2 5 3未勝利 3歳坂53.1 天外1.48.3 57[illegible]4人 18ト16ｸ 462 M①35.0 12 14 03 ラウダブル	5阪12.9 4 ③未勝利 2歳坂54.4 天外1.34.5 55角田河5人 9ト9ｸ 458 S①34.0 7 7 07 3休キャプテ	5東11.25 ⑦未勝利 2歳坂53.8 天 中止 55菊沢4人 13ト12ｸ 456 S⑫ 直線落馬 4休ペッレグ	1阪3.3 5 ④未勝利 3歳坂53.7 天外1.36.2 55横山典4人 15ト1ｸ 482 S⑫35.1 3 4 14 ジュンヴァン	1中1.13 11 ④未勝利 3歳C41.1 芝内2.02.0 57田辺7人 17ト16ｸ 462 S④35.7 10 10 10 18 ヘデントール	1小1.14 9 ②未勝利 3歳坂54.1 天1.49.5 52永島5人 16ト5ｸ 426 M④36.4 9 13 11 14 ドンアレス	1名3.9 3 ①未勝利 3歳C37.2 天1.35.4 57北村友7人 15ト14ｸ 480 M⑤34.7 7 9 9 01 ケイケイ	ホワイトターフ オルノア	5阪12.23 15 ⑦未勝利 2歳C37.8 ダ1.29.4 55角田河13人 16ト2ｸ 454 M①40.2 7 9 37 3休0001
芝左右中全 / 重回回京成 / 成りり / 績芝芝芝績	00000 00000 00202 10202	00000 00000 00202 00101	00000 00000 01001 01001	00000 00000 00101 10205	00000 00000 00000 00103	00000 00101 11001 01314	00000 00000 01011 00000	00000 00000 00000 00000	00000 11001 00000 10304
単予想オッズ	4.6	8.2	9.1	8.8	25.5	18.6	3.1	30.2	73.6
今回調教 6F/5F/3F/1F	4F53.7馬 栗坂39.0な 24.8り 12.2B	4F53.0馬 栗坂38.4な 25.1り 12.7B	4F54.7馬 美坂39.4な 25.6り 12.7B	4F53.0馬 栗坂38.5な 25.0り 12.6B	85.0馬 美W68.3な 37.9り 11.5C	4F54.1一 栗坂39.0杯 25.3追 12.6C	4F55.9馬 栗坂40.9な 26.8り 13.0B	4F53.5一 栗坂39.1杯 25.0追 12.5C	4F53.2一 栗坂38.7杯 25.6追 13.2C
短評	主力形成	堅実駆け	立て直す	逆転候補	前走大敗	残り目も	実力互角	侮れない	大敗続き

●2024年3月23日・中京4R（3歳未勝利、芝1600m）

1着④グランエシェゾー
（6位・6番人気）
＝EP＋4馬
2着②メイショウソニック
（4位・5番人気）
＝EP＋2馬
3着⑥インフルブルーム
（7位・7番人気）

単④ 890円
複④ 270円
② 260円
⑥ 520円
馬連②－④ 2910円
馬単④→② 5410円
ワイド②－④ 1010円
④－⑥ 2120円
②－⑥ 1790円
3連複②④⑥ 15820円
3連単④→②→⑥ 97120円

16 桃8	15 桃8	14 橙7	13 橙7	12 緑6	11 緑6	10 黄
キャメロット	ホークビル	ミッキーアイル	エイシンフラッシュ	サトノダイヤモンド	アニマルキングダム	ブラックタイド
㊋クイーンモーガン 牝3	キャラメルコード 牝3	ランプルフィッシュ 牡3	ウォーブルースター 牝3	シビックシャルル 牡3	ラインポーチュラカ 牝3	ウォーオブサウンド 牡3
リージェンシーロマンス(英) ディクタット	ハーモニーフェア(1勝) シンボリクリスエス	コーラルグリッタ(1勝) ゼンノロブロイ	ウォーブル(1勝) トーセンホマレボシ	シビックハート(0勝) バゴ	ラインハーディー(3勝) ゴールドアリュール	ラッシュライフ(2勝) サクラバクシンオー
1	1	1	4	2	1	44
… ◎ …	… … …	… … …	… … …	… … …	… … …	… △ …
43 … …	40 … …	41 … …	48 … …	46 … …	42 … …	60 △ …
⑬ … …	⑯ … 替	⑮ … 替	⑨ … 替	⑪ … …	⑭ … 替	⑤ ○ 替
55亀田	51★河原田	54▲柴田裕	55富田	56☆秋山	55吉田豊	57団野
栗杉山晴	美千葉	栗中竹	美矢嶋	栗高橋忠	美蛯名正	美萩原
2.17青鹿0	3.21鹿0	3.25鹿0	5.4青鹿0	5.6鹿0	4.2栗0	3.24鹿0
ゴドルフィン	谷口悦一	岡晟宏	ブルースターズF	国枝久美子	大沢繁昌	安原浩司
アイルランド	中脇満	猿橋義昭	ブルースターズF	二風谷F	ケイズ	三嶋牧場
	芝1.15.7	阪1.37.5	東1.34.9		中1.37.1	芝1.23.4
0000	0000	0001	0003	0000	0001	0000
		3京11.4 ①未勝利 15 芝1.29.1 55小沢16人	5中12.16 ⑤未勝利 5 芝外1.35.5 55野中14人		5中12.24 ⑧新馬 11 芝外1.37.1 55松岡7人	
タートキッシュパレス エンタングルメント	1中1.6 ①新馬 15 3歳坂58.1 芝1.15.7 55杉原15人 15ト6ゲ 390 H⑤38.6 11 11 22 フェデラルス	3京11.12 ④未勝利 10 2歳 連闘 芝1.17.0 55小沢12人 13ト9ゲ 452 M①39.9 10 10 43 4休ラヴォン	1中1.14 ⑤未勝利 13 3歳C38.9 芝外1.35.4 55野中14人 16ト6ゲ 416 M①35.2 14 15 14 17 アンドアイラ	シビッククール	1中1.8 ③未勝利 11 3歳C39.5 芝2.00.2 55松岡7人 16ト12ゲ 504 M⑤41.6 15 15 12 27 プレジール	4東10.14 ④新馬 3 2歳B37.7 芝1.23.4 56横山武7人 18ト13ゲ 490 S②33.7 15 15 06 5休ソンシ
00000 00000 00000 00000	00000 00000 00000 00001	00000 00000 00000 01014	00000 00000 00000 01203	00000 00000 00000 00000	00000 00000 00000 00102	00000 00000 01001 00000
76.6	74.1	72.1	44.6	56.6	72.6	6.8
4F54.9 一杯 栗坂40.1 26.1追 13.0C	4F55.3 馬なり 美坂41.1 27.0 13.5C	4F53.5 一杯 栗坂39.2 25.8追 12.8C	4F53.7 馬なり 美坂39.3 26.0 12.9C	一 馬なり 栗C 一 39.9 12.3C	一 馬なり 美W69.7 39.5 12.0C	一 馬なり 美芝70.1 39.5 12.0C
使いつつ	一変疑問	まだまだ	狙えない	どこまで	2桁続き	差し怖い

指数	1	2	3	4	5	6	7	8	9	10	11	12	13	14	15	16
4R	❼	①	③	②	⑩	④	⑥	⑤	⑬	⑧	⑫	⑨	⑯	⑪	⑭	⑮
	77	66	62	61	60	59	53	50	48	47	46	44	43	42	41	40

ポイント解説・平均値シートの作り方

４章末に穴党編集スタッフのＨさんが製作した実践シートがありますが、すべての１位指数×頭数分は紙幅の関係上、掲載していません。そこで、不足しているものについては、必要に応じて、読者の皆さんが作られることを推奨します。

各シートは、P30の「表１●コンピ【１位指数別】２～10位指数の平均値」、Ｐ 39の「表３●【出走頭数別】平均値早見表」がベースになります。下記に実際のレースの指数から平均値シートを作ってみたので参考にしてください。まずP30、P39の一覧表が手元にあったほうがいいので、コピーなどして用意。そして下位、つまり出走頭数別のほうから埋めていくのがコツです。

2024年セントウルS【１位69・18頭】7位①モズメイメイ（＋３）3着

順位	1	2	3	4	5	6	7	8	9	10	11	12	13	14	15	16	17	18
馬番	⑬	⑱	⑦	⑮	⑫	⑤	①	⑰	⑭	⑪	⑧	⑥	④	⑨	③	⑩	②	⑯
指数値	69	64	62	60	59	58	57	53	51	50	49	48	45	44	43	42	41	40
平均値		67	65	62	59	57	54	52	51	50	48	47	46	45	44	42	41	40
EP		−3	−3	−2	0	1	3	1	0	0	1	1	−1	−1	1	0	0	0

1～10位＝1位69の平均値　11位以下＝18頭立ての平均値

2024年ローズS【１位86・15頭】13位⑩セキトバイースト（＋３）3着

順位	1	2	3	4	5	6	7	8	9	10	11	12	13	14	15
馬番	⑮	②	⑪	⑤	③	①	⑨	⑬	⑦	④	⑭	⑥	⑩	⑫	⑧
指数値	86	68	58	57	56	55	53	51	50	49	48	47	46	41	40
平均値		68	62	58	55	53	52	51	50	48	47	45	43	41	40
EP		0	−4	−1	1	2	1	0	0	1	1	2	3	0	0

1～9位＝1位86の平均値　10位以下＝15頭立ての平均値

2024年札幌記念【１位86・12頭】5位⑨ステラヴェローチェ（＋３）3着

順位	1	2	3	4	5	6	7	8	9	10	11	12
馬番	⑪	②	④	③	⑨	⑥	⑫	⑤	①	⑦	⑩	⑧
指数値	86	63	62	60	58	54	53	52	50	42	41	40
平均値		68	62	58	55	53	52	51	48	46	43	41
EP		−5	0	2	3	1	1	1	2	−4	−2	−1

1～8位＝1位86の平均値　9位以下＝12頭立ての平均値

第2章
堅いレースも波乱レースも獲る！
EP（エリートポイント）馬の買い方講座

レースの波乱度を測る【テクニカル6】がEP馬券をサポート

第1章でお伝えした、新コンピ理論【エリートポイント（EP）】の予想アプローチ方法を、今一度整理しておきます。

（1）出走頭数を確認する
（2）コンピ1位の影響順位をチェックし、その順位までは1位の指数値別の平均値を、それを下回る順位は出走頭数別の平均値を基準にする
（3）コンピ2位以下の各順位の指数値と平均値の差（＝エリートポイント）を算出する
（4）エリートポイントが＋3以上の「真のエリート」を狙う

これが基本にして王道、ではあるのですが、すべてのレースでスムーズに馬券を買うためには、もう一段階踏み込んで、コンピの指数形態をチェックする必要があります。レースによっては、＋3以上の馬が出現しないケースもあるからです。

また、＋3以上の馬が複数頭いたら、該当馬のボックスだけを買っていればOKというような、単純な理論でもありません。正直、そのやり方では勝てないです。

実際にどのようにして馬券を組み立てていくか？
これを吟味しなければ、勝利もままならないでしょう。

ここで頼りになるのが【テクニカル6】です。レース前に波乱度合いを予測することを可能にし、好走確率が高いゾーンならびにほとんど期待できないゾーンを教えてくれます。エリートポイントの強力な援軍として、しっかりバックアップしてくれるのです。

テクニカル6のレース波乱度判定の手順はP19でお伝えした通りですが、念のため、ここでおさらいしておきます。

■手順①

これから行なわれるレース（予想するレース）のコンピ一覧を用意し、1～3位の指数の合計値を算出してください。

コンピ1位が80、2位が68、3位が62であれば、合計値は210となります。

計算は、暗算でもいいですし、電卓を使っても構いません。オススメなのは、スマホに搭載されている電卓機能を利用する方法です。

■手順②

合計値が出たら、パターン早見表に照らし合わせ、1から6のどのレースパターンに該当するかをチェックします。

数字が大きいパターンのレースほど堅く収まりやすく、小さいパターンのレースほど荒れやすいと予測できます。

表1●テクニカル6のパターン早見表

パターン	1～3位の和	レース傾向
6	220以上	順当
5	216～219	順当
4	212～215	平均
3	209～211	やや波乱
2	206～208	波乱
1	205以下	波乱

これにより、予想するレースを6つのパターンに分類できます。このテクニカル6のパターンありきでエリートポイントを見ていくと、買うべき馬がより鮮明に浮かび上がってくるのです。

「順当＝パターン5～6」「波乱～平均＝パターン1～4」で注目すべきEP馬が変わる

レース判定の結果によって、ここから先のアプローチ方法は変わってきます。

パターン6もしくは5だった場合、そのレースは順当に収まる公算が大きいので、コンピ上位に狙いを絞る戦術が効果的です。

最初に、思いきってコンピ10位以下をバッサリ切ってしまいましょう。コンピ1位の指数値に影響されないコンピ10位以下が、出走頭数の影響から、＋3以上になることが多々あります。

しかし、これはその大半が**フェイク＝偽エリート**です。堅い傾向にあるパターン5～6のレースにおいては、そもそもコンピ10位以下の馬にはチャンスが少ないので、真に受けないほうが得策と考えるようにしてください。実際に、パターン5～6におけるコンピ10位以下のエリートのパフォーマンスは惨憺たるものとなっています。

3連勝馬券派が、フォーメーション3列目のヒモとして、エリートポイントがプラスの10位以下の馬を押さえるぶんには構いませんが、2連勝馬券派にとっては不要です。原則無視というスタンスで臨みましょう。

10位以下を切ったうえで、注目したいのはコンピ5～9位のゾーンです。

パターン5～6の場合、＋3以上の真のエリートではなく、少し基準を緩めて＋2以上を高評価の対象にしてください。

理由は、本命傾向が強くコンピ上位が指数値を多く持っていくケースが多いため、それに連動する格好で、コンピ5～9位の指数値が大きく伸びなくなるからです。

通常、＋3以上の真のエリートが狙い目になるのですが、パターン5～6における5～9位に限っては、＋2以上でも高い好走率と期待値を望むことができます。こちらのデータを見れば、一目瞭然でしょう（下の表2）。

テクニカル6でパターン5～6に判定されたレースは、出走頭数にかかわらずコンピ10位以下を軽視し、エリートポイント＋5～9位を積極的に狙う――これを徹底するだけで、コスパのいい馬券勝負が実現できます。

なお、5～9位に＋2以上の馬がいない場合、それは5～9位の馬があまり強くなく、上位の1～4位の層がかなり厚いことを示すサインです。ド本命決着濃厚で、1～4位が上位を占める可能性が高くなると覚えておきましょう。

続いて、テクニカル6でパターン1～4と判定された場合を見ていきましょう。

パターン1～4は、コンピ上位があまり強くない（票を集めていない）ことを意味し、下位にもチャンスが出てきます。

検証の結果、**5～15位でエリートポイント＋3以上となっている真のエリートが、激アツの狙い目**になることがわかりました（下の表3）。単勝は、買い続ければプラス収支が

表2●テクニカル6【パターン5、6】――コンピ5～9位の「＋2以上」成績

コンピ	着別度数	勝率	連対率	複勝率	単回収値	複回収値
5～9位	31- 47- 79-745/902	3.4%	8.6%	17.4%	114	98

表3●テクニカル6【パターン1～4】――コンピ5～15位の「＋3以上」成績

コンピ	着別度数	勝率	連対率	複勝率	単回収値	複回収値
5～15位	375- 421- 503-7177/8476	4.4%	9.4%	15.3%	107	91

見込める驚異的な期待値の高さです。

田中洋平はエリートポイント馬券をこう買っている！

ここからは、実際の馬券の買い方・買い目の組み立て方に迫っていきます。

私は馬連・ワイド派なので、この2つの券種をいかに攻略するかについて言及していきますが、それ以外の券種で勝負するのが好きな方は、私のやり方をベースにして、ご自身のスタイルにうまく融合させることを目指してください。

例えば単複派であれば、私が推奨する軸馬のみで勝負するとか、3連勝馬券派であれば、軸馬と相手馬に、独自の方法でヒモ馬を加えるとか、いかようにもアレンジできるでしょう。もちろん、第4章でお伝えする穴党編集スタッフのHさんの実践記も、おおいに参考になると思います。エリートポイントを使い続けていれば、自分にとってベストといえる活用法にたどり着けるはずです。

それでは、田中洋平式の馬券の買い方・買い目の組み立て方の基本ルールを公開します（左ページ参照）。

なぜこのようなルール設定になっているのか、説明していきます。

軸馬の条件に該当する馬については、先ほどデータを提示して強調した通りなので、ご理解いただけるでしょう。エリート認定された馬は、新理論【エリートポイント】の主役です。これを軸にしないという選択肢はありません。

相手馬については、軸馬がコンピ5位以下に限定されるため、「的中率重視」の観点から1～6位の上位馬

●田中洋平式【エリートポイント(EP)】馬連・ワイドの買い方ルール

【軸馬】

●[テクニカル6]パターン5～6のレース

⇒コンピ5～9位のエリートポイント「＋2以上」の馬

●[テクニカル6]パターン1～4のレース

⇒コンピ5～15位のエリートポイント「＋3以上」の馬

【相手馬】

●[テクニカル6]パターン5～6のレース

⇒コンピ1～3位

●[テクニカル6]パターン4のレース

⇒コンピ1～4位

●[テクニカル6]パターン2～3のレース

⇒コンピ1～5位

●[テクニカル6]パターン1のレース

⇒コンピ1～6位

【券種・買い目】[馬連・ワイドフォーメーション]

1列目　軸馬

2列目　軸馬＋相手馬

を対象としました。

いかにエリートとて、5位以下同士の馬連・ワイドの決着率は低く、そればかりを買っていると大きなマイナスの波にハマる恐れも出てきます。それを回避するために、相手は上位馬に絞ったのです。軸馬が上位人気ということはほぼあり得ないので、的中すればおのずと好配当が望めます。

パターンごとに相手馬の対象順位の範囲が異なるのは、コンピ上位の好走率を加味しているからです。

コンピ5位以下のエリートが馬券に絡めば好配当必至。

しかし、相手を絞りすぎて取りこぼすのはもったいない。

だからといって、相手の範囲を広げすぎるとトータルで儲からない。

以上の3点を踏まえ、的中率と回収率の理想的なバランスを意識して、該当馬が2着以内に入る（馬連の的中に貢献する）確率が90％以上になる範囲を、相手馬の対象とすることにしました（下の表4）。

だから、堅い傾向のパターンほど相手を絞り、波乱傾向の強いパターンほど相手を手広く押さえるようにしているのです。

買い目は、軸馬＋相手馬で的中するかたちを狙うのが基本ながら、エリート同士で決まって高配当というケースを獲り逃すわけにはいかないので、このようなフォーメーションを組むのがベストと判断しました。これならば、中穴から大穴

表4●テクニカル6の各パターンにおけるコンピ上位馬が2着以内に入る確率

コンピ順位→
テクニカル6のパターン↓

	1～2	1～3	1～4	1～5	1～6
6	86%	94%	97%	98%	99%
5	81%	91%	95%	98%	98%
4	75%	86%	92%	95%	97%
3	69%	81%	89%	94%	96%
2	64%	78%	87%	92%	95%
1	59%	72%	82%	89%	93%

までまんべんなくカバーできます。

以下、私が実際に的中させたレースを取り上げ、予想手順、馬券購入手順を確認していきましょう。

ケース①コンピ14位のエリートが3着に粘って、ワイド万馬券2点獲り！

●24年4月6日・中山12R（4歳上1勝クラス、ダ1200m）

［出走頭数］
16頭（P62～63に馬柱）

［コンピ1位影響順位］
9位

［テクニカル6レース判定］
1位82＋2位66＋3位62＝210
↓パターン3

16頭立ての一戦なので、コンピ1位の影響を受けるのは9位まで。10位以下は出走

ケース①●2024年4月6日・中山12R（4歳上1勝クラス、ダ1200m）

1位82・16頭　テクニカル6⇒1～3位の和210⇒パターン3（やや波乱）

順位	1	2	3	4	5	6	7	8	9	10	11	12	13	14	15	16
馬番	⑬	⑧	⑩	⑫	⑦	⑨	⑤	④	⑯	①	②	⑮	⑪	⑭	③	⑥
指数値	82	66	62	59	58	56	54	52	51	50	49	48	47	46	41	40
平均値	＼	70	63	59	56	54	52	51	50	48	47	46	43	42	41	40
EP	＼	−4	−1	0	2	2	2	1	1	2	2	2	4	4	0	0

16頭立ての場合、2～9位は1位指数による平均値、10～16位は出走頭数による平均値

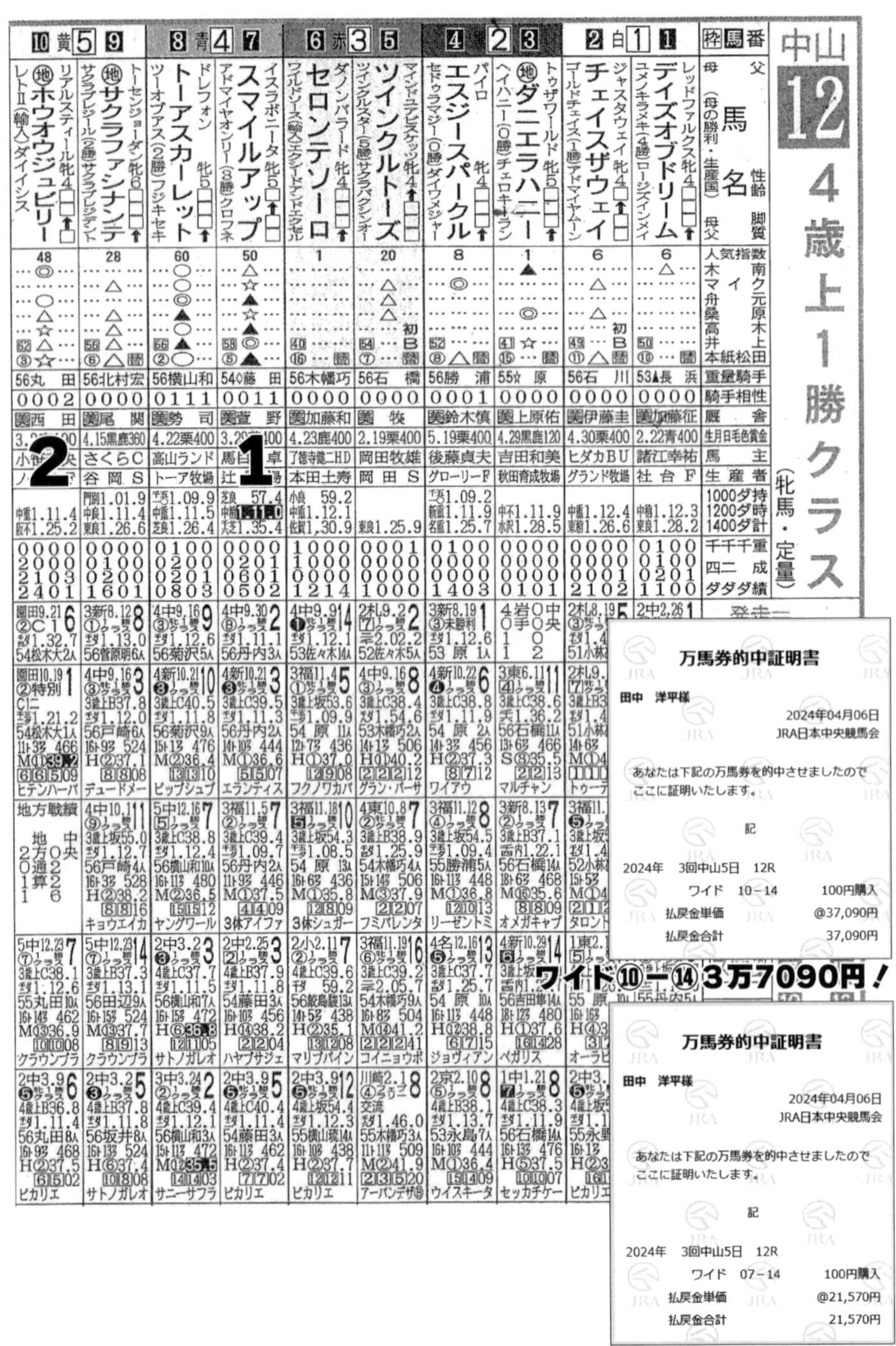

中山 12 4歳上1勝クラス（牝馬・定量）

枠	馬番	馬名	性齢	重量 騎手	厩舎	馬主	生産者
1	1	ディズオブドリーム	牝4	53▲長浜	美加藤征	諸江幸祐	社台F
1	2	チェイスザウェイ	牝4	56石川	美伊藤圭	ヒダカBU	グランド牧場
2	3	㊞ダニエラハニー	牝5	55☆原	美上原佑	吉田和美	秋田育成牧場
2	4	エスジースパークル	牝4	56勝浦	美鈴木慎	後藤貞夫	グローリーF
3	5	ツインクルトーズ	牝4	56石橋	美牧	岡田牧雄	岡田S
3	6	セロンテソーロ	牝5	56木幡巧	美加藤和	了徳寺健二HD	本田土寿
4	7	スマイルアップ	牝5	54◇藤田	美萱野	馬目卓	辻牧場
4	8	トーアスカーレット	牝5	56横山和	美勢司	高山ランド	トーア牧場
5	9	㊞サクラファシナンテ	牝6	56北村宏	美尾関	さくらC	谷岡S
5	10	㊞ホウオウジュビリー	牝4	56丸田	美西田	小笹芳央	ノーザンF

2 1

万馬券的中証明書

田中　洋平様

2024年04月06日
JRA日本中央競馬会

あなたは下記の万馬券を的中させましたのでここに証明いたします。

記

2024年　3回中山5日　12R
ワイド　10－14　100円購入
払戻金単価　@37,090円
払戻金合計　37,090円

ワイド⑩ー⑭3万7090円！

万馬券的中証明書

田中　洋平様

2024年04月06日
JRA日本中央競馬会

あなたは下記の万馬券を的中させましたのでここに証明いたします。

記

2024年　3回中山5日　12R
ワイド　07－14　100円購入
払戻金単価　@21,570円
払戻金合計　21,570円

ワイド⑦ー⑭2万1570円！

●2024年4月6日・中山12R（4歳上1勝クラス、ダ1200m）

1着⑦スマイルアップ
（5位・4番人気）
2着⑩ホウオウジュビリー
（3位・5番人気）
3着⑭ロザシアニン＝EP馬
（14位・16番人気）

………………………………………

7着⑪フリントロック＝EP馬
（13位・11番人気）

単⑦ 540円
複⑦ 200円 ⑩ 290円 ⑭ 5550円
馬連⑦－⑩ 2490円
馬単⑦→⑩ 4880円
ワイド⑦－⑩ 840円
⑦－⑭ 21570円
⑩－⑭ 37090円
3連複⑦⑩⑭ 179000円
3連単⑦→⑩→⑭ 678680円

11	12	13	14	15	16
緑6	緑6	橙7	橙7	桃8	桃8
ブラックタイド 牝4 フリントロック ウエスタンメルシー（4勝）ブラックホーク	ロードカナロア 牝4 ㊞アニトラ ソルヴェイグ（4勝）ダイワメジャー	ロージズインメイ 牝4 ㊞プラティクレール シルヴァーコード（3勝）スウェプトオーヴァーボード	グランプリボス 牝5 ㊞ロザシアニン マレンカヤ（0勝）ファンタスティックライト	ドゥラメンテ 牝5 ㊞シエラメンテ スカーゲン（輸入）ダッシングブレイド	ラニ 牝5 カリカ カラフル（0勝）ブラックタイド
4	30	91	2	4	6
… … △ … … 47 △ ⑬ …	☆ … △ … △ 59 … ④ △	△ ▲ ☆ ○ ◎ 82 ○ ① ◎	… … … … … 46 … ⑭ …	… … … … … 48 △ ⑫ …	… △ … … △ 51 … ⑨ …
56森 泰	56菅原明	56横山武	56柴田大	56松 岡	56吉田豊
0000	0000	0201	0000	0002	11214
美菊 沢	美矢 嶋	美田 島	美佐藤吉	美堀 内	美小 西
2.18鹿400	2.15黒鹿340	4.4芦 80	1.[illegible]270	3.5鹿 90	4.16芦400
ティアレスト	G 1 R	ノルマンディー	加[illegible]徹	木部厳生	平岡茂樹
ウエスタンF	社台C白老F	岡 田 S	大[illegible]場	木 部 F	平岡牧場
芝良1.08.6 芝良1.23.0	阪稍1.25.2	千五1.09.6 中重1.11.2 名重1.29.2	門別1.00.8 中良1.13.7 東重1.25.7	函稍 59.4 中良1.13.4 水沢1.28.8	中稍1.11.3 東稍1.25.8
0000 0000 0000 0000	0000 0000 1000 0000	0000 0302 0000 1101	0000 0000 0000 1201	0000 0010 0000 0143	0100 1000 0101 4903
1函6.25 2 ⑥1勝クラス 芝1.09.5 50鷲頭7人	川崎11.6 ①おと10! ダ 取消 54山崎誠	4新10.22 2 ❹1勝クラス ダ1.11.2 51小林美4人	門別10.4 1 ②がんばれ!A ダ外1.01.3 51阿岸潤1人	2函7.15 7 5 1勝クラス ダ 59.5 52古川奈5人	3新8.27 8 ⑥1勝クラス ダ1.13.7 56吉田豊5人
2函7.16 1 ⑥牝未勝 3歳C41.2 芝1.10.6 51鷲頭2人 16ト7♀ 428 H⑪35.5 9 7 01 アフターグロ	川崎12.13 1 ③クロシェット 二組 ダ1.33.7 54山崎誠1人 10ト9♀ 479 M②40.8 1 1 1 14 ビターモンス	3福11.11 6 ③1勝クラス 3歳上B38.2 ダ1.09.6 51小林美1人 16ト4♀ 470 M①37.2 8 7 04 パスドラムガ	門別11.3 11 ③JBCデーは B3 ダ外1.04.7 53阿岸潤2人 12ト6♀ 484 M①39.6 5 5 30 ラピアータ	2札8.12 7 ①1勝クラス 3歳上C41.3 ダ1.00.7 52古川奈10人 12ト2♀ 484 M①36.5 10 10 13 バサラ	4中9.16 4 ③牝1勝クラス 3歳上C38.6 ダ1.12.0 56吉田豊8人 16ト10♀ 488 H②36.4 11 11 08 デュードメー
2札8.27 16 ❻1勝指定 牝1勝B38.7 芝1.12.8 54鷲頭10人 16ト5♀ 416 H⑫37.5 5 9 14 3休イイヒニ	川崎1.4 1 ④C2七八 一般 ダ1.38.2 54山崎誠1人 8ト1♀ 476 M③39.6 1 1 1 08 セキレイ	5中12.16 2 5 1勝クラス 3歳上B37.5 ダ1.11.6 55横山武3人 16ト12♀ 466 M⑨36.9 1 1 04 ヤングワール	地方戦績 門 中 6別0央 2 0 1 0 2 2	2札8.27 4 ⑥1勝クラス 3歳上C42.0 ダ 59.9 52古川奈9人 12ト12♀ 486 M②35.8 4 4 03 グットフォー	4東10.8 10 ②牝1勝クラス 3歳上坂54.3 ダ1.26.4 56吉田豊12人 15ト13♀ 492 M③36.3 15 15 12 フミバレンタ
5中12.9 9 ③1勝クラス 3歳上C38.2 芝外1.08.6 55菊沢13人 14ト5♀ 432 H③34.0 12 11 09 サウザンサニ	川崎1.31 1 ③C2選定戦 一般 ダ1.32.1 54山崎誠1人 11ト3♀ 477 M⑨40.6 1 1 1 01 フリフリ	1中1.8 12 ③1勝クラス 4歳上B37.2 ダ1.14.3 56横山武1人 16ト13♀ 470 H⑬40.5 2 2 14 オルコス	1中1.8 7 ③1勝クラス 4歳上C38.8 ダ1.13.7 56武士沢16人 16ト8♀ 470 H⑬39.0 13 10 08 オルコス	2札9.2 9 7 1勝クラス 3歳上 連闘 ダ1.00.1 56松岡9人 12ト4♀ 482 M⑤35.6 12 12 07 4休ダラムキ	4新10.21 6 ❸牝1勝クラス 3歳上C37.5 ダ1.12.1 56吉田豊4人 14ト9♀ 486 M①36.5 12 11 15 エランティス
2小2.24 12 5秋吉台 1勝クラB38.1 芝1.10.4 56菊沢8人 14ト10♀ 432 M①35.5 7 7 12 レッドアヴァ	地方戦績 川 中 3崎0央 0 0 0 1 0 1	2中3.9 2 ❺牝1勝クラス 4歳上坂53.5 ダ1.11.2 56横山武1人 16ト6♀ 476 H④37.8 1 1 00 ヒカリエ	2小2.17 13 ③1勝クラス 4歳上C39.2 ダ1.49.9 53佐藤13人 13ト3♀ 470 H⑩42.8 1 2 3 33 バックトゥザ	1中1.8 6 ③1勝クラス 4歳上坂55.0 ダ1.13.4 56松岡12人 16ト12♀ 486 H⑬38.9 10 10 05 3休0002	5中12.16 8 5 1勝クラス 3歳上C38.4 ダ1.12.5 56吉田豊15人 16ト15♀ 488 M②36.8 14 12 13 3休0002

馬番能力順位	1	2	3	4	5	6	7	8	9	10	11	12	13	14	15	16
12 R	⓭ 82	⑧ 66	⑩ 62	⑫ 59	⑦ 58	⑨ 56	⑤ 54	④ 52	⑯ 51	① 50	② 49	⑮ 48	⑪ 47	⑭ 46	③ 41	⑥ 40

頭数の影響を受けます。コンピ1が82のときの2～9位の平均値はP30掲載の一覧表にある通り、出走頭数が16頭立てのときの10位以下の平均値はP39掲載の一覧表にある通りです。

各順位の平均値とコンピの指数値の差を求め、エリートポイントを算出します。その結果をP61下の一覧にまとめたのでご確認ください。

テクニカル6のレース判定はパターン3。よって、コンピ5～15位で＋3以上のエリートポイントが付いている13位⑪フリントロック、14位⑭ロザシアニンの2頭が軸馬、コンピ1～5位の5頭が相手馬となります。

［軸馬］
13位⑪フリントロック
14位⑭ロザシアニン

［相手馬］
1位⑬プラティクレール
2位⑧トーアスカーレット
3位⑩ホウオウジュビリー
4位⑫アニトラ
5位⑦スマイルアップ

［買い目］
馬連・ワイドフォーメーション
⑪⑭→⑦⑧⑩⑪⑫⑬⑭（各11点）

このレースは痺れる結果になりました。道中2～3番手を追走していた、軸馬で単勝最低人気の超人気薄だった14位⑭ロザシアニンが3着に粘り込んだのです。

勝ったのは相手馬の5位⑦スマイルアップ、そして2着には好位から差してきた3位⑩ホウオウジュビリー。馬連の的中は惜しくも逃しましたが、ワイド万馬券ダブル的中というビッグヒットを飛ばすことができました。

私が本命視し、軸馬の1頭に選んだ3着ロザシアニンの単勝オッズは、なんと374・4倍！　オーソドックスな予想をしていたら、まず手を出せない存在でしょう。

しかし、エリートポイントならば、手を出せないどころか軸にすることができるのです。このとてつもない破壊力を、多くの皆さんに知っていただきたいと思っています。

ケース②コンピ12位のエリートが連対！馬連3万馬券でウハウハ（笑）

●24年4月13日・福島8R（4歳上1勝クラス、芝1800m）

［出走頭数］
15頭（P68～69に馬柱）

［コンピ1位影響順位］

9位

［テクニカル6レース判定］

1位73＋2位66＋3位65＝204

↓パターン1

15頭立ての一戦なので、コンピ1位の影響を受けるのは9位まで。10位以下は出走頭数の影響を受けます。コンピ1が73のときの2～9位の平均値はP30掲載の一覧表にある通り、出走頭数が15頭立てのときの10位以下の平均値はP39掲載の一覧表にある通りです。

各順位の平均値とコンピの指数値の差を求め、エリートポイントを算出します。その結果を下の一覧にまとめたのでご確認ください。

テクニカル6のレース判定はパターン1。よって、コンピ5～15位で＋3以上のエリートポイントが付いている12位④ルージュアマルフィが軸馬、コンピ1～6位の6頭が相手馬となります。

［軸馬］

ケース②●2024年4月13日・福島8R（4歳上1勝クラス、芝1800m）

1位73・15頭　テクニカル6⇒1～3位の和204⇒パターン1（波乱）

順位	1	2	3	4	5	6	7	8	9	10	11	12	13	14	15
馬番	⑬	②	⑭	⑦	①	⑨	⑥	⑪	⑧	⑩	⑮	④	⑫	⑤	③
指数値	73	66	65	57	55	54	53	52	51	50	49	48	42	41	40
平均値		69	65	61	58	55	53	51	50	48	47	45	43	41	40
EP		−3	0	−4	−3	−1	0	1	1	2	2	3	−1	0	0

15頭立ての場合、2～9位は1位指数による平均値、10～16位は出走頭数による平均値

12位④ルージュアマルフィ

［相手馬］
1位⑬ジュンツバメガエシ
2位②クラシックステップ
3位⑭クロスライセンス
4位⑦タイラーテソーロ
5位①ディープグラビティ
6位⑨ショウナンアキドン

［買い目］
馬連・ワイドフォーメーション（軸馬が1頭なので実質的には流し）
④→①②⑦⑨⑬⑭（各6点）

手順通りに軸馬と相手馬を選んでいくと、軸馬が複数頭になるケースが多いので、私は軸馬を一列目に配置したフォーメーションを推奨しています。

しかし当然、このレースのように軸馬が1頭になる場合があります。フォーメーションは実質的に流しになって買い目が絞れ、ローリスクハイリターンを見込める状況が訪れるわけです。人気薄の1頭軸の馬券は不安

福島 8 4歳上1勝クラス（混合・定量）

発走＝13時35分

芝1800メートル

好走枠 中枠　脚質 逃げ

レコード＝1・45・3 98年アンプラスモア

馬番	枠	父	馬名	母（母の勝利・生産国）母父	性齢	人気指数	重量騎手	厩舎	生月日毛色賞金	馬主	生産者	1800持	千八芝
1	白1	ディープインパクト	ディープグラビティ	スターシップトラップルズ(輸入)ゴーストザッパー	牡5	22	58吉田隼	美矢嶋	2.21黒鹿400	社台RH	社台F	東良1.48.3	0102
2	黒2	モーリス	クラシックステップ	レッドジゼル(3勝)アグネスタキオン	牡5	58	58丸山	美高橋一	3.12鹿400	シルクR	ノーザンF	小良1.46.7	1014
3	黒2	ワークフォース	メイショウサンガ	カネトシガーネット(0勝)キングカメハメハ	牡7	1	55▲鷲頭	栗千田	2.11鹿400	松本好雄	まるとみ冨岡牧場	阪良1.46.9	0017
4	赤3	フランケル	(外)ルージュアマルフィ	パンモッレ(英)ローマン	牝4	10	56杉原	美鹿戸	2.4鹿400	東京HR	アイルランド	東良1.46.6	0001
5	赤3	バトルプラン	(地)ポジティブガール	シュヴァルツィーナ(未勝)カジノドライヴ	牝5	1	54△西塚	栗緒方	3.16栗490	平川浩之	槙本牧場	京ダ1.54.1	0000
6	青4	ジャスタウェイ	クインズステラ	カーディナルコーヴ(輸入)ルロワデザニモー	牝5	26	56藤懸	栗池上	5.19鹿400	[illegible]	[illegible]	福良1.49.0	0026
7	青4	ゴールドシップ	タイラーテソーロ	ノウ(輸入)ストリートクライ	牡5	30	58丹内	美栗田	2.18黒鹿400	了徳寺HD	[illegible]	東良1.47.2	1003
8	黄5	ルーラーシップ	(地)シエロエスティーボ	オーラレガーレ(4勝)マンハッタンカフェ	牡4	12	58武藤	美小手川	4.30黒鹿100	シルクR	坂東牧場	新良1.47.1	0111
9	黄5	ドゥラメンテ	ショウナンアキドン	セシリア(2勝)アグネスタキオン	牡4	14	57☆松本	栗高野	1.11鹿0	国本哲秀	天羽牧場	小良1.49.3	0211

馬番	9	8	7	6	5
数値	22.1	23.5	10.8	12.9	66.7
短評	厳しそう	中央では	穴に一考	争覇圏内	上位疑問

1 3 2

馬連３万3610円！

万馬券的中証明書

田中　洋平様

2024年04月13日

JRA日本中央競馬会

あなたは下記の万馬券を的中させましたので
ここに証明いたします。

記

2024年　1回福島3日　8R

馬連　04－07　100円購入

払戻金単価　@33,610円

払戻金合計　33,610円

●2024年4月13日・福島8R（4歳上1勝クラス、芝1800m）

1着⑦タイラーテソーロ
（4位・7番人気）
2着④ルージュアマルフィ＝EP馬
（12位・11番人気）
3着⑥クインズステラ
（7位・8番人気）

単⑦ 1520円
複⑦ 320円　④ 1520円　⑥ 530円
馬連④－⑦ 33610円
馬単⑦→④ 62260円
ワイド④－⑦ 9740円
⑥－⑦ 2530円
④－⑥ 11470円
3連複④⑥⑦ 144030円
3連単⑦→④→⑥ 676200円

	10	11	12	13	14	15
枠	緑6	緑6	橙7	橙7	桃8	桃8
父	キングマン	ジャスタウェイ	ルーラーシップ	ジャスタウェイ	キズナ	ハービンジャー
馬名	㊊レッドアーバイン 牡4	ブルーウィン 牝4	サルトルーヴィル 牡4	ジュンツバメガエシ 牡4	クロスライセンス 牡4	バレンタインソング 牡4
母（母父）	スピーディボーディング（英）シャマーダル	エゴイスト（1勝）ファスリエフ	ヤマノサッシュ（未登録）ファルブラヴ	アドマイヤテレサ（5勝）エリシオ	トップライセンス（3勝）キンシャサノキセキ	エマソング（輸入）アンブライドルズソング
	14	18	1	72	64	10
印	… ☆ …	… △ …	… … …	… ▲ …	… ○ …	… … …
	50 … …	52 ◎ …	42 … …	73 ☆ …	65 … …	49 … …
	⑩ △	⑧ …	⑬ …	① ▲	③ ○ B	⑪ … …
騎手	57☆佐々木	54◇永島	57☆永野	58石橋	58荻野極	58斎藤
厩舎	美手塚	栗清水久	美牧	栗友道	美鹿戸	栗小崎
	4.28黒鹿400	4.12栗400	5.15鹿400	3.22黒鹿400	3.5黒鹿400	2.14鹿400
馬主	東京ホースR	岡田甲子男	ニッシンHD	河合純二	サンデーR	社台RH
生産	イギリス	タバタF	チャンピオンズF	ノーザンF	ノーザンF	社台F
持ち時計	中良1.49.9	京良1.46.2	中ダ1.54.1	阪良1.46.3	福良1.48.1	小良1.48.6
成績	0010	1107	0000	0100	0010	1014
前々走	1中1.14 10 ⑤1勝クラス 芝外1.35.7 57岩田望10人	1小1.28 4 ⑥日田 芝1.50.2 55秋山5人	1東2.3 8 ③1勝クラス 芝1.33.8 58木幡巧13人	5中12.28 14 ⑨ホープフル 芝内2.02.6 55石川16人	3福11.18 3 ⑤1勝クラス 芝2.04.2 56木幡育7人	1小2.3 12 ⑦1勝クラス 芝2.43.9 57松若11人
前走	1名3.10 7 ②1勝クラス 4歳上坂54.8 芝1.34.3 58三浦7人 10ト4番 484 M④35.2 1 1 1 04 アイルシャイ	2小2.17 12 ③1勝クラス 4歳上坂54.5 芝1.49.8 54秋山5人 12ト7番 446 S③37.4 2 2 5 17 ポルカリズム	2中2.24 8 1 1勝クラス 4歳上B37.7 ダ1.54.1 57木幡巧10人 12ト10番 506 S⑦38.1 6 6 6 11 シゲルカミカ	1阪3.5 2 ⑧アルメリア 1勝坂53.9 芝外1.46.3 56坂井2人 7ト3番 500 H⑦35.0 3 3 01 13休1000	2小2.17 4 ③筑紫 1勝B38.0 芝2.00.0 57荻野極4人 9ト4番 456 M⑥36.8 3 3 3 07 メイショウウ⑧	2小2.17 6 ③1勝クラス 4歳上坂58.0 芝1.48.6 57斎藤11人 12ト3番 446 S③36.2 2 2 4 05 ポルカリズム
条件別成績	00101 00000 00101 01203	00101 00111 00000 019110	00001 00001 00001 040011	00101 00202 00000 00101	01001 00000 00222 02206	00111 00000 10101 02729
予想オッズ	21.9	18.6	67.6	3.3	3.9	25.8
調教	4F54.0強 美坂39.6 25.7め 12.6C	4F55.4馬 栗坂40.3な 26.2り 12.9C	85.1強 美W68.5 39.0め 12.4C	80.3強 栗C65.0 36.8め 11.8B	84.7一 美W68.8杯 38.3追 11.6C	4F52.9馬 栗坂39.3な 25.9り 13.0C
短評	差はない	巻き返す	もう少し	いきなり	上積み大	入着なら

指数	1	2	3	4	5	6	7	8	9	10	11	12	13	14	15
8R	⑬ 73	② 66	⑭ 65	⑦ 57	① 55	⑨ 54	⑥ 53	⑪ 52	⑧ 51	⑩ 50	⑮ 49	④ 48	⑫ 42	⑤ 41	③ 40

になるかもしれませんが、エリートを信じて思いきって勝負しましょう。

結果、3着にはノーマークの馬が入りましたが、1着が相手馬の4位⑦タイラーテソーロ、2着が軸馬の12位④ルージュアマルフィで、馬連3万馬券とワイド9000円台後半（ほぼ万馬券）の配当が的中しました。

ケース③多点買いでも敢行！馬連、ワイド2点獲りで総払戻15万4730円！

●24年4月27日・京都5R（3歳未勝利、芝1800m）

［出走頭数］
17頭（P72～73に馬柱）

［コンピ1位影響順位］
9位

［テクニカル6レース判定］
1位77＋2位66＋3位63＝206
↓パターン2

17頭立ての一戦なので、コンピ1位の影響を受けるのは9位まで。10位以下は出走頭数の影響を受けます。

コンピ1が73のときの2～9位の平均値はP30掲載の一覧表にある通り、出走頭数が16頭立てのときの10位以下の平均値はP39掲載の一覧表にある通りです。

各順位の平均値とコンピの指数値の差を求め、エリートポイントを算出します。その結果を下の一覧にまとめたのでご確認ください。

テクニカル6のレース判定はパターン2。よって、コンピ5～15位で+3以上のエリートポイントが付いている6位④ハミング、7位⑤フローラルセント、10位⑫エールクイーン、11位⑩エイカイゴールド、12位⑰ファピオラ、13位①シスコ、14位⑮エニーアース、15位⑬サウンドヴェールの8頭が軸馬、コンピ1～5位の5頭が相手馬となります。

［軸馬］
6位④ハミング
7位⑤フローラルセント
10位⑫エールクイーン
11位⑩エイカイゴールド
12位⑰ファピオラ
13位①シスコ
14位⑮エニーアース

ケース③●2024年4月27日・京都5R（3歳未勝利、芝1800m）

1位77・17頭　テクニカル6⇒1～3位の和206⇒パターン2（波乱）

順位	1	2	3	4	5	6	7	8	9	10	11	12	13	14	15	16	17
馬番	⑭	⑧	②	⑨	⑯	④	⑤	③	⑥	⑫	⑩	⑰	①	⑮	⑬	⑦	⑪
指数値	77	66	63	59	58	57	56	53	52	51	50	49	48	47	46	41	40
平均値		71	64	59	56	54	53	51	50	48	47	46	45	44	42	41	40
EP		−5	−1	0	2	3	3	2	2	3	3	3	3	3	4	0	0

17頭立ての場合、2～9位は1位指数による平均値、10～17位は出走頭数による平均値

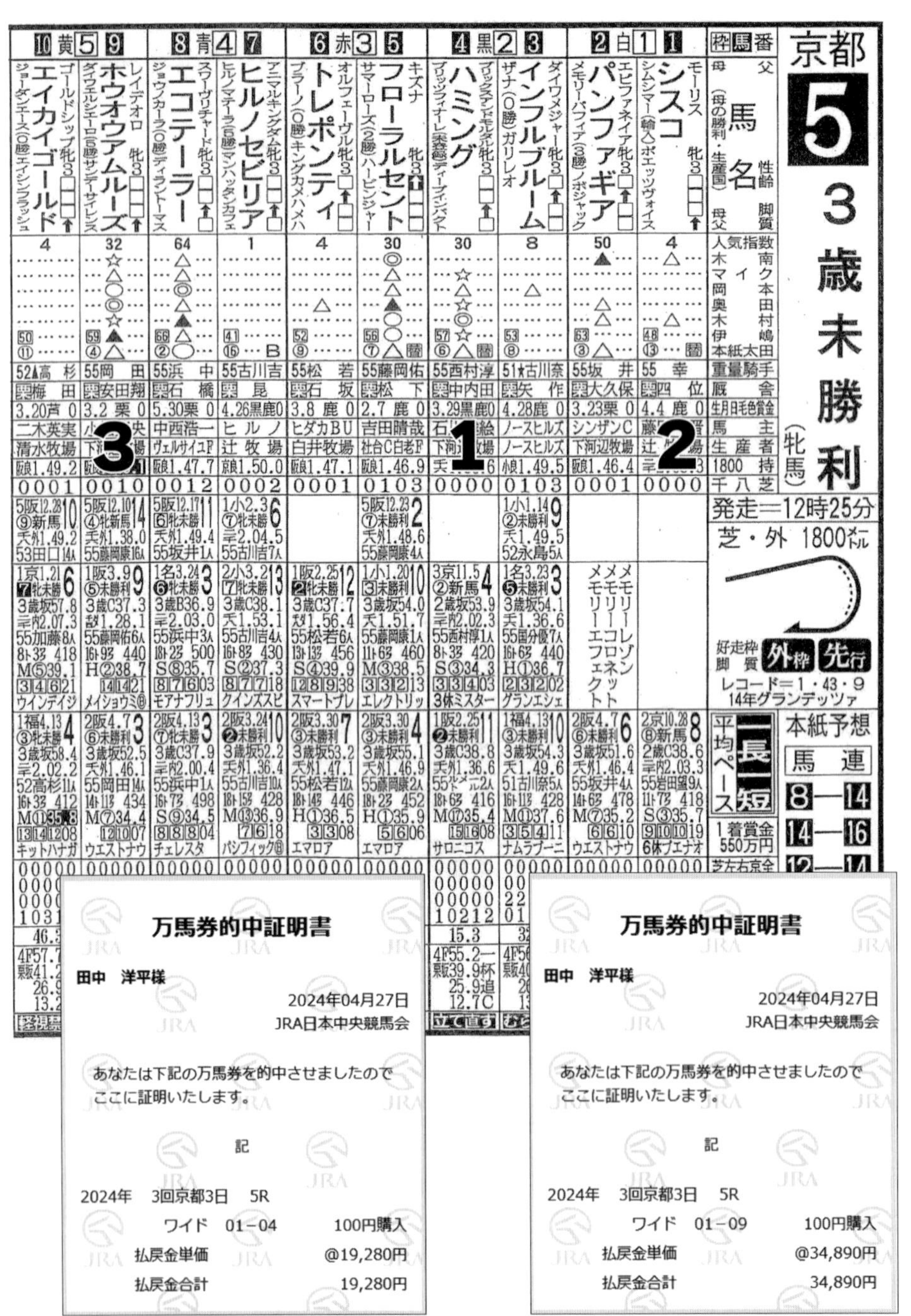

京都 5 3歳未勝利（牝馬）

発走＝12時25分

芝・外 1800メートル

好走枠 外枠　脚質 先行

レコード＝1・43・9 14年グランデッツァ

馬番	枠	馬名	性齢	父	母（母の勝利）	母父	人気指数	重量騎手
1	1白	シスコ	牝3	モーリス	シムシマー（輸入）	ボエッツヴォイス	4	55幸
2	1白	パンファギア	牝3	エピファネイア	メモリーバフィア（3勝）	ノボジャック	50	55坂井
3	2黒	インフルブルーム	牝3	ダイワメジャー	ザナ（0勝）	ガリレオ	8	51★古川奈
4	2黒	ハミング	牝3	ブリックスアンドモルタル	ブリッツフィナーレ	ディープインパクト	30	55西村淳
5	3赤	フローラルセント	牝3	キズナ	サマーローズ（2勝）	ハービンジャー	30	55藤岡佑
6	3赤	トレポンティ	牝3	オルフェーヴル	ブラーノ（0勝）	キングカメハメハ	4	55松若
7	4青	ヒルノセビリア	牝3	アニマルキングダム	ヒルノマテーラ（5勝）	マンハッタンカフェ	1	55古川吉
8	4青	エコテーラー	牝3	スワーヴリチャード	ジョウノカーラ（0勝）	ディラントーマス	64	55浜中
9	5黄	ホウオウアムルーズ	牝3	レイデオロ	ダイワエルシエーロ（5勝）	サンデーサイレンス	32	55岡田
10	5黄	エイカイゴールド	牝3	ゴールドシップ	ジョーダンエース（0勝）	エイシンフラッシュ	4	52▲高杉

本紙予想 馬連 8―14 14―16 12―14

1着賞金 550万円

万馬券的中証明書

田中　洋平様

2024年04月27日
JRA日本中央競馬会

あなたは下記の万馬券を的中させましたので
ここに証明いたします。

記

2024年　3回京都3日　5R
ワイド　01－04　100円購入
払戻金単価　@19,280円
払戻金合計　19,280円

万馬券的中証明書

田中　洋平様

2024年04月27日
JRA日本中央競馬会

あなたは下記の万馬券を的中させましたので
ここに証明いたします。

記

2024年　3回京都3日　5R
ワイド　01－09　100円購入
払戻金単価　@34,890円
払戻金合計　34,890円

ワイド①ー④1万9280円！

ワイド①ー⑨3万4890円！

●2024年4月27日・京都5R（3歳未勝利、芝1800m）

1着④ハミング＝EP馬
（6位・4番人気）
2着①シスコ＝EP馬
（13位・14番人気）
3着⑨ホウオウアムルーズ
（4位・6番人気）

……………………………

他のEP馬での最先着は
⑰ファピオラが6着

単④ 740円
複④ 320円 ① 4180円 ⑨ 490円
馬連①－④ 100560円
馬単④→① 151900円
ワイド①－④ 19280円
④－⑨ 2330円
①－⑨ 34890円
3連複①④⑨ 447470円
3連単④→①→⑨ 2039640円

17 桃8	16	15 8桃	14 橙7	13	12 緑6	11
キタサンブラック 牝3 ファピオラ マニーズオンシャーロット(輸入)ミゼンマスト	エピファネイア 牝3 ステラマリーナ ゴールデンロッド(0勝)キングカメハメハ	ブリックスアンドモルタル 牝3 エニーアース ハーモニックソウル(0勝)ハービンジャー	キズナ 牝3 ルージュルリアン カルティカ(輸入)レインボウクエスト	モーリス 牝3 サウンドヴェール サクセスセレーネ(2勝)ディープインパクト	アルアイン 牝3 エールクイーン ポポチャン(未登録)トウカイテイオー	ロードカナロア 牝3 フラッシュフリーズ アイスコールド(2勝)タニノギムレット
2	32	2	84	2	8	1
…	…	…	○	…	△	…
…	◎	…	○	△	…	▲
…	△	…	▲	…	☆	…
…	…	…	○	△	…	…
…	△	…	△	…	…	…
49 …	58 △	47 …	77 ◎	46 △	51 …	40 △
⑫ … 圏	⑤ ▲	⑭ …	① ◎ 圏	⑮ … 圏	⑩ ☆	⑰ … 圏
55戸崎	55岩田望	55菱田	55川田	55団野	55水口	54☆田口
栗武幸	栗上村	栗小崎	栗藤原英	栗安達	栗牧田	栗吉村
2.24鹿 0	5.7 鹿 0	4.24鹿 0	3.28鹿 0	1.23青鹿0	4.7 鹿 0	4.24鹿 0
エースR	吉田安恵	フィールドR	東京ホースR	増田雄一	田畑富子	ゴドルフィン
ノーザンF	社台C白老F	猿倉牧場	社台F	吉田F	ハクツ牧場	ダーレーJF
兵1.35.5			兵1.35.9	阪稍1.50.1	京良1.48.8	阪稍1.49.5
0000	0000	0000	0000	0001	0002	0002
				3京11.19 5 ⑥新馬 兵内1.38.6 55城戸5人	2京1.27 5 ①未勝利 兵外1.48.8 54角田河8人	3京11.4 6 ①牝未勝 兵内1.34.4 55Mデム4人
5東11.25 7 ⑦新馬 2歳B37.2 兵1.35.5 55吉田隼7人 18ト11ゲ 416 S⑭34.5 3 2 06 3休ゼーゼマ	ワカミヤプレスト	セイウンミライズ	1阪3.9 4 ⑤未勝利 3歳坂53.3 兵外1.35.9 55武豊4人 15ト15ゲ 496 S③34.0 13 10 03 リラボニート	5阪12.17 15 ⑥牝未勝 2歳坂58.5 兵外1.50.1 55城戸13人 16ト9ゲ 470 M①36.2 14 14 20 ラピットアイ	1阪3.2 10 ③未勝利 3歳坂52.2 兵外1.48.8 55松若12人 18ト11ゲ 466 M①36.4 3 3 08 ラウダブル	5阪12.17 12 ⑥牝未勝 2歳坂55.9 兵外1.49.5 55Mデム12人 16ト1ゲ 392 M①35.3 14 16 14 ラピットアイ
			1名3.24 5 ⑥牝未勝 3歳坂57.2 芝2.03.1 55武豊1人 18ト14ゲ 498 S⑧35.0 17 16 14 04 モアナフリュ	1京1.13 7 ④未勝利 3歳坂56.0 芝内2.03.3 55松若11人 13ト11ゲ 464 M④36.3 13 12 12 13 3休インファ	1名3.17 4 ④牝未勝 3歳坂52.9 芝2.04.0 55水口6人 18ト2ゲ 456 S⑤34.6 5 5 5 04 メルトユアハ	2小3.2 10 ⑦牝未勝 3歳坂52.6 兵1.52.8 55藤岡康7人 16ト14ゲ 384 S②37.2 6 4 5 15 クインズスピ
	00000 00000 00000 00000	00000 00000 00000 00000	00000 00000 00000 11102	00000 00000 00000 00323	00000 00000 00000 01324	00000 00000 00000 01314
	13.0	60.4	2.7	58.6	30.9	74.5
	4F54.3馬 栗坂39.5な 25.6り 12.6C	4F57.4一 栗坂41.4杯 26.4追 12.8C	4F53.2末 栗坂38.2強 24.7め 12.4B	4F54.9馬 栗坂39.7な 24.9り 12.5B	4F54.7一 栗坂40.3杯 26.5追 13.1C	4F54.3一 栗坂39.8杯 25.9追 12.5C
	態勢整う	使いつつ	魅力十分	上位疑問	調子は良	厳しそう

10万馬券的中証明書

田中　洋平様

2024年04月27日
JRA日本中央競馬会

あなたは下記の10万馬券を的中させましたので
ここに証明いたします。

記

2024年　3回京都3日　5R
馬連　01－04　100円購入
払戻金単価　@100,560円
払戻金合計　100,560円

馬連10万560円！

指数	1	2	3	4	5	6	7	8	9	10	11	12	13	14	15	16	17
5R	⑭77	⑧66	②63	⑨59	⑯58	④57	⑤56	③53	⑥52	⑫51	⑩50	⑰49	①48	⑮47	⑬46	⑦41	⑪40

15位⑬サウンドヴェール

［相手馬］
1位⑭ルージュルリアン
2位⑧エコテーラー
3位②パンファギア
4位⑨ホウオウアムルーズ
5位⑯ステラマリーナ

［買い目］
馬連・ワイドフォーメーション
①④⑤⑩⑫⑬⑮⑰→①②④⑤⑧⑨⑩⑫⑬⑭⑮⑯⑰（各68点）

ここで皆さんに強くお伝えしておきたいことがあります。私が推奨している馬券の買い方は、あくまで「基本ルール」であり、絶対厳守のルールではないということです。

このレースのように、かなりの多点数になった場合、そのまま機械的に買わなければならないというわけではありません。ご自身の判断で、買い目を削って調整するのはおおいにアリです。

例えば、軸馬の6位と7位のエリート2頭は比較的人気サイドなので、軸馬から外して相手馬に回したり、というアプローチが考えられます。コンピ以外のファクターを参考に、取捨を判断してもいいかもしれません。

とはいえ、【エリートポイント】は穴狙いを主とするコンピ理論なので、できるだけ獲り逃しを防ぐ買い方を心がけましょう。仮に多点買いが失敗しても、どこかで一気に巻き返すチャンスは必ずやってきます。よって、資金に余裕のある方は、多少買い目が増えても気にせずにそのまま購入してください。

このレースは、1着が軸馬の6位④ハミング、2着が軸馬の13位①シスコ、3着が相手馬の4位⑨ホウオウアムルーズで、馬連10万馬券、ワイドW万馬券の総獲りという、これ以上ない結果になりました。

仮にルール通り、馬連とワイドを68点（6800円）ずつ買ったとすると、1万3600円。得られた払戻金の合計額は、15万4730円。なんと、純利益は14万1130円、回収率は1138％に達するのです。

先ほどお伝えした通り、買い目を絞るぶんには構いません。でも、やりすぎには注意しましょう。網を張る範囲を狭めて大物を獲り逃したときのショックは、筆舌に尽くしがたいものがありますからね。資金に余裕がないときは、軸馬（エリート）の単勝で勝負することをオススメします。

ケース④1位が絡んでも立派な馬連万馬券！

●24年6月29日・福島11Rバーデンバーデンカップ（3歳上3勝クラス、芝1200m）

［出走頭数］
14頭（P78～79に馬柱）

［コンピ1位影響順位］

8位

［テクニカル6レース判定］

1位76＋2位74＋3位63＝213

↓パターン4

14頭立ての一戦なので、コンピ1位の影響を受けるのは8位まで。9位以下は出走頭数の影響を受けます。コンピ1が76のときの2～8位の平均値はP30掲載の一覧表にある通り、出走頭数が14頭立てのときの9位以下の平均値はP39掲載の一覧表にある通りです。

各順位の平均値とコンピの指数値の差を求め、エリートポイントを算出します。その結果を下の一覧にまとめたのでご確認ください。

テクニカル6のレース判定はパターン4。よって、コンピ5～14位で＋3以上のエリートポイントが付いている11位⑫エコロレジーナ、12位④ヴェールアンレーヴ、13位⑤スタードラマー、14位⑪メイショウフンケイの4頭が軸馬、コンピ1～4位の4頭が相手馬となります。

ケース④●2024年6月29日・福島11Rバーデンバーデン C
（3歳上3勝クラス、芝1200m）

1位76・14頭　テクニカル6⇒1～3位の和213⇒パターン4（平均）

順位	1	2	3	4	5	6	7	8	9	10	11	12	13	14
馬番	③	⑦	⑨	⑭	②	①	⑧	⑥	⑩	⑬	⑫	④	⑤	⑪
指数値	76	74	63	57	56	55	53	52	51	50	49	48	47	46
平均値		70	65	60	57	55	53	51	49	48	45	44	42	40
EP		4	−2	−3	−1	0	0	1	2	2	4	4	5	6

14頭立ての場合、2～8位は1位指数による平均値、9～14位は出走頭数による平均値

［軸馬］
11位⑫エコロレジーナ
12位④ヴェールアンレーヴ
13位⑤スタードラマー
14位⑪メイショウフンケイ

［相手馬］
1位③キタノエクスプレス
2位⑦プロスペリダード
3位⑨ウインモナーク
4位⑭ウォータールグラン

［買い目］
馬連・ワイドフォーメーション
④⑤⑪⑫→③④⑤⑦⑨⑪⑫⑭（各22点）

コンピを長く活用している競馬ファンのほとんどは、「1位絡みは配当が低くて儲からない」という認識を持っているでしょう。それもそのはず、1位はたいてい1番人気になるからです。

3勝クラス、芝1200m）

福島 11 バーデンバーデンC（3歳上㊊・3勝クラス・定量）

◆97年に創設されたドイツ・バーデンバーデン競馬場との交換競走

枠・馬番	白1 1	2 2	赤3 3	赤3 4	青4 5	青4 6	黄5 7	黄5 8
父	ファインニードル	リオンディーズ	アジアエクスプレス	リオンディーズ	フェノーメノ	マクフィ	アメリカンペイトリオット	マクフィ
馬名	アシャカタカ	ブッシュガーデン	キタノエクスプレス	ヴェールアンレーヴ	㊞スタードラマー	ブランデーロック	プロスペリダード	ピンクマクフィー
性齢	牡4	牝5	牡6	牝5	牡4	牡5	牝4	牝5
母（母の勝利・生産国）	ハートノイヤリング(0勝)	フリスコベイ(2勝)	ツルマルサンチャン(0勝)	レーヴルシード(0勝)	ファーマフレア(0勝)	グローリールビナス(4勝)	ヴェスティージ(0勝)	シュンドルボン(6勝)
母父	ハーツクライ	ハードスパン	ディープインパクト	ディープインパクト	スウェプトオーヴァーボード	マーベラスサンデー	レイヴンズパス	ハーツクライ
人気指数	34	28	60	6	4	10	80	22
木南㊢	○	◉	☆	…	…	…	▲	△
マイク㊥	△	…	△	○	…	☆	△	▲
舟元㊢	○	…	▲	…	…	…	☆	△
桑原㊢	△	△	△	△	…	☆	○	▲
高木㊢	○	△	…	初	…	…	▲	☆
井上㊢	55 ◎	56 ☆	76 ▲	48 B	47 …	52 △	74 △	53 △
本紙松田㊢	⑥ ▲ 替	⑤ △ 替	① …	⑫ △ 替	⑬ … 替	⑧ ☆	② ○ 替	⑦ … 替
重量騎手	58津村	56武藤	58国分優	56野中	58小牧太	58原	56戸崎	56三浦
騎手相性	0000	0101	1311	0000	0000	00212	0000	1000
厩舎	美鈴木伸	美武井	栗坂口	美宮田	栗笹田	美青木	栗西園翔	栗四位
生月日毛色賞金	4.9黒鹿1,500	3.6黒鹿1,500	4.1[illegible]500	2.25鹿1,500	3.23芦1,540	4.4栗1,500	3.9鹿1,500	3.[illegible]500
馬主	吉冨学	那須野牧場	北所[illegible]人	DMMドリーム	中西功	新井利宜	大樹F	スリ[illegible]R
生産者	門別山際牧場	那須野牧場	村[illegible]	ノーザンF	増尾牧場	川上牧場	ダーレーJF	下河[illegible]牧場
持時計 1200	中良1.08.0	阪良1.07.3	京良1.07.7	福良1.10.7	盛岡1.12.3	名良1.08.3	小良1.07.5	中良1.07.8
持時計 1400	阪ダ1.26.6	阪良1.20.4	東ダ1.22.9	東良1.20.5	大井1.29.6	京良1.20.6	京良1.20.7	阪良1.20.6
持時計 1600	中良1.36.3	阪良1.35.1		東良1.33.3		東良1.32.6	モダ1.49.2	名良1.33.3
芝千六成績	0031	0120	0010	1200	0000	1022	0030	1111
芝千四成績	0000	0060	0030	0100	0000	0031	0300	2120
芝千二成績	0010	0010	0000	0100	0000	0152	0010	0000
重成績	1040	1282	0000	4611	0000	108133	0020	2330
前走5	4新10.14 13 ①十日町 壬内1.09.7 57小林美9人	3京11.5 2 ②醍醐 壬内1.07.5 56鮫島駿4人	1京5.13 7 ⑦3勝クラス 壬ダ1.13.2 58国分優7人	4東10.14 6 ④白秋 舌1.21.3 56川田1人	佐賀1.8 8 ④[illegible] 舌ダ1.23.4 56飛田愛4人	2中2.24 5 ①幕張 兲外1.34.8 58柴田善10人	4阪9.17 1 ④1勝クラス 壬内1.08.6 54岩田望1人	2京10.28 10 ⑧2勝クラス 舌外1.21.6 56団野5人
前走4	3福11.19 4 ⑥1勝クラス 3歳上B38.2 壬1.11.0 53小林美7人 16ト16番 460 H⑦36.6 1 1 04 マルブリ	5中12.3 8 ②南総 3勝クラスB37.6 壬外1.07.5 56佐々木2人 15ト2番 470 H②34.3 4 4 03 3休パースク	1京1.7 2 ②3勝クラス 4歳上坂54.3 壬内1.09.5 58国分優10人 12ト11番 518 M⑤33.4 11 11 00 イラーレ	5東11.11 6 ③奥多摩 3勝クラスB37.4 舌1.21.1 54津村4人 15ト12番 454 S⑦33.4 7 8 03 3休アサヒ	大井2.14 7 ④[illegible] B1二B2一 舌ダ外1.29.6 57和田譲5人 16ト10番 447 M⑪39.2 10 11 10 07 ハイパータン	3中3.24 9 ②春興 3勝クラスB37.0 兲外1.33.8 55原6人 13ト13番 482 M⑬33.9 13 10 10 09 サイルーン	5阪12.9 1 ③2勝クラス 3歳上坂53.6 壬内1.08.7 55岩田望1人 12ト4番 448 M⑤34.1 1 1 02 ハクサンバイ	5中12.2 1 ①2勝クラス 3歳上B36.0 壬外1.07.8 56三浦3人 16ト14番 436 H②34.0 6 4 01 リトス
前走3	5中12.9 3 ③1勝クラス 3歳上C38.9 壬外1.08.0 53小林美7人 14ト7番 472 H⑭34.7 1 1 03 3休サウザン	1阪3.16 13 ⑦淀屋橋 3勝クラスB36.9 壬内1.09.4 56鮫島駿3人 15ト15番 462 M④34.4 9 9 11 ソウテン	2京2.3 2 ③3勝クラス 4歳上坂53.9 壬内1.08.8 58国分優4人 12ト9番 522 H⑧33.9 11 9 01 グランテスト	2京2.18 6 ⑧斑鳩 3勝クラス坂55.2 兲外1.33.8 56松若5人 12ト10番 452 S⑩34.7 4 4 08 3休ディオ	大井3.19 15 ②[illegible] B1三B2二 舌ダ外1.30.5 57和田譲7人 16ト8番 458 M②39.3 9 10 11 19 トップアメリ	2東5.26 14 ⑫[illegible] 3勝クラスB37.7 兲ダ1.37.4 58原8人 16ト8番 474 M⑦36.0 13 12 18 ドゥラレジリ	5阪12.28 5 ⑨[illegible] 3勝クラス坂55.0 壬内1.09.1 55藤岡康2人 16ト6番 446 S④34.4 1 1 03 スコールユニ	1小1.28 2 ⑥巌流島 3勝クラスC39.8 壬1.09.1 53北村友2人 18ト12番 436 H⑱35.0 5 5 01 ヤクシマ
前走2	1名3.24 1 ❻1勝クラス 4歳上坂54.7 壬1.10.3 58武豊2人 16ト9番 472 M⑪35.2 1 1 03 コスモアディ	3中4.6 13 ⑤船橋 3勝クラスC37.3 壬外1.09.5 56武藤14人 15ト4番 464 H⑪35.5 7 7 09 サウザンサニ	1阪2.24 2 ①3勝クラス 4歳上坂54.5 壬内1.08.5 58国分優1人 10ト6番 512 H①34.0 8 7 03 ウォータール	2東5.12 16 ⑧[illegible] 3勝クラスC37.0 舌ダ1.27.1 56[illegible]12人 16ト16番 444 M⑨39.5 8 4 40 サトノルフィ	大井4.8 3 ❶[illegible] B1三B2一 壬ダ外1.14.1 57本橋孝7人 14ト10番 457 M⑭37.5 11 11 06 イッツソーラ	3東6.15 13 ⑤多摩川 3勝クラスC38.8 舌1.21.6 58原11人 14ト14番 476 S④34.1 12 12 12 ミシシッピテ	2中3.9 3 ⑤[illegible] 3勝クラス坂53.9 壬外1.09.6 54[illegible]1人 16ト9番 440 H⑮36.2 5 4 02 ユキノファラ	2小2.25 11 ⑥下関 3勝クラスB37.4 壬1.09.9 56藤岡佑2人 17ト2番 428 H⑨34.9 9 8 09 カンチェンジ
前走	1福4.21 1 ⑥[illegible] 2勝クラスB36.9 壬1.08.7 58小林美9人 16ト8番 472 M③34.5 1 1 00 トーセンエス	1函6.16 10 ④UHB 3勝クラスC36.7 壬1.09.3 55黛9人 16ト8番 464 H④34.8 7 7 05 マメコ	3京5.11 1 ⑦3勝クラス 4歳上坂52.5 壬内1.07.7 58国分優1人 14ト3番 522 M⑤33.3 8 6 02 オックスリッ	3東6.15 11 ⑤多摩川 3勝クラスB36.5 舌1.21.2 56北村宏9人 14ト8番 450 S④34.0 6 7 08 ミシシッピテ	地方戦績 地方通算 7 1 3 11	4京6.22 5 ⑦[illegible] 3勝クラス 連闘 舌外1.20.6 54原16人 17ト17番 468 S⑯33.1 15 13 02 ジョウショー	3中4.6 6 ⑤船橋 3勝クラス坂54.7 壬外1.09.0 56田辺3人 15ト13番 444 H⑪35.3 2 2 04 3休サウザン	3中4.6 11 ⑤船橋 3勝クラスC37.0 壬外1.09.3 56横山和11人 15ト10番 432 H⑥35.7 1 1 07 3休0102
全成績（ダ）	01223	00303	20103	03003	00000	01203	00303	01203
左回り（芝）	00000	01617	10304	01001	00000	00303	00303	03205
右回り（芝）	10102	00202	20002	01001	00000	03427	10102	00000
福島（芝）・全成績	11417	4110016	70007	183112	00000	11122334	40206	03508
連対率	0.250	0.357	0.438	0.235	—	0.128	0.429	0.500
連対体重	462—472	448—470	508—522	428—454	457—462	454—482	440—448	422—438
単予想オッズ	9.9	12.5	4.0	34.2	43.0	28.1	2.9	16.4

発走＝15時45分

芝1200メートル

好走枠 内枠　脚質 逃げ

レコード＝1・07・0 05年シルキーラグーン

平均ペース　差し妙味

本紙予想
馬連 7—9 1—9 6—9 9—10 2—9 4—9
3連単 9 ▼ 1 2 4 6 7 10 ▼ 1 2 4

賞金 1着 1840万円 2着 740万円 3着 460万円 4着 280万円 5着 184万円

しかし、タイミングひとつ、組み合わせひとつで1位絡みの高配当をしとめることはできます。相手馬の1位③キタノエクスプレスが1番人気に応えて順当に勝利し、軸馬の11位⑫エコロレジーナが12番人気で2着に激走して馬連万馬券となったこのレースは、それを象徴する例といえるでしょう。人気薄のエリートから入れ

●2024年6月29日・福島11Rバーデンバーデンバーデン C(3歳上

1着③キタノエクスプレス

（1位・2番人気）

2着⑫エコロレジーナ＝EP馬

（11 位・12 番人気）

3着⑧ピンクマクフィー

（7位・5番人気）

…………………………………

他のEP馬での最先着は

④ヴェールアンレ—ヴが7着

単③ 390 円

複③ 190 円　⑫ 980 円　⑧ 350 円

馬連③－⑫ 10480 円

馬単③→⑫ 13860 円

ワイド③－⑫ 2860 円

③－⑧ 1010 円

⑧－⑫ 7110 円

3連複③⑧⑫ 25550 円

3連単③→⑫→⑧ 126820 円

14 桃8	13	12 橙7	11	10 緑6	9
ダイワメジャー ウォータールグラン 牝5 ウォーターパイパー(0勝)テイルオブザキャット	マクフィ シゲルカチョウ 牝6 ジーニマジック(3勝)ダイワメジャー	アメリカンペイトリオット エコロレジーナ 牝4 ハーズシャドウ(未出走)オルフェーヴル	ダイワメジャー メイショウフンケイ 牡6 メイショウスズラン(2勝)キングカメハメハ	ダイワメジャー ハーモニーマゼラン 牡7 スターズアラインド(輸入)シーザスターズ	ビッグアーサー ウインモナーク 牡5 コスモメリー(3勝)アドマイヤジャパン
30 △ ◎ △ △ 57 B ④	4 △ 50 ⑩	4 49 ⑪	2 46 △ ⑭	10 51 B ⑨ △	56 △ △ ◎ ◉ ◉ 63 ○ ③ ◎
56菅原明	56荻野極	56菊沢	58Mデムーロ	58石橋	58松岡
0001	0000	1209	0000	0134	1218
栗河内	栗高橋康	美菊沢	栗高橋亮	美土田	美奥平
3.21鹿1,500	3.25鹿1,500	5.[illegible]00	3.28栗1,500	2.6鹿1,500	3.18鹿1,500
山岡正人	関美和	原[illegible]紀	松本好雄	日下部勝德	ウイン
伏木田牧場	天羽牧場	荒[illegible]	三嶋牧場	笠松牧場	コスモヴューF
阪良1.08.2 阪良1.20.8 天ダ1.58.7	小良1.07.0 阪良1.21.7	中良1.08.4	小良1.08.7 阪良1.21.3 名稍1.35.9	中稍1.08.3 東良1.21.5 東良1.33.2	中良1.07.7 東良1.21.3 中稍1.35.0
0120 0000 0000 0450	0030 0030 0010 0260	0010 0010 0000 0070	0020 0020 0000 2270	3000 2102 6010 7022	0030 0110 1011 1251
2京2.3 8 ③2勝クラス 壬内1.09.8 55角田河9人	3阪6.10 15 ③水無月 壬内1.09.2 56酒井5人	4名12.17 6 ⑥桑名 壬1.09.3 53菊沢1人	2札8.26 8 ⑤WAJ第1戦 壬1.09.8 58横山武11人	3新8.12 3 ①稲妻 千直 55.4 58石橋4人	4新10.28 3 ⑤清津峡 壬内1.10.5 58 黛 3人
1阪2.24 1 ①2勝クラス 4歳上坂52.7 壬内1.08.2 56松山7人 10ト9ヲ 504 H⑩34.9 1 1 03 キタノエクス(B)	3小8.19 11 ③佐世保 3勝クラ坂55.8 壬1.08.0 56永島9人 11ト4ヲ 494 H①34.6 5 7 09 メイショウゲ	1中1.13 1 ④2勝クラス 4歳上坂55.1 壬外1.08.4 53小林勝4人 15ト4ヲ 494 H②34.7 4 4 01 スムースベル	4阪10.1 9 ⑨2勝クラス 3歳上C38.8 盂ダ1.24.8 58太宰5人 16ト7ヲ 510 H⑯37.7 10 8 09 マイネルプロ	4中9.10 12 ②セプテンバー 3勝クラB37.2 壬外1.08.8 58石橋5人 12ト10ヲ 518 H③35.1 4 4 12 3休ファロロ(B)	3福11.11 1 ③飯盛山 2勝クラB37.7 壬1.09.7 58 黛 1人 16ト6ヲ 500 H⑤35.6 6 6 00 ブロンズレッ(B)
1阪3.16 4 ⑦淀屋橋 3勝クラ坂52.1 壬内1.08.4 56菱田2人 15ト3ヲ 504 M③34.6 1 1 01 ソウテン (B)	3京11.5 8 ②醍醐 3勝クラ坂54.5 壬内1.08.0 56酒井14人 18ト17ヲ 508 H⑥34.7 3 3 07 3休ショウナ	2小2.25 2 ⑥下関 3勝クラC39.2 壬1.09.3 56菊沢7人 17ト11ヲ 494 H⑨35.1 2 2 03 カンチェンジ	5東11.25 13 ⑦2勝クラス 3歳上C37.3 盂ダ1.25.3 57佐々木12人 16ト9ヲ 510 M⑥37.9 3 3 14 3休プラチナ	5中12.9 16 ③アクアライン 3勝クラB36.8 壬ダ1.14.7 57木幡巧7人 16ト15ヲ 520 M②40.5 4 6 40 3休オメガシ(B)	5中12.3 10 ②南総 3勝クラC38.7 壬外1.07.7 56松岡8人 15ト13ヲ 502 H②34.5 4 4 05 4休パースク
2阪3.31 17 ④千夕サンテC 3勝クラ坂53.3 盂内1.22.3 56西塚6人 17ト8ヲ 498 H⑦37.3 1 1 19 スズハローム(B)	1小1.28 8 ⑥巌流島 3勝クラ坂56.4 壬1.09.5 53西塚13人 18ト16ヲ 508 H⑱35.6 2 2 05 ヤクシマ	1新5.5 13 ④駿風 3勝クラ坂55.3 千直 56.3 56菊沢3人 16ト3ヲ 494 H②34.1 6 16 ブーケファロ	2小3.3 1 ⑧西日本新聞 2勝クラC36.6 壬1.09.0 58小沢11人 18ト12ヲ 542 M④34.6 1 1 05 ワンダーカタ	2中3.9 12 ⑤アクアマリン 3勝クラB38.8 壬外1.10.1 57木幡巧14人 16ト7ヲ 524 H⑮36.2 11 13 07 ユキノファラ(B)	3中4.6 8 ⑤船橋 3勝クラB38.3 壬外1.09.2 58松岡13人 15ト11ヲ 486 H⑪35.3 4 4 06 サウザンサニ
3京4.28 17 ④アイスシャC 3勝クラ坂53.8 壬内1.08.8 56菱田7人 18ト12ヲ 498 M③34.7 1 1 10 グランテスト(B)	1阪3.16 15 ⑦淀屋橋 3勝クラ 軽め 壬内1.09.6 56酒井12人 15ト11ヲ 514 M④35.1 3 3 13 3休1211	1函6.16 14 ④UHB 3勝クラC40.0 壬1.09.6 55横山和8人 16ト7ヲ 488 H④35.5 3 2 08 マメコ	1阪3.16 12 ⑦淀屋橋 3勝クラC38.1 壬内1.08.9 58小沢10人 15ト14ヲ 540 M④34.3 3 5 06 3休1103	1新5.5 5 ④駿風 3勝クラB35.5 千直 54.9 58津村11人 18ト2ヲ 518 H②31.9 13 02 ブーケファロ(B)	2東5.19 5 ⑩フリーウェイ 3勝クラB36.4 盂1.21.3 58松岡5人 13ト10ヲ 492 M⑨33.6 7 7 08 シャドウフュ
01203 00000	01203 01213	10103 10102	10203 21104 [illegible]03 [illegible]20	00303 01204 02508 237014	00333 01102 01102 03619
			[illegible]3	0.241	0.313
			[illegible]542	508—530	470—504
			[illegible]3	26.9	4.7

万馬券的中証明書

田中　洋平様

2024年06月29日

JRA日本中央競馬会

あなたは下記の万馬券を的中させましたので

ここに証明いたします。

記

2024年　2回福島1日　11R

馬連　03－12　100円購入

払戻金単価　@10,480円

払戻金合計　10,480円

馬連1万480円！

馬番能力順位	1	2	3	4	5	6	7	8	9	10	11	12	13	14
11　R	③ 76	❼ 74	⑨ 63	⑭ 57	② 56	① 55	⑧ 53	⑥ 52	⑩ 51	⑬ 50	⑫ 49	④ 48	⑤ 47	⑪ 46

ば、1位絡みでもビッグヒットを飛ばすことはできるのです。

だから、穴狙いを強く意識するあまり、1位を切るようなことはしないでください。統計上、コンピ上位の好走率は高いですし、なかでも1位はもちろんトップの数字を記録しています。

下位から買うときは、上位を押さえる——これは定石です。

ケース⑤なんとコンピ最下位の＋6エリートが2着、大波乱の一戦をゲット！

●24年8月4日・札幌10R札幌スポニチ賞（3歳上2勝クラス、芝1200m）

［出走頭数］
16頭（P82～83に馬柱）

［コンピ1位影響順位］
9位

［テクニカル6レース判定］
1位74＋2位67＋3位64＝205
↓パターン1

16頭立ての一戦なので、コンピ1位の影響を受けるのは9位まで。10位以下は出走頭数の影響を受けます。コンピ1が74のときの2～9位の平均値はP30掲載の一覧表にある通り、出走頭数が16頭立てのときの10位以下の平均値はP39掲載の一覧表にある通りです。

各順位の平均値とコンピの指数値の差を求め、エリートポイントを算出します。その結果を下の一覧にまとめたのでご確認ください。

テクニカル6のレース判定はパターン1。よって、コンピ5～15位で+3以上のエリートポイントが付いている8位⑯アップストローク、9位①カイカノキセキ、10位⑥ポルタフォルトゥナ、11位⑤アンビバレント、12位⑫ロゼクラン、13位②トリップトゥムーン、14位⑭ヴィアドロローサ、15位⑦ゴキゲンサンの8頭が軸馬、コンピ1～6位の6頭が相手馬となります。

ただしこれは、あくまで基本ルールに則って選出した候補であり、万人共通の最終結論ではありません。2つ前の的中レース解説では、買い目を削る方向にアレンジするのもアリと述べましたが、その逆に、増やすことに関しても同じことがいえます。

このレースで私が注目したのは、コンピ16位の⑩マルプリです。

最下位ながら、指数値は最低値の40ではなく46で、エリートポイントは+6を示しています。テクニカル6のレース判定は、最も波乱度合いの高いパターン1。基

ケース⑤●2024年8月4日・札幌10R札幌スポニチ賞
（3歳上2勝クラス、芝1200m）

1位74・16頭　テクニカル6⇒1～3位の和205⇒パターン1（波乱）

順位	1	2	3	4	5	6	7	8	9	10	11	12	13	14	15	16
馬番	⑬	④	⑨	⑮	⑪	⑧	③	⑯	①	⑥	⑤	⑫	②	⑭	⑦	⑩
指数値	74	67	64	60	57	56	55	54	53	52	51	50	49	48	47	46
平均値		70	65	61	57	55	53	51	50	48	47	46	43	42	41	40
EP		−3	−1	−1	0	1	2	3	3	4	4	4	6	6	6	6

16頭立ての場合、2～9位は1位指数による平均値、10～16位は出走頭数による平均値

芝1200m）

札幌 10R WIN5② 札幌スポニチ賞（3歳上混・2勝クラス・定量）

◆スポーツニッポンが発行している本社は東京と大阪

発走＝15時00分

芝1200㍍ 好走枠 外枠 脚質 逃げ レコード＝1・07・4 23年シュバルツカイザー

枠馬番	1枠 1	2枠 2	3枠 3	4枠 4	5枠 5	6枠 6	7枠 7	8枠 8	5枠 9
父	キンシャサノキセキ	アドマイヤムーン	ディスクリートキャット	ドゥラメンテ	ディスクリートキャット	ジョーカプチーノ	リアルインパクト	キタサンブラック	ミッキーアイル
馬名	カイカノキセキ	トリップトゥムーン	スムースベルベット	スイミーユニバンス	アンビバレント	(地)ポルタフォルトゥナ	ゴキゲンサン	コナブラック	ミズノコキュウ
性齢	牝5	牝5	牝4	牝4	牡4	牝5	牝4	牡5	牝5
母（母の勝利・生産国）	カイカヨソウ(未登録)	レディパッション(未登録)	ローブドヴルール(2勝)	マンビア(輸入)	フォーミー(2勝)	マイネテラベスク(0勝)	マチャプチャレ(0勝)	コナブリュワーズ(4勝)	トラストフェアリー(1勝)
母父	ティンバーカントリー	ネオユニヴァース	サウスヴィグラス	アルデバランII	アドマイヤマックス	キングズベスト	ヨハネスブルグ	キングカメハメハ	ケイムホーム
人気指数	16	2	18	52	6	6	2	24	56
木南	△	…	…	▲	…	…	…	△	△
マイク	…	…	…	☆	…	…	…	△	△
松田	△	…	△	◎	…	…	…	…	○
奥田	○	…	…	△	△	△	…	◎	…
桑原	△	…	△	○	…	▲	☆	…	△
井上	53 △	49 …	55 ☆	67 …	51 … B	52 …	47 …	56 ▲	64 ○
本紙高木	⑨ … 闘	⑬ … 闘	⑦ △ B	② ☆	⑪ … 闘	⑩ …	⑮ … 闘	⑥ △ 闘	③ ○
重量騎手	56西村淳	58佐々木	56黛	56武豊	58菱田	56古川吉	56永野	58亀田	56丹内
騎手相性	0000	0000	0002	0001	0001	0014	0000	0000	2109
厩舎	栗高橋一	栗新谷	美手塚	栗平田	栗藤野	美土田	美伊藤大	栗清水久	美水野
生月日毛色賞金	2.15青鹿1,000	5.2黒鹿900	3.17鹿900	2.25栗900	4.8鹿900	4.11鹿900	3.3鹿900	3.4[illegible]鹿900	5.[illegible]00
馬主	キャロットF	岡田牧雄	ミルF	亀井哲也	ノルマンディー	酒井孝敏	ニッシンHD	サン[illegible]R	ラフ[illegible]
生産者	社台C白老F	ヒサイF	ミルF	ノーザンF	碧雲牧場	ビッグレッドF	チェスナットF	ノ[illegible]F	梅[illegible]場
持時計 1200 / 1400 / 1600	小良1.08.2 京重1.23.1 川崎1.41.3	小良1.07.6 阪良1.23.4	中良1.08.5 東良1.21.4 中良1:35.0	函良1.08.8 名稍1.20.6 京良1.35.1	京良1.08.9 東ダ1.27.8 中良1.35.8	札良1.08.5 東稍1.23.8	函良1.08.8 東良1.21.8 中重1.37.4	阪良1.08.8 阪稍1.20.9 阪稍1.39.2	札良1.08.3 名良1.21.6 東良1.35.6
成績 (千六/千四/千二/芝成績)	0000 0020 0010 0161	0020 0041 0030 02172	0020 0031 0000 1390	0110 1000 0000 1211	0011 0000 0011 1071	0010 0010 0041 02100	0010 0000 0000 1241	0010 0000 1110 0011	0020 0030 2020 13163
前走A	1新5.18 10 ⑦大日岳 2勝ク坂54.3 芝内1.10.3 56小沢9人 16ト4番 504 H⑤35.8 5 5 06 サトノグレイ	3京5.11 7 ⑦2勝クラス 4歳上C42.4 芝内1.08.4 58菱田11人 14ト2番 452 M⑤33.2 13 12 07 キタノエクス	3中4.13 11 ⑦2勝クラス 4歳上B38.5 芝外1.09.8 56内田2人 12ト5番 494 S④34.0 8 8 07 ティニア Ⓑ	2京1.27 16 ①1勝クラス 4歳上坂53.0 芝外1.23.4 55秋山真8人 18ト12番 420 M③36.7 4 6 17 4休コンクイ	1函6.8 14 ①[illegible] 2勝クC41.2 芝1.09.8 58亀田16人 16ト13番 466 H⑬36.4 2 3 12 ナリタローゼ	1函6.23 10 ⑥HTB 2勝クB39.3 芝1.09.2 54古川吉2人 13ト4番 480 M③35.3 1 1 07 トーセンサン	1函6.23 5 ⑥HTB 2勝ク 軽め 芝1.08.8 53丹内7人 13ト8番 498 M⑩34.6 3 4 03 トーセンサン	1阪3.2 3 ③2勝クラス 4歳上坂53.5 芝内1.20.9 58鮫島駿4人 13ト10番 522 H⑦35.2 2 2 01 ジョウショー	1函6.15 11 ③STV 2勝クC37.4 芝1.09.3 56松岡9人 12ト10番 426 H⑧34.8 6 7 05 レッドアヴァ
前走B	4京6.23 14 ⑧瀬田 2勝ク坂52.8 芝外1.23.1 53幸12人 18ト8番 502 S⑰35.5 6 6 19 クランフォー	1函7.6 7 ⑨潮騒 2勝クB39.7 芝1.10.6 58菱田8人 10ト3番 448 S⑤34.2 9 10 06 ポエットリー	1福4.21 16 ⑥[illegible] 2勝ク 連闘 芝1.09.9 56杉原7人 16ト15番 490 M①35.1 9 10 12 アシャカタカⒷ	1函6.16 1 ④1勝クラス 3歳上B38.6 芝1.08.8 52小林美6人 14ト13番 442 H③34.4 6 3 01 ジョーメッド	1函6.15 7 ③STV 2勝ク 連闘 芝1.09.0 58池添12人 12ト9番 464 H⑧33.9 12 12 02 レッドアヴァⒷ	1函6.30 4 ⑧立待岬 牝2勝 連闘 芝1.09.2 56古川吉6人 15ト12番 478 M②35.1 1 1 04 オウバイトウ	1函6.30 ⑧立待岬 牝2勝 連闘 芝 取消 56永野 15ト5番 — M④ 感冒 オウバイトウ	2阪3.30 3 ③仲春 2勝ク坂52.8 芝内1.08.8 58鮫島駿1人 15ト13番 514 M⑤34.6 3 3 04 タツダイヤモ	2福6.30 2 ②さくらんぼ 2勝クC38.0 芝1.08.5 56津村6人 8ト8番 422 M⑦34.1 2 2 02 ヴィントミュ
前走C	1函7.14 2 ⑫湯の川温泉 2勝ク 軽め 芝1.09.7 56北村友7人 12ト9番 498 H⑤35.1 4 3 00 ラウラーナ	1函7.14 6 ⑫湯の川温泉 2勝ク 連闘 芝1.10.0 58菱田11人 12ト11番 446 H⑤34.6 11 7 03 ラウラーナ	1函6.30 5 ⑧立待岬 牝2勝坂54.4 芝1.09.3 56黛10人 15ト3番 490 M④34.9 3 4 05 オウバイトウⒷ	1函6.30 6 ⑧立待岬 牝2勝C38.5 芝1.09.3 56武豊2人 15ト8番 442 M④33.8 14 14 05 オウバイトウ	1函7.14 10 ⑫湯の川温泉 2勝クB40.7 芝1.10.3 58池添6人 12ト7番 464 H⑤36.0 2 1 06 ラウラーナⒷ	1札7.21 5 ②HBC 牝2勝C38.9 芝1.09.1 56古川吉7人 12ト2番 474 M①34.9 2 2 03 ナムラローズ	1函7.14 7 ⑫湯の川温泉 2勝クC40.3 芝1.10.0 56丹内5人 12ト3番 498 H⑤35.3 5 5 03 ラウラーナ	1福4.21 14 ⑥[illegible] 2勝ク坂54.4 芝1.09.7 58佐々木1人 16ト4番 514 M①35.0 7 8 10 3休0003	1札7.21 4 ②HBC 牝2勝B40.0 芝1.08.9 56丹内4人 12ト1番 428 M①34.5 4 2 01 ナムラローズ
成績 (全/左回り/右回り/札幌/全成績)	00111 20204 00101 825015	00202 01314 00303 0316119	00202 00303 00000 149014	01102 01001 00101 01304	10102 00000 00111 417112	00101 00101 00404 639218	10102 00000 00000 21609	00202 00000 00303 137011	00212 00313 01304 0515320
連対体重	472—506	440—450	488—496	424—442	458	441—462	488	498—520	398—426
単予想オッズ	20.9	55.9	19.4	4.9	35.4	34.6	57.5	14.7	4.6
今回調教 6F/5F/3F/1F	函W — 40.8 12.5B 馬なり	函W71.2 40.8 12.6C 馬なり	4F53.5 美坂39.0 24.9 12.1B 馬なり	函W — 38.8 12.7B 馬なり	函W70.0 40.1 12.6C 馬なり	札ダ70.4 39.0 12.7C 馬なり	函W — 39.5 12.5C 馬なり	函W70.3 38.7 12.2C 強め	札ダ — 39.2 12.3B 馬なり

平均ペース 伏兵注意

賞金 1着 1550万円 2着 620万円 3着 390万円 4着 230万円 5着 155万円

本紙予想

馬連
9—13
12—13
4—13
13—16
11—13
8—13
3—13

3連単
⑬
▼
③④⑧⑨⑪⑫⑯
▼
③④⑧⑨

指数	1	2	3	4	5	6	7	8	9	10	11	12	13	14	15	16
10R	⑬74	④67	⑨64	⑮60	⑪57	⑧56	③55	⑯54	①53	⑥52	⑤51	⑫50	②49	⑭48	⑦47	⑩46

●2024年8月4日・札幌10R札幌スポニチ賞（3歳上2勝クラス、

1着⑧コナブラック
　（6位・6番人気）
2着⑩マルプリ＝EP馬
　（16位・14番人気）
3着⑨ミズノコキュウ
　（3位・2番人気）

………………………………

他のEP馬での最先着は
⑭ヴィアドロローサが4着

単⑧ 1050円
複⑧ 380円　⑩ 1270円　⑨ 200円
馬連⑧－⑩ 53070円
馬単⑧→⑩ 97110円
ワイド⑧－⑩ 12310円
　　　⑧－⑨ 1080円
　　　⑨－⑩ 4300円
3連複⑧⑨⑩ 77440円
3連単⑧→⑩→⑨ 604570円

16 桃 8	15	14 橙 7	13	12 緑 6	11	10 黄
ディーマジェスティ騸5 アップストローク エマンング(輸入)アンブライドルズソング	ディーマジェスティ牡3 ヤマニンアストロン ヤマニンアタシャン(2勝)フレンチデピュティ	ロードカナロア牡5 ヴィアドロローサ ロイヤルストリート(4勝)ディープインパクト	ビッグアーサー牡4 ゴルトリッチ グロッタアズーラ(0勝)フジキセキ	リーチザクラウン牝6 (地)ロゼクラン ローズカリーナ(0勝)ハービンジャー	オルフェーヴル牝4 オルフェスト ユールフェスト(2勝)モアザンレディ	ミッキーアイル牝4 マルプリ マジックボーションII(輸入)デインヒルダンサー
20 … △ △ △ … 54 … ⑧ △	36 … ◯ △ … … 60 △ ④ …	2 ☆ … … … … 48 … ⑭ …	76 ◯ ▲ ☆ ▲ △ 74 △ ① ◎	12 … △ … ☆ … 50 △ ⑫ ▲	28 ◎ ◎ ▲ … ◎ 57 ◎ ⑤ △	2 … … … … … 46 … ⑯ …
58大野	56浜中	58北村友	58横山武	56荻野琢	56丸山	56斎藤
0013	0000	0004	0010	0022	1100	0000
美杉浦	栗石橋	栗高橋一	栗牧浦	栗藤沢	美池上	美青木
2.15黒鹿900	3.9青鹿900	3.6鹿1,000	4.7栗900	1.23黒鹿610	5.12鹿900	4.[illegible]00
吉田照哉	土井肇	スリーエイチR	前原敏行	水谷昌晃	キャロットF	中[illegible]嗣
社台F	錦岡牧場	下河辺牧場	アイズS	岡田牧場	社台C白老F	秋[illegible]場
小良1.08.7 東良1.21.3 東良1.33.0	函良1.08.7 京良1.21.7 阪良1.33.9	札良1.08.8 東良1.21.8 阪良1.35.0	福良1.08.2 阪稍1.22.6	京良1.08.2 阪良1.20.9 阪良1.34.1	福良1.08.6 東良1.34.6	中良1.08.5 新良1.22.2
0000 1010 2010 4341	0110 0100 1000 1020	0020 0110 0010 13111	0020 0000 0020 0190	0010 0010 1130 4492	0020 0010 1010 1021	0020 0141 0011 0161
2東5.4 7 ⑤2勝クラス 4歳上B37.3 芝1.21.3 58池添3人 10ト4ヲ 460 S②33.6 6 5 06 ユハンヌス	1函6.9 10 ②1勝クラス 3歳上B38.2 芝1.09.3 54角田河1人 13ト10ヲ 492 H⑬34.9 6 8 05 クファシル	2小3.3 5 ⑧西日本新聞 2勝クラス 連闘 芝1.09.7 58北村友7人 18ト3ヲ 454 M①35.1 4 2 07 3休メイショ	1福4.21 4 ⑥宇奈 2勝クラス 軽め 芝1.08.8 58国分恭5人 16ト11ヲ 498 M①33.7 11 10 01 アシャカタカ	4京6.2 8 ②祇園 2勝クラス 坂52.3 芝内1.08.2 56池添7人 14ト7ヲ 448 H①33.[illegible] 12 10 06 ロードフォア	1小1.20 2 ③牝1勝クラス 4歳上B39.8 芝1.09.3 56丸山4人 17ト17ヲ 438 H③35.2 3 3 01 オックスリッ	1福4.6 9 ①花見山 2勝クラスC42.8 芝1.09.6 56菊沢8人 16ト9ヲ 452 M⑦34.1 15 15 08 リシャールケ
1函6.8 6 ①皆戸 2勝クラスC37.5 芝1.08.8 58大野6人 16ト10ヲ 456 H⑬34.[illegible] 14 13 02 ナリタローゼ	1函6.23 1 ⑥1勝クラス 3歳上B38.1 芝1.08.7 54角田河2人 9ト8ヲ 486 H⑦34.7 5 5 01 ハートホイッ	1函6.8 8 ①皆戸 2勝クラスC38.9 芝1.09.0 58北村友3人 16ト2ヲ 460 H⑬35.4 4 4 04 ナリタローゼ	2福6.30 4 ②さくらんぼ 2勝クラス坂56.3 芝1.08.7 58Mデム3人 8ト7ヲ 496 M⑦34.2 3 3 04 ヴィントミュ⑮	1函6.30 11 ⑧立待岬 牝2勝B39.2 芝1.09.6 56荻野琢8人 15ト10ヲ 452 M④34.2 13 12 08 オウバイトウ	1福4.6 1 ①1勝クラス 4歳上B37.5 芝1.08.6 56丸山4人 16ト7ヲ 442 M⑭34.7 1 1 01 エールトゥヘ	2東5.18 12 ⑨高尾 2勝クラスC39.3 芝1.22.4 56原8人 12ト2ヲ 464 S④33.3 10 10 12 タガノシャー
1函7.14 4 ⑫湯の川温泉 2勝クラスB38.3 芝1.09.9 58大野4人 12ト8ヲ 460 H⑤34.6 9 7 02 ラウラーナ	1函7.14 8 ⑫湯の川温泉 2勝クラスB38.0 芝1.10.0 55角田河2人 12ト1ヲ 478 H⑤35.1 7 7 03 ラウラーナ	1函6.23 13 ⑥HTB 2勝クラスB41.2 芝1.09.4 56北村友8人 13ト1ヲ 460 M⑩34.9 7 8 09 トーセンサン	1函7.14 3 ⑫湯の川温泉 2勝クラスC43.4 芝1.09.7 58横山武3人 12ト4ヲ 506 H⑤34.7 7 7 00 ラウラーナ	1函7.6 3 ⑨潮騒 2勝クラス 連闘 芝1.10.2 56荻野琢9人 10ト2ヲ 444 S⑤33.[illegible] 9 8 02 ポエットリー	1函6.15 8 ③STV 2勝クラスB38.9 芝1.09.1 56横山武1人 12ト4ヲ 450 H⑤35.2 1 1 03 レッドアヴァ	2福7.13 7 ⑤郡山 2勝クラス坂54.3 芝1.09.5 52原10人 16ト6ヲ 458 M⑫34.1 11 12 13 トーセンエス
00202 01102 01506 0107017	00202 00101 00101 00303	00212 01102 00101 2411317	00202 00000 00202 2010012	00101 00101 02305 1611118	00202 00101 00202 11315	00202 01415 00101 11608
450—458	478—486	440—446	484—498	444—463	434—442	436—462
17.7	8.9	57.9	3.1	24.4	12.2	56.7
一 馬 函W69.4な 39.7り 12.8B	一 馬 函W 一 な 40.0り 12.9B	一 馬 函W70.7な 40.4り 12.3B	一 馬 函W75.1な 43.8り 13.9C	一 馬 札ダ70.8な 39.4り 12.2B	一 馬 函W69.7な 39.5り 12.9B	追切軽め

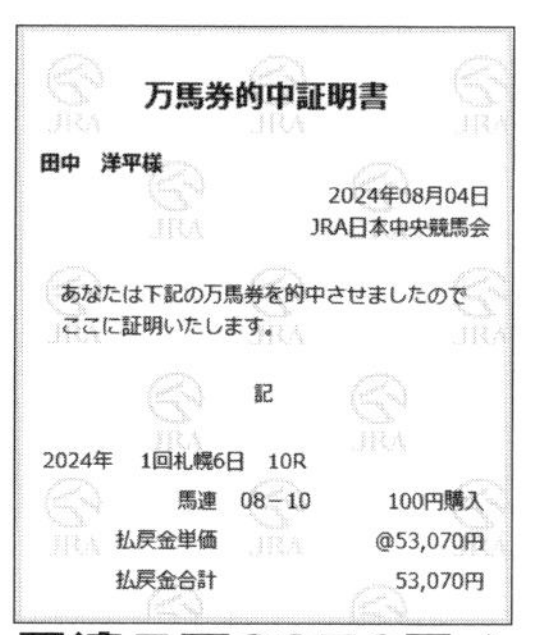
万馬券的中証明書

田中　洋平様

2024年08月04日
JRA日本中央競馬会

あなたは下記の万馬券を的中させましたので
ここに証明いたします。

記

2024年　1回札幌6日　10R
馬連　08－10　100円購入
払戻金単価　@53,070円
払戻金合計　53,070円

馬連5万3070円！

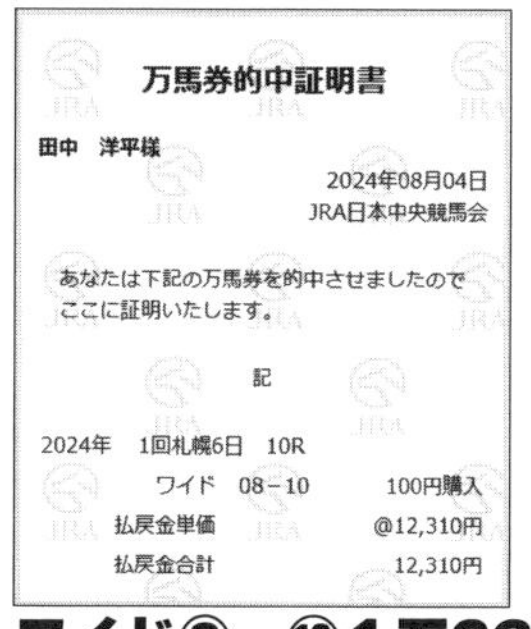
万馬券的中証明書

田中　洋平様

2024年08月04日
JRA日本中央競馬会

あなたは下記の万馬券を的中させましたので
ここに証明いたします。

記

2024年　1回札幌6日　10R
ワイド　08－10　100円購入
払戻金単価　@12,310円
払戻金合計　12,310円

ワイド⑧－⑩１万2310円！

本ルールの軸馬条件からは外れてしまいますが、大荒れ前提に勝負するのであれば、この馬を軽視するのは危険なので、軸馬チームに含めるという判断を下しました。

超大穴狙いでいくと決めたら、気になる馬は買っておくべき。これが鉄則といえるでしょう。

最終的に私が選出した軸馬と穴馬、ならびに買い目は次の通りです。

［軸馬］

8位⑯アップストローク
9位①カイカノキセキ
10位⑥ポルタフォルトゥナ
11位⑤アンビバレント
12位⑫ロゼクラン
13位②トリップトゥムーン
14位⑭ヴィアドロローサ
15位⑦ゴキゲンサン
16位⑩マルプリ

［相手馬］

1位⑬ゴルトリッチ

2位④スイミーユニバンス
3位⑨ミズノコキュウ
4位⑮ヤマニンアストロン
5位⑪オルフェスト
6位⑧コナブラック

[買い目]
馬連・ワイドフォーメーション
①②⑤⑥⑦⑩⑫⑭⑯→①②④⑤⑥⑦⑧⑨⑩⑪⑫⑬⑭⑮⑯（各90点）

レースは、相手馬の6位⑧コナブラックが1着、大穴狙い要員として特別に軸馬に追加した16位⑩マルプリが2着、相手馬の3位⑨ミズノコキュウが3着で馬連+ワイドW的中という、こちらのもくろみ通りの結果になりました。

基本ルールに縛られてマルプリを機械的に削除していたら、この馬券は獲れなかったということ。たとえ買い目が膨らんでしまったとしても、怪しい穴馬はしっかりカバーしておくべきなのです。

それでは、この章のラストにエリートポイントの威力を改めて体感していただくために、私の獲った万馬券をギャラリー形式で掲載します。各レースの平均値も載せるので参考にしてください。

まだまだあるぞ！EP馬【万馬券】ギャラリー①

2024年5月18日・東京1R（3歳未勝利、ダ1600m）

馬番	枠	父	馬名	母（母の勝利数）母の父	印数	印	指数	順位	斤量・騎手	厩舎	生年月日・毛色	着順
16	桃8	リオンディーズ 牝3	ラントゥリーダンス	プリンセスオージュ（2勝）フレンチデピュティ	1	△	41	⑮	55長岡	美石栗	2.26鹿 0	
15	桃8	マジェスティックウォリアー 牝3	ファインノーブル	コウヨウルビー（0勝）バブルガムフェロー	1	◎ △	42	⑭	55津村	美尾関	3.5鹿 0	
14	橙7	アグニシャイン 牝3	サラフォーコン	ディープスタイル（未出走）ディープブリランテ	2	△ ▲	46	⑬	55[illegible]野	美[illegible]田	3.[illegible] 0	2
13	橙7	ルーラーシップ 牝3	オウケンヴィーナス	オウケンビリーヴ（5勝）クロフネ	12	△ ☆ △	50	⑩	54☆原	美宮田	2.17鹿 0	
12	緑6	ヴァンセンヌ 牝3	メルメルメー	エリザベスサクラ（0勝）アラムシャー	1		40	⑯	55江田照	美伊藤伸	4.24鹿 0	
11	緑6	サトノダイヤモンド 牝3	ガーデンプランナー	バートラムガーデン（4勝）サクラバクシンオー	32	○ ○ ○ △ ◎ △	58	④	55松岡	美堀内	4.10鹿 0	
10	黄5	アドミラブル 牝3	ミスサラワク	ファンシーナモン（0勝）ソングオブウインド	68	☆ ○ △ ▲ ○ ▲ ▲	70	②	55木幡巧	美本間	3.26鹿 0	
9	黄5	クリエイターII 牝3	タマモポロネーズ	タマモボレロ（1勝）ハーツクライ	22	▲ ☆ △ △ B	55	⑥	54☆永野	美伊藤圭	6.2芦 0	
8	青4	シャンハイボビー 牝3	サンロレンツォ	ユースティティア（3勝）フジキセキ	36	◎ ▲ ☆ △ △	57	⑤	55[illegible]浦	美[illegible]藤	4.[illegible]	1
7	青4	ブラックタイド 牝3	ディアマンドロップ	マルーンドロップ（1勝）コンデュイット	10	△	51	⑨	55吉田豊	美小手川	4.23鹿 0	
6	赤3	レッドファルクス 牝3	ネムレスクイーン	アップロック（未登録）ハーツクライ	20	△ △ △ ○ ☆	53	⑦	55横山和	美上原佑	4.15芦 0	
5	赤3	ドレフォン 牝3	ケープウィッカム	レーヴルシード（0勝）ディープインパクト	75	△ ◎ ☆ ◎ ☆ ◎	76	①	5[illegible]川	美[illegible]	2.2[illegible] 0	3
4	黒2	シャンハイボビー 牝3	プラビータ	タカヒロオートップ（0勝）アドマイヤマックス	2	△	47	⑫	55菅原明	美矢野	4.2黒鹿 0	
3	黒2	スワーヴリチャード 牝3	アンドローゼス	ローズウィスパー（3勝）ワークフォース	22	△ △ B △	52	⑧	55オシェア	美加藤士	3.8鹿 0	
2	白1	リアルインパクト 牝3	リアルアメリカン	アナアメリカーナ（輸入）アメリカンポスト	56	△ ◎ ▲ △ △ ○	63	③	55横山武	美辻	4.14栗 0	
1	白1	アニマルキングダム 牝3	ブルースター	オクシベタルム（1勝）シンボリクリスエス	6	△	48	⑪	55宮崎	美中川	3.30鹿 0	

13位・14番人気⑭サラフォーコン2着！

万馬券的中証明書

田中　洋平様

2024年05月18日
JRA日本中央競馬会

あなたは下記の万馬券を的中させましたので
ここに証明いたします。

記

2024年　2回東京9日　1R
馬連　08－14　100円購入
払戻金単価　@24,280円
払戻金合計　24,280円

馬連2万4280円！

1着⑧サンロレンツォ
（5位・3番人気）
2着⑭サラフォーコン
（13位・14番人気）
3着⑤ケープウィッカム
（1位・1番人気）
複⑭1600円／馬連24280円
ワイド⑧－⑭6610円／⑤－⑭4260円
3連複27490円／3連単182070円

1位76・16頭　テクニカル6⇒1～3位の和209⇒パターン3（やや波乱）

順位	1	2	3	4	5	6	7	8	9	10	11	12	13	14	15	16
馬番	⑤	⑩	②	⑪	⑧	⑨	⑥	③	⑦	⑬	①	④	⑭	⑮	⑯	⑫
指数値	76	70	63	58	57	55	53	52	51	50	48	47	46	42	41	40
平均値		70	65	60	57	55	53	51	50	48	47	46	43	42	41	40
EP		0	−2	−2	0	0	0	1	1	2	1	1	3	0	0	0

16頭立ての場合、2～9位は1位指数による平均値、10～16位は出走頭数による平均値

まだまだあるぞ！EP馬【万馬券】ギャラリー②

2024年5月19日・東京12R（4歳上2勝クラス、ダ1600m）

枠	馬番	父	馬名	性齢	母（母父）	数値	印	騎手	成績	厩舎
白1	1	ドゥラメンテ	アーレンダール	牝5	アートプリンセス（輸入）オフィサー	16	△△ 50 △ ⑪☆B	56石川	0001	美宮田
2	2	ジャスタウェイ	レディアス	牝4	スキャットレディビーシング（輸入）スキャットダディ	18	55 ⑥	56内田	0000	美鈴木慎
2	3	ホッコータルマエ	オールマキシマム	牝4	フローラルウインド（0勝）アグネスタキオン	28	☆△ 54 ☆ ⑦◎	56永野	1102	美奥平
赤3	4	ジャスタウェイ	ファミリークレスト	牝5	アーマイン（輸入）イクスチェンジレイト	56	○△▲▲○ 66 △ ②▲	56横山和	1200	美和田勇
3	5	オルフェーヴル	ギョウネン	牝4	タイキオードリー（0勝）キングカメハメハ	66	◎◎▲ 72 △ ①△	56田辺	0000	美竹内
青4	6	ラニ	ラブベティー	牝5	レーヴドベティ（未登録）ロックオブジブラルタル	6	☆ 47 △ ⑭△	56松岡	0000	美尾形
4	7	ロードカナロア	メロウヴォイス	牝5	モンクール（0勝）ディープインパクト	12	△△ 49 ⑫	56吉田豊	1003	美上原博
黄5	8	ロードカナロア	マヴォロンテ	牝4	スターアイル（2勝）ロックオブジブラルタル	22	△△△△ 56 ⑤B	56坂井	2003	栗松永幹
5	9	ロードカナロア	グレノークス	牝4	プリンセスオブシルマー（輸入）マジェスティックウォリアー	2	△◎ 46 B ⑮	56三浦	0001	美宮田
緑6	10	ヘニーヒューズ	リンクスルーファス	牝5	ランニングボブキャッツ（輸入）ランニングスタッグ	12	△△ 51 ⑩	56津村	2015	美手塚
6	11	キタサンブラック	㊞カプラローラ	牝5	ファルネーゼ（3勝）フレンチデピュティ	36	▲☆○☆ 59 B ④	56[illegible]望	0[illegible]0	美[illegible]沢
橙7	12	キンシャサノキセキ	メイショウホオズキ	牝6	メイショウオキリ（2勝）メイショウドトウ	4	△ 48 ◎B ⑬	56[illegible]山	0[illegible]2	美[illegible]
7	13	ドレフォン	マウントベル	牝5	ワイメアビーチ（未出走）フジキセキ	58	▲○○△◎ 65 ○ ③○	56[illegible]ェア	0[illegible]00	美[illegible]征
桃8	14	ダノンバラード	ライジングラパス	牝4	ボーナスチャンス（0勝）エンパイアメーカー	14	☆△△ 52 ▲ ⑨△	56菅原明	0000	美宮本
8	15	マクフィ	ジューンポンポン	牝5	オールオールオール（0勝）アグネスタキオン	18	◎△ 53 ⑧△	56原	0000	美和田勇

1 2 3

12位・13番人気⑫メイショウホオズキ2着！

万馬券的中証明書

田中　洋平様

2024年05月19日
JRA日本中央競馬会

あなたは下記の万馬券を的中させましたので
ここに証明いたします。

記

2024年　2回東京10日　12R

馬連	12−13	100円購入
払戻金単価		@10,100円
払戻金合計		10,100円

馬連1万100円！

1着⑬マウントベル
（1位・1番人気）
2着⑫メイショウホオズキ
（13位・13番人気）
3着⑪カプラローラ
（4位・3番人気）
複⑫1020円／馬連10100円
ワイド⑫ー⑬2630円／⑪ー⑫4540円
3連複14440円／3連単89360円

1位72・15頭　テクニカル6⇒1～3位の和203⇒パターン1（波乱）

順位	1	2	3	4	5	6	7	8	9	10	11	12	13	14	15
馬番	⑤	④	⑬	⑪	⑧	②	③	⑮	⑭	⑩	①	⑦	⑫	⑥	⑨
指数値	72	66	65	59	56	55	54	53	52	51	50	49	48	47	46
平均値		69	65	61	58	55	53	51	50	48	47	45	43	41	40
EP		−3	0	−2	−2	0	1	2	2	3	3	4	5	6	6

15頭立ての場合、2～9位は1位指数による平均値、10～15位は出走頭数による平均値

まだまだあるぞ！EP馬【万馬券】ギャラリー③

2024年5月26日・東京5R（3歳1勝クラス、ダ1400m）

枠・馬番	16 桃8	15 桃8	14 橙7	13 橙7	12 緑6	11 緑6	10 黄5	9 黄5	8 青4	7 青4	6 赤3	5 赤3	4 黒2	3 黒2	2 白1	1 白1
父	スマートファルコン牝3	アーミーミュール牡3	ホッコータルマエ牡3	ロードカナロア牡3	シニスターミニスター牝3	ミッキーアイル牡3	ブリックスアンドモルタル牡3	ファインニードル牡3	ニューイヤーズデイ牡3	シャンハイボビー牡3	ジャスティファイ牡3	カレンブラックヒル牝3	アメリカンペイトリオット牡3	アジアエクスプレス牡3	レッドファルクス牝3	ドゥラメンテ牡3
馬名	サンリコリス	外 ジェネラーレ	アシャカデュメ	バロン	クインズポラリス	タイセイレスポンス	マイフォーエバー	スート	ミッキードラマー	サミアド	外 アメリカンチケット	クインズデネブ	ウエスタンシーズン	オセアエクスプレス	アルジェンタージョ	ダノンマカルー
母（母父）	サンマディソン（4勝）シニスターミニスター	[illegible]	ポシ?（?勝）スターリングローズ	マイミスリリー（輸入）タピット	アルヴェナ（輸入）シーキングザゴールド	チャイマックス（2勝）コングラッツ	フォーエバーマーク（6勝）ファルブラヴ	シンダーズ（3勝）パイロ	プリオレット（0勝）ロードカナロア	エイシンバンバ（0勝）ロックハードテン	エイスィーウォリアー（米）バーナーディニ	ママキジャ（4勝）ストラヴィンスキー	ウエスタンベッラ（1勝）ハーツクライ	フロリール（0勝）クロフネ	アイシークレット（2勝）ゴールドアリュール	デックドアウト（輸入）ストリートボス
数値	2	4	1	70	28	8	6	10	2	4	48	34	12	12	66	54
印	☆	△ △	△ △	▲☆▲▲▲△〇	〇 △ ☆	△ ☆ B	△△△△ 初 B	◎☆	◎ △	△△	△△△△☆ ▲	◎▲〇◎〇△△		◎△	〇△〇◎〇△	△△△☆ ▲◎
指数・順位	46 ⑮	50 ⑪	40 ⑯	72 ①	55 ⑥	51 ⑩	48 ⑬	54 ⑦	47 ⑭	49 ⑫	59 ④	58 ⑤	52 ⑨	53 ⑧	70 ②	66 ③
斤量・騎手	[illegible]	57岩田望	53★小林美	55ルメール	55大野	[illegible]	57丹内	57津村	57菊沢	57松山	57戸崎	[illegible]	57石橋	57内田	54☆永野	57川田
厩舎	[illegible]	栗野中	美小笠	美手塚	美上原博	[illegible]	美矢野	美林	美菊沢	美竹内	栗藤原英	美小島	栗西園正	美菊川	美伊藤圭	美田中博
生月日・毛色・賞金	[illegible]	5.11栗400	1.29鹿400	2.24芦400	5.13鹿400	[illegible]	3.1黒鹿400	4.10黒鹿400	2.20鹿400	4.25黒鹿400	3.22鹿400	[illegible]	4.21鹿400	2.22栗400	5.8鹿400	2.11栗400
着順	3					2						1				

15位・14番人気⑯サンリコリス3着！

万馬券的中証明書

田中　洋平様

2024年05月26日
JRA日本中央競馬会

あなたは下記の万馬券を的中させましたので
ここに証明いたします。

記

2024年　2回東京12日　5R

ワイド　11－16　100円購入

払戻金単価　@12,220円

払戻金合計　12,220円

馬連1万2220円！

1着⑤クインズデネブ
（5位・4番人気）

2着⑪タイセイレスポンス
（10位・7番人気）

3着⑯サンリコリス
（15位・14番人気）

複⑯1450円

ワイド⑪－⑯12220円／⑤－⑯5020円

3連複103090円／3連単531440円

1位72・16頭　テクニカル6⇒1～3位の和208⇒パターン2（波乱）

順位	1	2	3	4	5	6	7	8	9	10	11	12	13	14	15	16
馬番	⑬	②	①	⑥	⑤	⑫	⑨	③	④	⑪	⑮	⑦	⑩	⑧	⑯	⑭
指数値	72	70	66	59	58	55	54	53	52	51	50	49	48	47	46	40
平均値		69	65	61	58	55	53	51	50	48	47	46	43	42	41	40
EP		1	1	−2	0	0	1	2	2	3	3	3	5	5	5	0

2着⑪タイセイレスポンスもEP馬に該当

まだまだあるぞ！EP馬【万馬券】ギャラリー④

2024年6月9日・京都7R（3歳上1勝クラス、ダ1800m）

枠	馬番	父	馬名	性齢	母（母父）	数値	印	指数・人気	斤量・騎手	成績	厩舎
桃8	16	ウォーフロント	（外）メイプルギャング	牡3	クリムゾンメイプル（米）ラーイ	2	△	46 ⑭	52▲橋木	0001	栗中竹
桃8	15	カリフォルニアクローム	（外）イサイアス	牡4	アバザヘブン（米）ミスターグリーリー	2	△	48 ⑫	57☆小沢	0000	栗吉村
橙7	14	ダイワメジャー	リトルミム	牝4	リトルゲルダ（7勝）クロージングアーギュメント	1	△	40 ⑯	56酒井	0001	栗鮫島
橙7	13	シルバーステート	レアンダー	牡3	ミスエンビリカル（米2勝）プリサイスエンド	4	◎☆△	47 ⑬	55[illegible]優	00[illegible]0	栗[illegible]田
緑6	12	ナサニエル	（外）アスクナサニエル	牡3	プリティーレディー（0勝）エンパイアメーカー	10	△ B	53 ⑦	53△西塚	1001	栗藤原英
緑6	11	カレンブラックヒル	ポンサン	牡4	ラヴコマンダー（0勝）コマンダーインチーフ	12	☆◎△△	50 ⑩	5[illegible]	0[illegible]	[illegible]西
黄5	10	カレンブラックヒル	ギマール	牡3	アールヌーヴォー（2勝）ブライアンズタイム	72	△○◎○▲△B○	71 ②	5[illegible]	1[illegible]1	[illegible]村
黄5	9	ルーラーシップ	ローザサンリヴァル	牡3	ローザブランカ（3勝）クロフネ	54	☆☆○○▲	62 ③	55松山	0000	栗高野
青4	8	ロードカナロア	（地）ミッキーキング	騸5	ミッキークイーン（5勝）ディープインパクト	1		41 ⑮	57☆田口	0000	栗音無
青4	7	キズナ	（地）タイトニット	牡4	アルティメイトラブ（1勝）シンボリクリスエス	6	△ 初B	49 ⑪	58松若	0001	栗今野
赤3	6	ニューイヤーズデイ	オペラプラージュ	牡3	ベルプラージュ（3勝）キングカメハメハ	91	▲○▲◎◎◎	82 ①	55西村淳	1000	栗新谷
赤3	5	グランプリボス	モズミツボシ	牡5	モズフリムカナイテ（0勝）クロフネ	12	△△△△▲△	51 ⑨	57☆角田和	0101	栗飯田
黒2	4	コンスティチューション	サークルオブジョイ	牡3	マース（輸入）カーネルジョン	44	○▲▲☆△△	59 ④	55川田	0000	栗池添
黒2	3	ナサニエル	（外）シャスティフォル	牡4	コンシダレイト（英）ダンシリ	20	△△☆	54 ⑥	58和田竜	0000	栗友道
白1	2	ドレフォン	モズバンディット	牡4	アマルティア（1勝）アドマイヤムーン	18	◎△△☆	55 ⑤	58幸	1213	栗中尾
白1	1	ドレフォン	フラッシング	牡3	ブントバンコ（3勝）フジキセキ	8	△△△△	52 ⑧	55Mデムーロ	1102	栗牧浦

1 3 2

13位・14番人気⑬レアンダー1着！

万馬券的中証明書

田中　洋平様

2024年06月09日
JRA日本中央競馬会

あなたは下記の万馬券を的中させましたので
ここに証明いたします。

記

2024年　4回京都4日　7R

馬連	10－13	100円購入
払戻金単価		@32,780円
払戻金合計		32,780円

馬連3万2780円！

1着⑬レアンダー
（13位・14番人気）
2着⑩ギマール
（2位・2番人気）
3着⑪ポンサン
（10位・5番人気）
単⑬16640円/馬連32780円
ワイド⑩ー⑬7090円/⑪ー⑬9970円
3連複94960円/3連単1033690円

1位82・16頭　テクニカル6⇒1～3位の和215⇒パターン4（平均）

順位	1	2	3	4	5	6	7	8	9	10	11	12	13	14	15	16
馬番	⑥	⑩	⑨	④	②	③	⑫	①	⑤	⑪	⑦	⑮	⑬	⑯	⑧	⑭
指数値	82	71	62	59	55	54	53	52	51	50	49	48	47	46	41	40
平均値	＼	70	63	59	56	54	52	51	50	48	47	46	43	42	41	40
EP	＼	1	−1	0	−1	0	1	1	1	2	2	2	4	4	0	0

まだまだあるぞ！EP馬【万馬券】ギャラリー⑤

2024年6月22日・東京11R江の島S
（3歳上3勝クラス、芝1800m）

枠・馬番	桃8 14	8 13	橙7 12	7 11	緑6 10	6 9	黄5 8	5 7	青4 6	4 5	赤3 4	3 3	2 2	白1 1
父	ルーラーシップ	モーリス	ゴールドシップ	ハーツクライ	ディープブリランテ	ブラックタイド	ロードカナロア	デクラレーションオブウォー	ドゥラメンテ	ハーツクライ	ルーラーシップ	イスラボニータ	グラスワンダー	エピファネイア
馬名	コントラポスト 牡4	カランドゥーラ 牡6	マイネルモーント 牡4	ダノンザタイガー 牡4	ディープリッチ 牡6	シホノスペランツァ 牡5	デコラシオン 牡5	ドクタードリトル 牡4	ゲンパチムサシ 牡6	ロマンシングブルー 牝5	テンノメッセージ 牝4	ミカッテヨンデイイ 牝4	マイネルエニグマ 牡6	アルセナール 牝3
母（母父）	アカンサス(4勝) フジキセキ	ラストグルーヴ(1勝) ディープインパクト	ゲッカコウ(4勝) ロージズインメイ	シーズアタイガー(輸入) テイルオブザキャット	デビルズコーナー(3勝) ソングアンドアプレイヤー	メジロスプレンダー(2勝) シンボリクリスエス	ダリシア(輸入) アカテナンゴ	ブルックデイル(4勝) キングカメハメハ	ティアランドール(0勝) アクションディスデイ	テーブルロンド(輸入) アストロノマーロイヤル	チアズメッセージ(5勝) サンデーサイレンス	ボルティモア(0勝) ステイゴールド	マイネレーツェル(4勝) ステイゴールド	サンプルエミューズ(3勝) ダイワメジャー
印数	46	2	46	52	2	16	16	86	2	6	14	1	4	66
印1	…	…	△	▲	…	…	△	○	…	△	◉	…	…	☆
印2	△	◎	△	▲	…	…	…	○	…	△	△	…	…	☆
印3	△	…	☆	△	…	…	▲	○	…	…	…	…	…	◎
印4	▲	…	◎	☆	…	△	△	○	…	…	△	…	△	…
印5	☆	…	△	○	…	…	△	◎	…	…	△	…	…	▲
印6	60 △	46 …	62 ◎	61 ☆	48 △	51 …	53 △ B	80 ▲	47 …	50 …	52 … B	40 …	49 △	70 ○
印7	⑤ △	⑬ …	③ ◎	④ ☆	⑪ …	⑧ △	⑥ △	① ○	⑫ …	⑨ …	⑦ …	⑭ …	⑩ …	② ▲
騎手	58田辺	58[illegible]崎	58石[illegible]川	58[illegible]ール	58吉田豊	58三浦	58菅原明	58レーン	58木幡巧	56津村	56石橋	56西村太	58オシェア	53戸崎
成績	3232	0[illegible]0	00[illegible]1	0[illegible]1	0000	0000	1105	0000	0000	0000	0000	0003	0000	0000
厩舎	菊沢	[illegible]永	[illegible]木	[illegible]友	小島	寺島	高木	今野	佐々木	渡辺	高柳大	堀内	吉田	木村

着順：3（⑬）、1（⑫）、2（⑪）

13位・12番人気⑬カランドゥーラ3着！

万馬券的中証明書

田中　洋平様

2024年06月22日
JRA日本中央競馬会

あなたは下記の万馬券を的中させましたので
ここに証明いたします。

記

2024年　3回東京7日　11R
ワイド　12－13　100円購入
払戻金単価　@12,160円
払戻金合計　12,160円

ワイド1万2160円！

1着⑫マイネルモーント
（3位・5番人気）
2着⑪ダノンザタイガー
（4位・3番人気）
3着⑬カランドゥーラ
（13位・12番人気）
複⑬1650円
ワイド⑫－⑬12160円/⑪－⑬4970円
3連複51080円/3連単341710円

1位80・14頭　テクニカル6⇒1～3位の和212⇒パターン4（平均）

順位	1	2	3	4	5	6	7	8	9	10	11	12	13	14
馬番	⑦	①	⑫	⑪	⑭	⑧	④	⑨	⑤	②	⑩	⑥	⑬	③
指数値	80	70	62	61	60	53	52	51	50	49	48	47	46	40
平均値		70	63	59	56	54	52	51	49	48	45	44	42	40
EP		0	−1	2	4	−1	0	0	1	1	3	3	4	0

14頭立ての場合、2～8位は1位指数による平均値、9～14位は出走頭数による平均値

まだまだあるぞ！EP馬【万馬券】ギャラリー⑥

2024年6月30日・函館3R（3歳未勝利、芝1200m）

馬番	枠	父	馬名	性齢	母（母の戦績）母父	数値	印	指数・順位	騎手	厩舎	生月日・毛色	着
1	白1	ドゥラメンテ	セントオブシン	牝3	シンメイフジ（2勝）フジキセキ	1	B	40 ⑯	55亀田	高野	2.13青鹿0	
2	白1	オルフェーヴル	ルクスアドラー	牡3	スマートアストリア（0勝）ストラヴィンスキー	56	◎ ▲	67 ②	57[illegible]木	[illegible]貝	3[illegible]0	1
3	黒2	イスラボニータ	サニーアール	牝3	フィンランディア（輸入）シングスピール	44	△ ☆ ☆	62 ④	5[illegible]勝	[illegible]村	3[illegible]0	3
4	黒2	ズースター	㊕リーサムギニー	牡3	チャーリーエム（英）ケレイフ	52	○ △ △	70 ①	57藤岡佑	矢作	4.21鹿0	
5	赤3	グレーターロンドン	ライズタイガ	牡3	ノボミリオンヌ（1勝）ノボジャック	1		41 ⑮	57古川吉	小野	2.21鹿0	
6	赤3	ブリックスアンドモルタル	コスモバシレウス	牡3	ベンテシレイア（2勝）ネオユニヴァース	30	▲ ◎ △	55 ⑥	57丹内	西園正	5.7黒鹿0	
7	青4	ニューアプローチ	㊕ロジカルワーズ	牡3	ディスカーサス（英）ドバウィ	58	☆ ○ ○	64 ③	57横山武	大竹	4.28黒鹿0	
8	青4	カルストンライトオ	カチヌキマリコ	牝3	クラウンデイリス（4勝）ロドリゴデトリアーノ	10	初B	51 ⑨	55大野	天間	4.7鹿0	
9	黄5	モーリス	キアロヴェローチェ	騸3	ピュクシス（1勝）シンボリクリスエス	46	△ ▲ △	50 ⑤	57浜中	武幸	2.21青0	
10	黄5	レイデオロ	ナリタマフディー	牝3	オースミハルカ（6勝）フサイチコンコルド	6		48 ⑪	55永野	高橋亮	5.11栗0	
11	緑6	シルバーステート	クーリッジテソーロ	牡3	マイビアーヌ（0勝）シャマーダル	1		42 ⑭	57武豊	栗田	3.16青鹿0	
12	緑6	ロゴタイプ	ダイナミックス	牝3	レイクキャリー（1勝）ダイワメジャー	4	△	47 ⑫	55菱田	林	3.11黒鹿0	
13	橙7	リオンディーズ	テリオスソラ	牝3	クリムゾンブーケ（1勝）クロフネ	16	△ △	53 ⑦	55鮫島駿	松下	3.10黒鹿0	
14	橙7	ミッキーアイル	フェアアイル	牝3	ライジングクロス（輸入）ケープクロス	2		46 ⑬	5[illegible]	[illegible]蕪	2[illegible]	2
15	桃8	ビッグアーサー	モリエヌス	牝3	アルケミスト（2勝）ダイワメジャー	22	△ ◎	50 ⑩	52▲髙杉	荒川	4.6栗0	
16	桃8	アジアエクスプレス	テキーラワルツ	牝3	ジューンワルツ（0勝）ハービンジャー	14	△	52 ⑧	52▲川端	大根田	3.7栗0	

13位・14番人気⑭フェアアイル2着！

万馬券的中証明書

田中　洋平様

2024年06月30日
JRA日本中央競馬会

あなたは下記の万馬券を的中させましたので
ここに証明いたします。

記

2024年　1回函館8日　3R

馬連　02－14　100円購入

払戻金単価　@15,720円

払戻金合計　15,720円

馬連1万5720円！

1着②ルクスアドラー
（2位・4番人気）

2着⑭フェアアイル
（13位・14番人気）

3着③サニイアール
（4位・7番人気）

複⑭1100円/馬連15720円

ワイド②－⑭4060円/③－⑭5700円

3連複40530円/3連単249580円

1位70・16頭　テクニカル6⇒1～3位の和201⇒パターン1（やや波乱）

順位	1	2	3	4	5	6	7	8	9	10	11	12	13	14	15	16
馬番	④	②	⑦	③	⑨	⑥	⑬	⑯	⑧	⑮	⑩	⑫	⑭	⑪	⑤	①
指数値	70	67	64	62	60	55	53	52	51	50	48	47	46	42	41	40
平均値	＼	68	65	62	59	56	53	52	50	48	47	46	43	42	41	40
EP	＼	−1	−1	0	1	−1	0	0	1	2	1	1	3	0	0	0

まだまだあるぞ！EP馬【万馬券】ギャラリー⑦

2024年7月6日・函館3R（3歳未勝利、芝2000m）

馬番	枠	父	馬名	性齢	母（母父）		指数	騎手	調教師	前走
1	白1	ハイピンジャー	ティラージュ	牝3	トコワカ(0勝)ディープインパクト	14	50 ⑩	55富田	野中	3.22鹿0
2	白1	キズナ	ルージュピルエット	牝3	レッドアトゥ(5勝)カジノドライヴ	54	60 ③	55[illegible]田	[illegible]久保	1[illegible]郎0
3	黒2	ノヴェリスト	ベルベットハンマー	牝3	ヴェルーテ(1勝)ディープインパクト	1	41 ⑮	55丸山	天間	4.3鹿0
4	黒2	キズナ	ディアアリーチェ	牝3	ティロレスカ(輸入)ローマンルーラー	4	46 ⑬	55[illegible]	[illegible]幸	2[illegible]0
5	赤3	ベイティドブレス	スターシャワー	牝3	シャイニングパス(輸入)レイヴンズパス	22	56 ⑤	55永野	古賀	3.1鹿0
6	赤3	スワーヴリチャード	ダークファンタジー	牝3	パンズラビリンス(1勝)メイショウサムソン	20	52 ⑧	55横山和	須貝	4.30黒鹿0
7	青4	サトノアラジン	ルクスチェリー	牝3	カシシ(0勝)ジャングルポケット	60	68 ②	54☆角田河	石橋	3.13鹿0
8	青4	カリフォルニアクローム	スウィートリワード	牝3	レディハピネス(0勝)モンジュー	85	80 ①	55[illegible]	[illegible]	4.[illegible]0
9	黄5	ブリックスアンドモルタル	アミアン	牝3	セレブリティモデル(2勝)キングカメハメハ	6	48 ⑪	55岩田康	鹿戸	3.16黒鹿0
10	黄5	ブリックスアンドモルタル	ホウオウダイアン	牝3	レーヌドブリエ(4勝)ゼンノロブロイ	16	51 ⑨	55大野	高柳瑞	3.10黒鹿0
11	緑6	アニマルキングダム	ラインポーチュラカ	牝3	ラインハーディー(3勝)ゴールドアリュール	28	57 ④	55佐々木	蛯名正	4.2栗0
12	緑6	ロードカナロア	ロールオブアームズ	牝3	メジャーエンブレム(5勝)ダイワメジャー	4	47 ⑫	55丹内	田村	3.16鹿0
13	橙7	ハーピンジャー	レイピカケ	牝3	シンデレラ(0勝)ハーツクライ	1	40 ⑯	52▲川端	野中	3.17鹿0
14	橙7	リアルスティール	アリーバ	牝3	アーキテクチャー(輸入)ゾファニー	22	55 ⑥	55浜中	田中克	3.12鹿0
15	桃8	シルバーステート	セウタ	牝3	アビラ(輸入)ロックオブジブラルタル	20	54 ⑦	52▲高杉	辻野	3.17青鹿0
16	桃8	ブリックスアンドモルタル	リトルアイドル	牝3	ブラックオニキス(2勝)ブラックタイド	1	42 ⑭	52▲小林勝	加藤和	5.15青鹿0

13位・8番人気④ディアアリーチェ2着！

万馬券的中証明書

田中　洋平様

2024年07月06日
JRA日本中央競馬会

あなたは下記の万馬券を的中させましたので
ここに証明いたします。

記

2024年　1回函館9日　3R
馬連　02－04　100円購入
払戻金単価　@11,020円
払戻金合計　11,020円

馬連1万1020円！

1着②ルージュピルエット
（3位・3番人気）
2着④ディアアリーチェ
（13位・8番人気）
3着⑧スウィートリワード
（1位・1番人気）
複④650円／馬連11020円
ワイド②－④2790円／④－⑧1510円
3連複6030円／3連単58040円

1位80・16頭　テクニカル6⇒1～3位の和208⇒パターン2（波乱）

順位	1	2	3	4	5	6	7	8	9	10	11	12	13	14	15	16
馬番	⑧	⑦	②	⑪	⑤	⑭	⑮	⑥	⑩	①	⑨	⑫	④	⑯	③	⑬
指数値	80	68	60	57	56	55	54	52	51	50	48	47	46	42	41	40
平均値		70	63	59	56	54	52	51	50	48	47	46	43	42	41	40
EP		−2	−3	−2	0	1	2	1	1	2	1	1	3	0	0	0

第3章

EP馬狙い撃ち応用編

乗り替わり、馬場・距離変更…

コンピ底辺の馬が激走するタイミングを知るには……

第2章までにお伝えした内容をしっかり押さえておけば、【エリートポイント】を効果的に運用することができます。期待値の高い人気薄を軸に据えるケースが多いので、どこかで必ず、特大万馬券をしとめることができるでしょう。

そしてこの第3章では、【エリートポイント】を手の内に入れた上級者向けに、勝負度合いの上げ下げの判断に活かせる、応用テクニックを披露していきます。

具体的には、コンピ9位以下のエリートポイント+3以上の馬が激走するタイミングを見抜く方法です。

コンピ9位以下は基本的に能力の足りない馬ばかり。最下位18位の成績など、目も当てられません。

しかし、馬券に絡む確率がゼロでないことは事実です。レアケースながら、コンピ下位の馬がアッと驚く大激走を見せることはあります。

それを狙い撃ちするのは至難の業ですが、「怪しいタイミング」を事前に察知することなら可能です。その際は、後述する条件に該当する馬の勝負度合いを上げれば（非該当馬の勝負度合いを下げれば）、よりコスパのいい馬券勝負を実現できます。

【エリートポイント】が導き出してくれる買い目は、穴狙いかつレースによっては多点数になるので、100円均等買いで馬券を購入する方は多いでしょう。でもなかには当然、穴狙いでも1点100円にとどまらない買い方をする〝猛者〟や〝勝負師〟はいらっしゃるはず。そういう皆さんには、通常よりも激走する可能性の高い穴馬に、金額を厚めに張ることをオススメします。

私が注目するのは「環境の変化」です。次の3つの条件に当てはまるコンピ9～18位のエリートポイント+3以上の馬は、期待値が上がることがわかっています。

①騎手の乗り替わり
②馬場変更（芝→ダ、ダ→芝）
③距離変更（延長、短縮）
※いずれも、今回障害戦、前走障害戦に出走していた馬、また前走地方・海外のレースに出走していた馬は除く

環境の変化が競走馬にとっていいショックになってパフォーマンスが上がるのか、あるいは環境の変化を嫌うファンが購入を避ける傾向にあるのか――などなど、理由はいろいろ考えられますが、いずれにせよ該当馬の馬券貢献度は高くなります。

まず、環境の変化を考慮しない、コンピ9～18位のエリートポイント+3以上の馬の成績を見ていきましょう（下の表1）。とくに追加の条件を設定しなくても、単勝

表1●コンピ9～18位のEP+3以上馬の成績

EP馬	着別度数	勝率	連対率	複勝率	単回収値	複回収値
9～18位	173- 254- 344-7670/8441	2.0%	5.1%	9.1%	101	89

表2●環境変化別のコンピ9～18位のEP+3以上馬の成績比較

騎手	着別度数	勝率	連対率	複勝率	単回収値	複回収値
乗り替わり	118- 156- 197-4711/5182	2.3%	5.3%	9.1%	112	87
同騎手	38- 70- 120-2150/2378	1.6%	4.5%	9.6%	66	88

馬場	着別度数	勝率	連対率	複勝率	単回収値	複回収値
変更	18- 27- 40- 959/1044	1.7%	4.3%	8.1%	112	91
同馬場	155- 227- 304-6711/7397	2.1%	5.2%	9.3%	99	89

距離	着別度数	勝率	連対率	複勝率	単回収値	複回収値
変更	97- 132- 180-4115/4524	2.1%	5.1%	9.0%	109	91
同距離	59- 94- 137-2746/3036	1.9%	5.0%	9.6%	81	83

回収値は100を超えています。そもそもの話として、このデータを見れば、コンピ9位以下のエリートたちがいかに優秀であるかがわかるはずです。

続いて、先に挙げた3つの条件の環境変化別の成績を比較していきます（右ページの表2）。ご覧のように、すべて前走から変化があったほうが、期待値は上昇するのです。狙い目の穴馬としての価値も、ワンランク上になりますね。

驚くのはまだ早いです。「乗り替わり×馬場変更」「乗り替わり×距離変更」「馬場変更×距離変更」というように、それぞれの環境変化の条件を掛け合わせると、さらに期待値はハネ上がります（下の表3〜5）。

そして究極は、「乗り替わり×馬場変更×距離変更」とすべてを掛け合わせるパターン（下の表6）。こちらは見事に、単複ともに大幅プラスになっているのです。まさに「買わないという選択肢はない」状況といえるでしょう。

表3●「乗り替わり×馬場変更」のコンピ9〜18位のEP＋3以上馬の成績

EP馬	着別度数	勝率	連対率	複勝率	単回収値	複回収値
9〜18位	16- 23- 33-700/772	2.1%	5.1%	9.3%	142	108

表4●「乗り替わり×距離変更」のコンピ9〜18位のEP＋3以上馬の成績

EP馬	着別度数	勝率	連対率	複勝率	単回収値	複回収値
9〜18位	77- 98- 119-2902/3196	2.4%	5.5%	9.2%	124	94

表5●「馬場変更×距離変更」のコンピ9〜18位のEP＋3以上馬の成績

EP馬	着別度数	勝率	連対率	複勝率	単回収値	複回収値
9〜18位	16- 22- 29-733/800	2.0%	4.8%	8.4%	128	95

表6●「乗り替わり×馬場変更×距離変更」のコンピ9〜18位のEP＋3以上馬の成績

EP馬	着別度数	勝率	連対率	複勝率	単回収値	複回収値
9〜18位	14- 20- 24-536/594	2.4%	5.7%	9.8%	160	112

それでは、以上の解説を踏まえ、該当馬がどれくらい暴れ回っているのかについて、実際に行なわれたレースを取り上げて確認していきます。

ケース①12位のEP馬が激走、その裏にはこんな環境変化が……

〈乗り替わり×馬場変更〉

●24年4月13日・福島8R（4歳上1勝クラス、芝1800m）

こちらは第2章でも取り上げたレースなので、詳細は割愛します（全体の馬柱、配当はP68～69参照）。結論だけを振り返っておきましょう。

［軸馬］
12位④ルージュアマルフィ

［相手馬］
1位⑬ジュンツバメガエシ
2位②クラシックステップ
3位⑭クロスライセンス
4位⑦タイラーテソーロ

●2024年4月13日・福島8R（4歳上1勝クラス、芝1800m）

順位	1	2	3	4	5	6	7	8	9	10	11	12	13	14	15
馬番	⑬	②	⑭	⑦	①	⑨	⑥	⑪	⑧	⑩	⑮	④	⑫	⑤	③
指数値	73	66	65	57	55	54	53	52	51	50	49	48	42	41	40
平均値		69	65	61	58	55	53	51	50	48	47	45	43	41	40
EP		−3	0	−4	−3	−1	−0	1	1	2	2	3	−1	0	0

1月7日の前走からはダート1800m→今走・芝1800m、菅原明騎手→今走・杉原騎手の変更があったルージュアマルフィ。今、この出馬表を見ると、「休み明け」もひとつのプラス要素だったのかも……。

5位①ディープグラビティ
6位⑨ショウナンアキドン

［買い目］
馬連・ワイドフォーメーション（軸馬が1頭なので実質的には流し）
④→①②⑦⑨⑬⑭（各6点）

ここで注目したいのは、唯一の軸馬④ルージュアマルフィの環境変化です。前走で騎乗していたのが菅原明良騎手で、今回は杉原誠人騎手（乗り替わり）。前走がダ1800mで、今回は芝1800m（馬場変更）。このように、2つの条件で変化がありました。

「乗り替わり×馬場変更」の期待値がアップするのは、先ほどデータで示した通り。この場合、1点あたりの購入額を上げて勝負する作戦が視野に入ってきます。そもそも買い目点数の少ないレースなので、思いきって攻めやすいのではないでしょうか。

結果は、コンピ12位・11番人気の④ルージュアマルフィが2着に入り、1着⑦タイラーテソーロ（4位・7

番人気）との馬連は3万3610円、ワイドも9740円の高配当となりました。

ケース②フェイクじゃなかった！コンピ10位馬が2着で高配当

〈乗り替わり×距離変更〉

●24年8月17日・新潟9R瀬波温泉特別（3歳上2勝クラス、ダ1800m）

［出走頭数］
15頭（P102〜103に馬柱）

［コンピ1位影響順位］
9位

［テクニカル6レース判定］
1位79＋2位78＋3位60＝217
↓パターン5

15頭立ての一戦なので、コンピ1位の影響を受けるのは9位まで。10位以下は出走頭数の影響を受けます。コンピ1が79のときの2〜9位の平均値はP30掲載の一覧表にある通り、出走頭数が15頭立てのときの10位以下の平均値はＰ39掲載の一覧表にある通りです。

各順位の平均値とコンピの指数値の差を求め、エリートポイントを算出します。その結果を下の表にまとめたのでご確認ください。

テクニカル６のレース判定はパターン５。よって、コンピ５～９位で＋２以上のエリートポイントが付いている7位⑥グレノークス、８位⑦シグナルファイアー、９位⑧ラブベティーの３頭が軸馬、コンピ１～３位の３頭が相手馬となります。

ただし、ここで早急に結論を決めないようにしてください。何度も繰り返すように、基本ルールはあくまで基本ルールです。その通りに買わなければいけないというものではありません。

確かに、パターン５～６は堅い傾向にあるので、コンピ10位以下はバッサリ切るというルールを設定していますが、「例外」の存在を見落とさないように気をつけましょう。

このレースにおける例外は、ギリギリ馬券購入対象外になっている10位⑤トーホウボルツです。エリートポイントは＋３。10位以下はダミーで高ポイントがつくケースがあるので、この材料だけでは拾えませんが、環境変化に着目するとその限りではなくなります。

前走で騎乗していたのが横山和生騎手で、今回は石橋脩騎手（乗り替わり）。前走がダ２１００ｍで、今回はダ１８００ｍ（距離変更）。このように、２つの条件で変化があったのです。

●2024年8月17日・新潟9R瀬波温泉特別
（3歳上2勝クラス、ダ1800m）

順位	1	2	3	4	5	6	7	8	9	10	11	12	13	14	15
馬番	⑫	⑮	③	①	⑩	⑨	⑥	⑦	⑧	⑤	②	⑭	④	⑪	⑬
指数値	79	78	60	57	56	55	54	53	52	51	50	49	48	41	40
平均値		71	63	59	56	54	52	51	50	48	47	45	43	41	40
EP		7	−3	−2	−0	1	2	2	2	3	3	4	5	0	0

こうなってくると、少し話は変わってきます。基本ルールに固執するよりも、環境変化の掛け合わせによって発生する爆発力に賭け、10位⑤トーホウボルツも軸馬に加えるのが得策といえるでしょう。

［軸馬］
7位⑥グレノークス
8位⑦シグナルファイアー
9位⑧ラブベティー
10位⑤トーホウボルツ

［相手馬］
1位⑫ジャスパーロブスト
2位⑮サンライズパスカル
3位③シゲルカミカゼ

［買い目］
馬連・ワイドフォーメーション
⑤⑥⑦⑧→③⑤⑥⑦⑧⑫⑮（各18点）

ダ1800m）

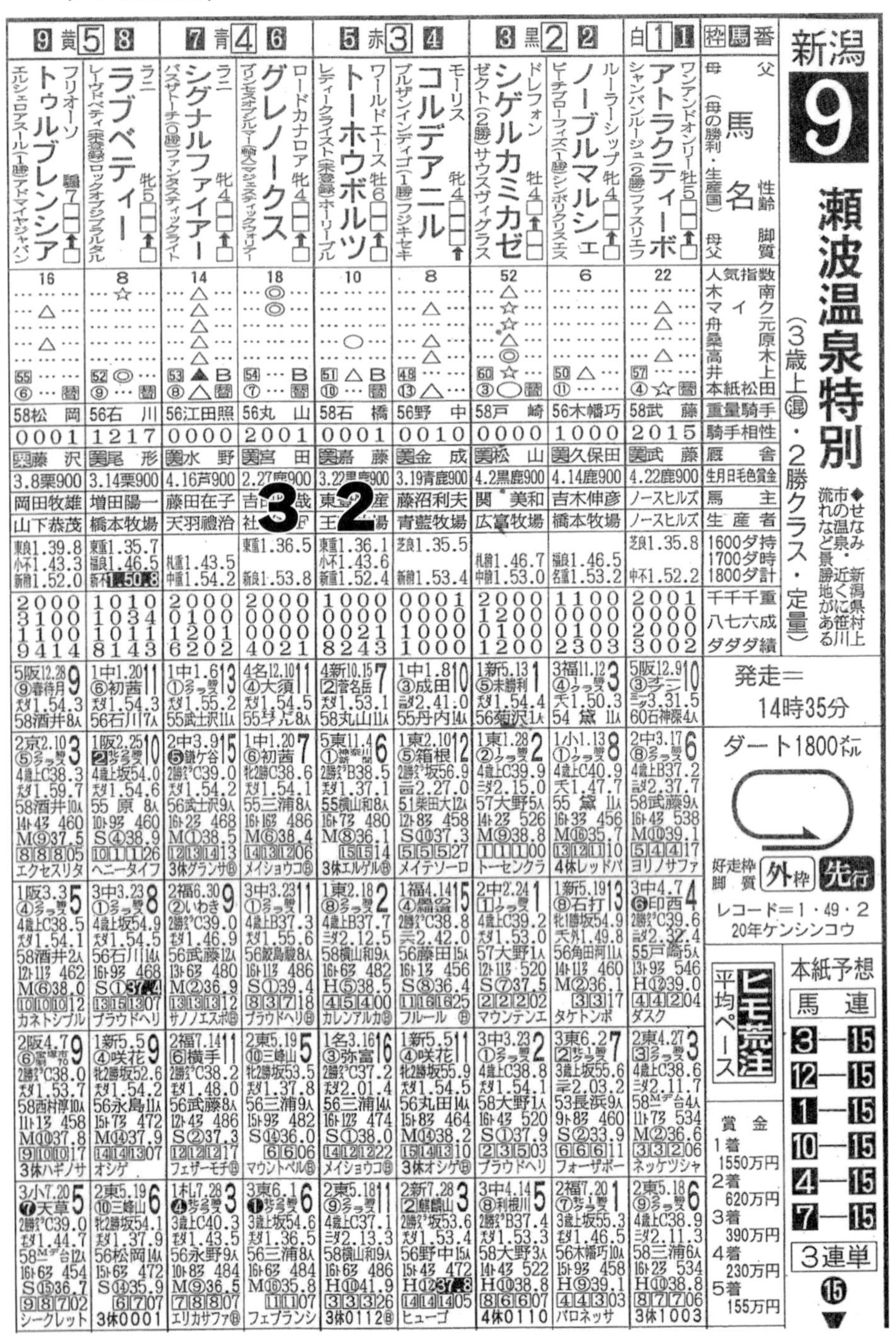

新潟 9 瀬波温泉特別

（3歳上(混)・2勝クラス・定量）

◆せなみ 新潟県村上市の温泉・近くに笹川流れなど景勝地がある

枠馬番	白 1 1	黒 2 2	黒 2 3	赤 3 4	赤 3 5	青 4 6	青 4 7	黄 5 8	黄 5 9
父	ワンアンドオンリー	ルーラーシップ	ドレフォン	モーリス	ワールドエース	ロードカナロア	ラニ	ラニ	フリオーソ
馬名 性齢	アトラクティーボ 牝5	ノーブルマルシェ 牝4	シゲルカミカゼ 牡4	コルデアニル 牝4	トーホウボルツ 牡6	グレノークス 牝4	シグナルファイアー 牝4	ラブベティー 牝5	トゥルブレンシア 騸7
母（母の勝利・生産国） 母父	シャンパンルージュ(2勝) ファスリエフ	ビーチブローフィズ(1勝) シンボリクリスエス	ゼクト(2勝) サウスヴィグラス	ブルザンインディゴ(1勝) フジキセキ	レディークライスト(未登録) ホーリーブル	プリンセスオブアルマー(輸入) マジェスティックウォリアー	パスザトーチ(0勝) ファンタスティックライト	レーヴドベティ(未登録) ロックオブジブラルタル	エルシェロアスール(1勝) アドマイヤジャパン
人気指数	22	6	52	8	10	18	14	8	16
木南	…	…	△	…	…	◎	△	☆	…
マイク	△	…	☆	△	…	◎	△	…	△
舟元	△	…	☆	…	…	…	△	…	…
桑原	…	…	△	△	◯	…	△	…	△
高木	△	…	◎	△	…	…	△	…	…
井上	57 …	50 △	60 ☆	48 …	51 △ B	54 … B	53 ▲ B	52 ◎	55 …
本紙松田	④ ☆ 替	⑪ …	③ ◯ 替	⑬ △	⑩ … 替	⑦ … 替	⑧ △ 替	⑨ … 替	⑥ … 替
重量騎手	58武藤	56木幡巧	58戸崎	56野中	58石橋	56丸山	56江田照	56石川	58松岡
騎手相性	2015	1000	0000	0010	0001	2001	0000	1217	0001
厩舎	美武藤	美久保田	美松山	美金成	美嘉藤	美宮田	美水野	美尾形	美藤沢
生月日毛色賞金	4.22鹿900	4.14鹿900	4.2黒鹿900	3.19青鹿900	3.22黒鹿900	2.27鹿900	4.16芦900	3.14栗900	3.8栗900
馬主	ノースヒルズ	吉木伸彦	関 美和	藤沼利夫	東[illegible]産	吉[illegible]哉	藤田在子	増田陽一	岡田牧雄
生産者	ノースヒルズ	橋本牧場	広富牧場	青藍牧場	王[illegible]場	社[illegible]F	天羽禮治	橋本牧場	山下恭茂
1600ダ持	芝良1.35.8			芝良1.35.5	東重1.36.1	東重1.36.5		東重1.35.7	東良1.39.8
1700ダ時		福良1.46.5	札稍1.46.7		小不1.43.6		札重1.43.5	福良1.46.5	小不1.43.3
1800ダ計	中不1.52.2	名重1.53.2	中稍1.53.0	新稍1.53.4	新重1.52.4	新良1.53.8	中重1.54.2	新不1.50.8	新稍1.52.0
千八成	2001	1100	2000	0001	1000	2000	2000	1010	2000
千七成	0000	0000	1200	0000	0000	0000	0100	1034	3100
千六成	2000	0100	0100	1000	0021	0000	1201	1011	1100
ダダダ績	3002	2303	1200	1000	8243	4021	6202	8143	9414
前5走	5阪12.9 ③オープン 10 ミダ3.31.5 60石神深4人	3福11.12 ④1クラス 3 天1.50.3 54黛11人	1新5.13 ⑤未勝利 1 ダ1.54.4 56菊沢1人	1中1.8 ③成田 10 ミダ2.41.0 55丹内14人	4新10.15 ②菅名岳 7 ダ1.53.1 58丸山11人	4名12.10 ④大須 11 ダ1.54.5 55浮[illegible]8人	1中1.6 ①2クラス 13 ダ1.55.2 55武士沢11人	1中1.20 ⑥初茜 11 ダ1.54.3 56石川17人	5阪12.28 ⑨春待月 9 ダ1.54.3 58酒井8人
前4走	2中3.17 ⑧2クラス 6 4歳上B37.2 ミダ2.37.7 58武藤9人 16ト4ゴ 538 M⑩39.1 5 4 4 17 ヨリノサファ	1小1.13 ①1クラス 8 4歳上C40.9 天1.47.7 55黛11人 16ト3ゴ 456 M⑯35.7 13 12 11 10 4休レッドバ	1東1.28 ②2クラス 2 4歳上C39.9 ミダ2.15.0 57大野5人 14ト2ゴ 526 M⑨38.8 11 11 10 00 トーセンクラ	1東2.10 ⑤箱根 12 2勝B坂56.9 三2.27.0 51柴田大12人 12ト8ゴ 458 S⑩37.3 5 5 5 27 メイテソーロ	5東11.4 ①神奈川県 6 B38.5 ダ1.37.1 55横山和8人 16ト7ゴ 480 M⑧36.1 15 15 14 3休エルゲル	1中1.20 ⑥初茜 7 牝2勝C38.6 ダ1.54.1 55三浦8人 16ト16ゴ 486 M⑥38.4 14 13 12 06 メイショウコ	2中3.9 ❺鎌ケ谷 15 2勝C39.0 ダ1.54.2 56武士沢9人 16ト2ゴ 468 M①38.5 12 13 14 13 3休グランサ	1阪2.25 ❷牝2勝 10 4歳上坂54.0 ダ1.54.6 55原8人 10ト9ゴ 460 S④38.9 10 11 11 26 ヘニータイフ	2京2.10 ⑤2クラス 3 4歳上C38.3 ダ1.59.7 58酒井10人 14ト4ゴ 460 M⑨37.5 8 8 8 05 エクセスリタ
前3走	3中4.7 ⑥印西 4 2勝C39.6 ミダ2.32.4 55戸崎5人 13ト9ゴ 546 H⑫39.0 4 4 2 04 ダスク	1新5.19 ⑧石打 13 牝1勝坂54.9 天外1.49.8 56角田河11人 14ト11ゴ 460 M②36.1 3 3 17 タケトンボ	2中2.24 ⑪1クラス 1 4歳上C39.2 ダ1.53.0 57大野1人 12ト11ゴ 520 S⑦37.5 2 2 2 02 マウンテンエ	1福4.14 ④鳥奥 15 2勝C38.8 三2.42.0 56藤田15人 16ト1ゴ 456 S⑧36.4 11 16 16 25 フルール	1東2.18 ⑧2クラス 2 4歳上B37.7 ミダ2.12.5 58横山和9人 16ト6ゴ 482 H⑤38.5 4 5 4 00 カレンアルカ	3中3.23 ①2クラス 11 4歳上B37.3 ダ1.55.6 56鮫島駿8人 16ト11ゴ 486 S①39.4 8 3 7 18 プラウドヘリ	2福6.30 ②いわき 9 2勝C39.0 ダ1.46.9 56武藤12人 13ト6ゴ 480 M②36.9 13 13 13 12 サノノエスポ	3中3.23 ①2クラス 8 4歳上坂54.9 ダ1.54.5 56石川14人 16ト9ゴ 468 S①37.4 13 15 13 07 プラウドヘリ	1阪3.3 ④2クラス 5 4歳上C38.5 ダ1.54.1 58酒井2人 12ト11ゴ 462 M⑥38.0 10 10 10 12 カネトシブル
前2走	2東4.27 ③2クラス 3 4歳上C38.6 ミダ2.11.7 58Mデ台4人 11ト7ゴ 534 M②36.6 3 3 2 06 ネッケツシャ	3東6.2 ②牝1勝 7 3歳上坂55.6 ミ2.03.2 53長浜9人 9ト8ゴ 460 S②33.9 6 6 6 11 フォーザボー	3中3.23 ①2クラス 2 4歳上C38.8 ダ1.54.1 58大野1人 16ト4ゴ 520 S①37.9 2 3 5 03 プラウドヘリ	1新5.5 ④咲花 11 牝2勝坂55.9 ダ1.54.5 56丸田14人 15ト8ゴ 464 M⑭38.2 15 14 13 10 3休オシゲ	1名3.16 ③弥富 16 2勝C37.2 ダ2.01.4 56三浦14人 16ト1ゴ 474 S⑪38.0 14 12 12 22 メイショウコ	2東5.19 ⑩三峰山 5 牝2勝坂53.5 ダ1.37.8 55三浦9人 15ト9ゴ 482 S⑭36.0 6 6 06 マウントベル	2福7.14 ⑥横手 11 2勝C38.2 ダ1.48.0 56武藤8人 13ト4ゴ 486 S②37.3 12 12 12 17 フェザーモチ	1新5.5 ④咲花 9 牝2勝坂52.6 ダ1.54.2 56永島11人 15ト7ゴ 472 M⑭37.9 14 14 13 07 オシゲ	2阪4.7 ⑥高瀬川 9 2勝C38.0 ダ1.53.7 58西村淳10人 11ト1ゴ 458 M⑩37.8 9 10 10 17 3休ハギノサ
前走	2東5.18 ⑨2クラス 6 4歳上C38.9 ミダ2.11.3 58三浦6人 10ト2ゴ 534 H⑩38.8 8 7 7 06 3休1003	2福7.20 ⑦牝1勝 1 3歳上坂55.3 ダ1.46.5 56木幡巧10人 15ト8ゴ 458 H⑨39.1 4 4 3 03 パロネッサ	3中4.14 ⑧利根川 5 2勝B37.4 ダ1.53.3 58大野3人 14ト4ゴ 522 H⑩38.8 8 6 6 07 4休0110	2新7.28 ②鯖鶴山 3 2勝C坂53.6 ダ1.53.4 56野中15人 15ト4ゴ 472 H⑫37.8 14 14 14 05 ヒューゴ	2東5.18 ⑨2クラス 11 4歳上C37.1 ミダ2.13.3 58横山和9人 16ト6ゴ 486 H⑩41.9 3 3 3 26 3休0112	3東6.1 ❶牝2勝 6 3歳上坂54.6 ダ1.36.5 56三浦8人 16ト6ゴ 484 M⑯35.8 11 11 07 フェブランシ	1札7.28 ❹牝2勝 3 3歳上C40.3 ダ1.43.5 56永野9人 10ト8ゴ 484 M⑨36.5 7 8 8 07 エリカサファ	2東5.19 ⑩三峰山 6 牝2勝坂54.1 ダ1.37.9 56松岡14人 15ト6ゴ 472 S⑮35.9 6 7 07 3休0001	3小7.20 ❼天草 5 2勝C39.0 ダ1.44.7 58Mデ台12人 16ト6ゴ 454 S⑮36.7 9 8 7 02 シークレット

32

発走＝14時35分

ダート1800メートル

好走枠 外枠
脚質 先行

レコード＝1・49・2 20年ケンシンコウ

平均ペース ヒモ荒注

本紙予想

馬連
3—15
12—15
1—15
10—15
4—15
7—15

3連単
⑮▼

賞金
1着 1550万円
2着 620万円
3着 390万円
4着 230万円
5着 155万円

●2024年8月17日・新潟9R瀬波温泉特別（3歳上2勝クラス、

1着⑫ジャスパーロブスト
（1位・1番人気）
2着⑤トーホウボルツ＝EP馬
（10位・13番人気）
3着⑥グレノークス＝EP馬
（7位・5番人気）

単⑫ 180円
複⑫ 140円 ⑤ 1380円 ⑥ 390円
馬連⑤－⑫ 6380円
馬単⑫→⑤ 9060円
ワイド⑤－⑫ 2790円
⑥－⑫ 750円
⑤－⑥ 10970円
3連複⑤⑥⑫ 25810円
3連単⑫→⑤→⑥ 87800円

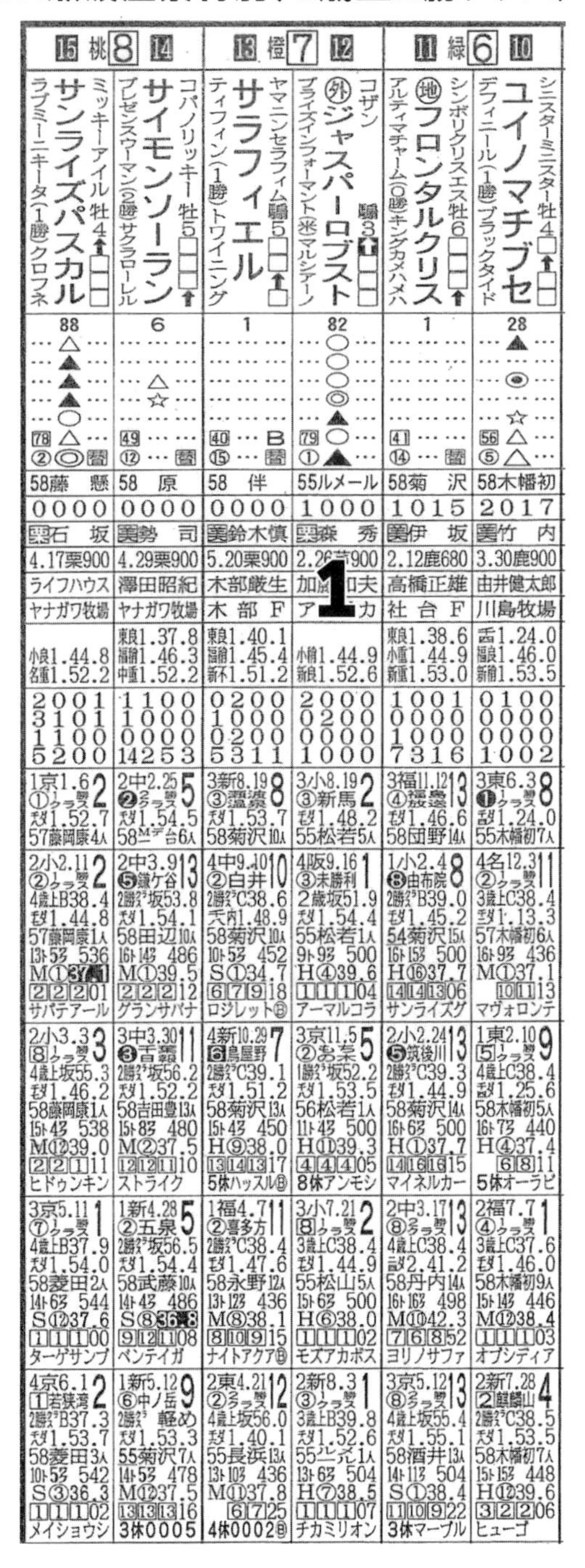

15 桃8	14	13 橙7	12	11 緑6	10
ミッキーアイル牡4	コパノリッキー牡5	ヤマニンセラフィム騸5	コザン 騸3	シンボリクリスエス牡6	シニスターミニスター牡4
サンライズパスカル	サイモンソーラン	サラフィエル	外ジャスパーロブスト	地フロンタルクリス	ユイノマチブセ
ラブミーニキータ(1勝)クロフネ	プレゼンスウーマン(2勝)サクラローレル	ティフィン(1勝)トワイニング	ブライズインフォーマント(米)マルシアーノ	アルティマチャーム(0勝)キングカメハメハ	デフィニール(1勝)ブラックタイド
88	6	1	82	1	28
△ ▲ ▲ ▲ ○ 78 △ ②◎ 響	… … △ ☆ … 49 … ⑫ … 響	… … … … … 40 … B ⑮ … 響	○ ○ ○ ◎ ▲ 79 ○ ① ▲	… … … … … 41 … ⑭ … 響	▲ … ◎ … ☆ 56 △ ⑤ △
58藤懸	58原	58伴	55ルメール	58菊沢	58木幡初
0000	0000	0000	1000	1015	2017
栗石坂	美勢司	美鈴木慎	栗森秀	美伊坂	美竹内
4.17栗900	4.29栗900	5.20栗900	2.26栗900	2.12鹿680	3.30鹿900
ライフハウス	澤田昭紀	木部厳生	加藤和夫	高橋正雄	由井健太郎
ヤナガワ牧場	ヤナガワ牧場	木部F	ア カ	社台F	川島牧場
小良1.44.8 名重1.52.2	東良1.37.8 福稍1.46.3 中重1.52.2	東良1.40.1 福稍1.45.4 新不1.51.2	小稍1.44.9 新良1.52.6	東良1.38.6 小重1.44.9 新重1.53.0	函1.24.0 福良1.46.0 新稍1.53.5
2001 3101 1100 5200	1100 1000 0000 14253	0200 1000 0200 5311	2000 0200 0000 1000	1001 0000 1000 7316	0100 0000 0000 1002
1京1.6 2 ①1勝クラス ダ1.52.7 57藤岡康4人	2中2.25 5 ❷2勝クラス ダ1.54.5 58Mデムーロ6人	3新8.19 8 ③瀬波 ダ1.53.7 58菊沢10人	3小8.19 2 ③新馬 ダ1.48.2 55松若5人	3福11.12 13 ④福島放送 ダ1.46.6 58団野14人	3東6.3 8 ❶1勝クラス ダ1.24.0 55木幡初7人
2小2.11 2 ②1勝クラス 4歳上B38.4 ダ1.44.8 57藤岡康1人 13ト5ゲ 536 M①37.4 2 2 2 01 サパテアール	2中3.9 13 ⑤鎌ケ谷 2勝ク坂53.8 ダ1.54.1 58田辺10人 16ト14ゲ 486 M①39.5 2 2 2 12 グランサバナ	4中9.10 10 ②白井 2勝クC38.6 芝内1.48.9 58菊沢10人 10ト5ゲ 452 S①34.7 6 7 9 18 ロジレットB	4阪9.16 1 ③未勝利 2歳坂51.9 ダ1.54.4 55松若1人 9ト9ゲ 500 H④39.6 1 1 1 04 アーマルコラ	1小2.4 8 ⑧由布院 2勝クB39.0 ダ1.45.2 54菊沢15人 16ト15ゲ 500 H⑯37.7 14 14 13 06 サンライズグ	4名12.3 11 ②1勝クラス 3歳上C38.4 ダ1.13.3 57木幡初6人 16ト9ゲ 436 M①37.1 10 11 13 マヴォロンテ
2小3.3 3 8 1勝クラス 4歳上坂55.3 ダ1.46.2 58藤岡康1人 15ト4ゲ 538 M⑫39.0 2 2 1 11 ヒドゥンキン	3中3.30 11 ❸[illegible] 2勝ク坂56.2 ダ1.52.2 58吉田豊13人 15ト8ゲ 480 M②37.5 12 12 11 10 ストライク	4新10.29 7 6鳥屋野 2勝クC39.1 ダ1.51.2 58菊沢13人 15ト4ゲ 450 H⑨38.0 13 14 13 17 5休ハッスルB	3京11.5 5 ②[illegible] 1勝ク坂52.2 ダ1.53.5 56松若1人 11ト4ゲ 500 H①39.3 4 4 4 05 8休アンモシ	2小2.24 13 ❺筑後川 2勝クC39.3 ダ1.44.9 58菊沢14人 16ト6ゲ 500 H①37.7 14 16 16 15 マイネルカー	1東2.10 9 5 1勝クラス 4歳上C38.4 ダ1.25.6 58木幡初5人 16ト7ゲ 440 H④37.4 6 8 11 5休オーラピ
3京5.11 1 ⑦1勝クラス 4歳上B37.9 ダ1.54.0 58菱田2人 14ト6ゲ 544 S⑫37.6 1 1 1 00 ターゲサンプ	1新4.28 5 ②五泉 2勝ク坂56.5 ダ1.54.4 58武藤10人 14ト4ゲ 486 S⑧36.8 9 12 11 08 ペンテイガ	1福4.7 11 ②喜多方 2勝クC38.4 ダ1.47.6 58永野12人 13ト12ゲ 436 M⑧38.1 8 10 9 15 ナイトアクアB	3小7.21 2 8 1勝クラス 3歳上C38.4 ダ1.44.9 55松山5人 15ト6ゲ 500 H⑥38.0 1 1 1 02 モズアカボス	2中3.17 13 ⑧2勝クラス 4歳上C38.4 ミダ2.41.2 58丹内14人 16ト16ゲ 498 M⑩42.3 7 6 8 52 ヨリノサファ	2福7.7 1 ④1勝クラス 3歳上C37.6 ダ1.46.0 58木幡初9人 15ト14ゲ 446 M⑫38.4 1 1 1 03 オプシディア
4京6.1 2 1若狭湾 2勝クB37.3 ダ1.53.7 58菱田3人 10ト5ゲ 542 S③36.3 1 1 1 02 メイショウシ	1新5.12 9 ⑥中ノ岳 2勝ク 軽め ダ1.53.3 55菊沢7人 14ト5ゲ 478 M⑫37.5 13 13 13 16 3休0005	2東4.21 12 ②2勝クラス 4歳上坂56.0 ダ1.40.1 55長浜13人 13ト10ゲ 436 M①37.8 6 7 25 4休0002B	2新8.3 1 ③1勝クラス 3歳上B39.8 ダ1.52.6 55ルメール1人 13ト6ゲ 504 H⑦38.5 1 1 1 07 チカミリオン	3京5.12 13 ⑧2勝クラス 4歳上坂55.4 ダ1.55.1 58酒井13人 14ト11ゲ 504 S①38.4 1 10 9 22 3休マーブル	2新7.28 4 2麒麟山 2勝クC38.5 ダ1.53.5 58木幡初7人 15ト15ゲ 448 H⑫39.6 3 2 2 06 ヒューゴ

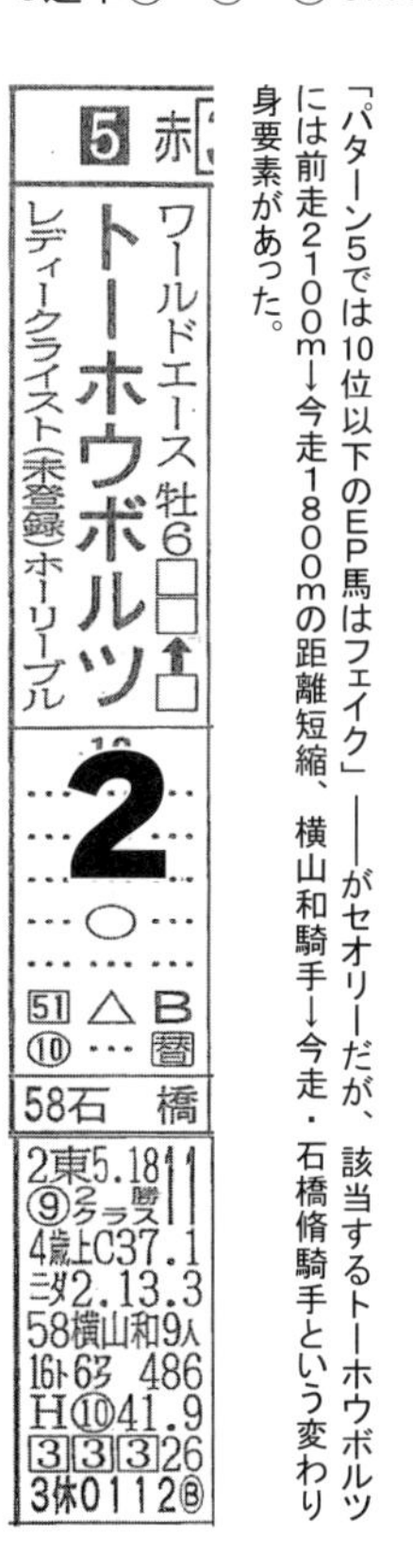

5 赤
ワールドエース牡6
トーホウボルツ
レディークライスト(未登録)ホーリーブル
13
… … … … ○ … 51 △ B ⑩ … 響
58石橋
2東5.18 11 ⑨2勝クラス 4歳上C37.1 ミダ2.13.3 58横山和9人 16ト6ゲ 486 H⑩41.9 3 3 3 26 3休0112B

「パターン5では10位以下のEP馬はフェイク」――がセオリーだが、該当するトーホウボルツには前走2100m→今走1800mの距離短縮、横山和騎手→今走・石橋脩騎手という変わり身要素があった。

勝利したのは、コンピ1位で単勝1・8倍の断然人気に支持されていた相手馬の⑫ジャスパーロブスト。パターン5のレースなので、これは致し方ないといったところでしょう。

しかし、追加で軸馬に昇格させた「乗り替わり×距離変更」のエリート馬⑤トーホウボルツが2着に、軸馬の⑥グレノークスが3着にそれぞれ好走し、馬連とワイド3通りがすべて的中する結果になりました。

これぞ、応用テクニックがなせる業なのです。

ケース③EP馬2頭のうち、変更の多いコンピ11位馬が1着！

〈乗り替わり×馬場変更×距離変更〉

●24年7月7日・函館2R（3歳未勝利、ダ1700m）

［出走頭数］

12頭（P106〜107に馬柱）

［コンピ1位影響順位］

8位

［テクニカル6レース判定］

1位81＋2位66＋3位64＝211

↓パターン3

12頭立ての一戦なので、コンピ1位の影響を受けるのは8位まで。9位以下は出走頭数の影響を受けます。コンピ1が81のときの2~8位の平均値はP30掲載の一覧表にある通り、出走頭数が12頭立てのときの9位以下の平均値はP39掲載の一覧表にある通りです。

各順位の平均値とコンピの指数値の差を求め、エリートポイントを算出します。その結果を下の表にまとめたのでご確認ください。

テクニカル6のレース判定はパターン3。よって、コンピ5~12位で+3以上のエリートポイントが付いている11位⑤ピクラリーダ、12位③メイショウヤスマサの2頭が軸馬、コンピ1~5位の5頭が相手馬となります。

［軸馬］
11位⑤ピクラリーダ
12位③メイショウヤスマサ

［相手馬］
1位⑦ダイクロアイト
2位⑧レガッタ

●2024年7月7日・函館2R（3歳未勝利、ダ1700m）

順位	1	2	3	4	5	6	7	8	9	10	11	12
馬番	⑦	⑧	④	⑨	②	⑫	⑩	①	⑪	⑥	⑤	③
平均値	81	66	64	62	55	54	51	50	49	48	47	46
指数値		70	63	59	56	54	52	51	48	46	43	41
EP		−4	1	3	−1	0	−1	−1	1	2	4	5

函館 2 3歳未勝利

発走＝10時25分

ダート1700メートル

好走枠 中枠　脚質 先行

レコード＝1・41・7　16年モンドクラッセ

平均ペース　順当

枠馬番	白1 1	黒2 2	赤3 3	青4 4	黄5 5	6	6 7
父	アンクルモー	バゴ	マインドユアビスケッツ	マインドユアビスケッツ	ブラックタイド	ヘンリーバローズ	ルーラーシップ
馬名	モッドフレイム	クラウンクーロン	メイショウヤスマサ	フォルティシーム	ピクラリーダ	エクレシア	ダイクロアイト
性齢	牡3	牡3	牡3	騸3	牝3	牝3	牡3
母（母の勝利・生産国）	インフレイムド(輸入)	マリノサクセス(0勝)	ファーゴ(3勝)	デビュタント(1勝)	ハイフリート(0勝)	ブルーロゼット(未登録)	コーディエライト(1勝)
母父	アンユージュアルヒート	ヴィクトワールピサ	ハーツクライ	ディープインパクト	アフリート	キングズベスト	ダイワメジャー
人気指数	14	28	2	52	6	4	89
木南・マイク・本紙・岡山	… ◎ … 50 ◎ … ⑧ … 曆	… △ … 55 … … ⑤ △ 曆	… ☆ … 46 … … ⑫ … 曆	… ○ … 64 △ … ③ ☆ …	… … … 47 … B ⑪ … 曆	… … … 48 △ … ⑩ … 曆	… ▲ 初 81 ○ B ① ◎ 曆
重量騎手	57佐々木	57丹内	57富田	57鮫島駿	52▲川端	52▲高杉	57横山武
厩舎	栗矢作	美牧	栗本田	栗佐々木	美森一	栗西園翔	美萩原
生月日毛色賞金	4.28鹿 0	3.16黒鹿0	5.23栗 0	5.9 栗 0	4.30黒鹿0	4.22鹿 0	1.24鹿 0
馬主	社台[illegible]H	矢野[illegible]三	松[illegible]雄	ノースヒルズ	ディア[illegible]トC	OUMA	G1R
生産者	社台[illegible]F	クラ[illegible]牧場	岡田S	ノースヒルズ	武田[illegible]場	安達牧場	ノーザンF
1700ダ持	天1.56.0	天1.55.7	函良1.48.4	天芝1.49.7	壬1.14.8	天芝1.35.0	天1.40.5
千七ダ	0000	0000	0002	0000	0000	0000	0000
前々走		1新4.28 5 ②未勝利 天ダ1.55.7 57石橋7人	1函6.9 10 ②未勝利 天ダ1.48.4 56角田河9人	5阪12.23 9 ⑦新馬 西内1.22.5 56ムルザ11人	1福4.21 11 ⑥未勝利 壬1.10.6 54佐々木9人	2阪3.24 8 2牝未勝 天ダ1.56.1 55国分恭15人	1新4.28 2 ②未勝利 天ダ1.55.0 57丹内1人
前走	4京6.8 9 ③未勝利 3歳坂53.8 天ダ1.56.0 57国分優11人 16ト13ヲ 512 M②39.6 15 10 9 34 メイショウマ	1新5.11 9 ⑤未勝利 3歳坂54.8 天ダ1.56.3 57石橋7人 15ト4ヲ 450 M④40.5 5 4 4 18 ホレーショ	1函6.23 6 ⑥未勝利 3歳C41.3 天ダ1.48.5 56角田河4人 11ト9ヲ 474 M②39.7 5 3 4 30 リネアグロー	1函6.16 5 ④未勝利 3歳C39.8 天1.49.7 57鮫島駿9人 16ト7ヲ 450 M⑯36.3 8 7 6 06 オトコギアン	1函6.23 11 ⑥牝未勝 3歳C39.9 壬1.10.4 51小林美11人 16ト8ヲ 452 H①36.3 3 3 15 ブレアデスグ(B)	4京6.15 7 ⑤牝未勝 3歳C38.3 天ダ1.57.2 55国分恭14人 16ト10ヲ 480 M②40.2 11 10 10 24 ウィンターガ	1新5.12 3 ⑥未勝利 3歳B38.0 天ダ1.55.7 57丹内2人 15ト2ヲ 460 S①38.1 3 3 3 11 ジェンマ
ダ左右函全 重回回館成 成りり 績ダダダ績	00000 00000 00000 00101	00000 00000 00000 02007	00000 00000 00000 00425	00000 00000 00000 00002	00000 00000 00001 00205	00000 00000 00000 10306	00000 11203 01102 02004
単予想オッズ	24.3	14.1	60.2	5.2	37.1	46.6	2.2
今回調教 6F 5F 3F 1F	一 馬 函W 一 な 42.3り 13.2C	一 馬 函W68.5な 40.0り 13.2B	一 強 函W 一 41.0め 12.4C	一 馬 函W70.9な 41.1り 13.0B	一 馬 函W71.3な 40.7り 13.0C	一 馬 函W73.5な 41.8り 13.0B	一 馬 函W68.4な 39.6り 12.9B
短評	見送りか	押さえに	上位疑問	砂で変身	成績不振	目立たず	初B勝負

●2024年7月7日・函館2R（3歳未勝利、ダ1700m）

1着⑤ピクラリーダ＝EP馬
（11位・10番人気）
2着②クラウンクーロン
（5位・7番人気）
3着①モッドフレイム
（8位・4番人気）

単⑤ 8800円
複⑤ 3280円　② 930円　① 720円
馬連②－⑤ 49510円
馬単⑤→② 149950円
ワイド②－⑤ 14120円
①－⑤ 18090円
①－② 2360円
3連複①②⑤ 266810円
3連単⑤→②→① 2295320円

12 桃8 11		10 橙7 9		8 緑
ワカメチャン	ポッドロイ	サンティーラ	ココボロ	レガッタ
ヴィクトワールピサ 牝3	ブリックスアンドモルタル 牡3	ワールドエース 牡3	ビッグアーサー 牝3	デクラレーションオブウォー 牡3
アルマニンファ(0勝) スペシャルウィーク	グリエルマ(1勝) ロードカナロア	チャームエンジェル(未出走) シアトリカル	シルクヴァルキリー(2勝) マーベラスサンデー	スリーベラミ(0勝) ディープインパクト
28	8	12	38	66
…△…	………	………	………	…△…
54 △…	49 ▲…	51 ……	62 △…	66 ☆…
⑥ ▲ 晉	⑨ △…	⑦ ……	④ △ 晉	② ◯…
55永野	56☆角田河	54▲小林勝	55大野	57横山和
美鈴木慎	栗小林	美竹内	美松山	栗昆
4.19鹿 0	5.12鹿 0	4.5 鹿 0	3.24栗 0	4.3 栗 0
内田玄祥	小川真査雄	加藤S	阿部善武	寺田寿男
日高大洋牧場	下屋敷牧場	ケイズ	対馬正	辻牧場
函良1.47.8	京芝1.35.6	函良1.48.2	函良1.48.4	函良1.46.8
0001	0000	0001	0001	0011
3東6.9 ④牝未勝 7 ダ1.39.1 55野中4人	2阪4.13 ⑦未勝利 11 兵外1.35.6 57菱田13人	2中3.10 ⑥未勝利 16 ダ2.00.4 57松岡2人	3東6.9 ④牝未勝 8 ダ1.39.2 52土田13人	1函6.9 ②未勝利 3 ダ1.46.8 57横山和6人
1函6.23 ⑥未勝利 5 3歳B39.1 ダ1.47.8 52小林勝3人 11ト3ゞ 474 M②38.7 5 5 4 23 リネアグロー	1函6.16 ④未勝利 10 3歳C40.4 天1.50.4 56角田河11人 16ト8ゞ 464 M⑯37.2 5 4 2 13 オトコギアン	1函6.16 ④未勝利 6 3歳C40.9 ダ1.48.2 54小林勝9人 13ト1ゞ 446 M①38.5 11 10 9 16 コパノエピー	1函6.30 ⑧牝未勝 9 3歳 軽め ダ1.48.4 52土田6人 14ト1ゞ 508 H⑬39.7 8 10 9 12 プルーヴンウ	1函6.15 ③未勝利 5 3歳 連闘 ダ1.47.4 57横山和3人 14ト7ゞ 474 H③39.1 11 6 4 10 ヨリナエスポ
00000 00000 00000 11213	00000 00000 00001 002011	00000 00000 00000 00313	00000 00000 00000 01112	00000 00000 00414 12316
13.1	31.4	26.3	8.7	4.1
函W ― ― 42.0 13.9C 馬なり	函W ― ― 42.0 14.4C 馬なり	函W70.7 39.6 12.7C 馬なり	連闘軽め	函W69.6 39.6 12.4B 馬なり
争覇圏内	一発注意	はまれば	差し注意	逆転候補

5 5	赤3 3
ピクラリーダ	メイショウヤスマサ
ブラックタイド 牝3	マインドユアビスケッツ 牡3
ハイフリート(0勝) アフリート	ファーゴ(3勝) ハーツクライ
6	2
………	…☆…
47 … B	46 ……
⑪ … 晉	⑫ … 晉
52▲川端	57富田
美森一	栗本田
4.30[illegible]鹿0	5.2[illegible] 0
ディ[illegible]トC	松[illegible]雄
武[illegible]場	岡[illegible]S
三1.14.8	函良1.48.4
0000	0002
1福4.21 ⑥未勝利 11 三1.10.6 54佐々木9人	1函6.9 ②未勝利 10 ダ1.48.4 56角田河9人
1函6.23 ⑥牝未勝 11 3歳C39.9 三1.10.4 51小林美11人 16ト8ゞ 452 H①36.3 3 3 15 プレアデスグ(B)	1函6.23 ⑥未勝利 6 3歳C41.3 ダ1.48.5 56角田河4人 11ト9ゞ 474 M②39.7 5 3 4 30 リネアグロー

2頭のEP馬だが、乗り替わりのみの③メイショウヤスマサより、乗り替わり×馬場変更×距離変更の⑤ピクラリーダに軍配が上がった。ちなみにメイショウが3着だと、③－⑤軸一軸のワイドは4万超馬券だった。

3位④フォルティシーム
4位⑨ココボロ
5位②クラウンクーロン

［買い目］
馬連・ワイドフォーメーション
③⑤→②③④⑤⑦⑧⑨（各11点）

通常の軸馬2頭のレースであれば、均等買いで勝負するのがセオリーです。

しかしこのレースは、⑤ピクラリーダのほうにいくつも強調材料がありました。前走で騎乗していたのが小林美駒騎手で、今回は川端海翼騎手（乗り替わり）。前走が芝1200mで、今回はダ1700m（馬場変更・距離変更）。

そうなのです。「乗り替わり×馬場変更×距離変更」という環境変化の条件を完璧に満たしていたのです。

もう一方の③メイショウヤスマサも前走が角田大河騎手、今回は富田暁騎手と乗り替わりがあり、決して悪くはないのですが、ダ1700mの連戦で馬場・距離は変更なしでした。

そうなると、⑤ピクラリーダよりも評価を下げざるを得ません。馬券の購入額に強弱をつけるのならば、⑤絡みの買い目に厚めに張るべきでしょう。

結果は、「乗り替わり×馬場変更×距離変更」の条件に合致していた軸馬の⑤ピクラリーダが1着、相手馬の②クラウンクーロンが2着でした。

　もう1頭の軸馬③メイショウヤスマサが惜しくも4着で、3着はヌケてしまいましたが、それでも馬連4万馬券とワイド万馬券が的中。期待値マックスのエリート馬の圧倒的なパワーを、まざまざと見せつけてくれた一戦でした。

ケース④これは勝負！コンピ13位のEP馬に変わり身要素が満載だった

〈乗り替わり×馬場変更×距離変更〉

●24年6月30日・函館3R（3歳未勝利、芝1200m）

［出走頭数］
16頭（P112～113に馬柱）

［コンピ1位影響順位］
9位

［テクニカル6レース判定］
1位70＋2位67＋3位64＝201
↓パターン1

16頭立ての一戦なので、コンピ1位の影響を受けるのは9位まで。10位以下は出走頭数の影響を受けます。コンピ1が70のときの2～9位の平均値はP30掲載の一覧表にある通り、出走頭数が16頭立てのときの10位以下の平均値はP39掲載の一覧表にある通りです。

各順位の平均値とコンピの指数値の差を求め、エリートポイントを算出します。その結果を下の表にまとめたのでご確認ください。

テクニカル6のレース判定はパターン1。よって、コンピ5～15位で＋3以上のエリートポイントが付いている13位⑭フェアアイルが軸馬、コンピ1～6位の6頭が相手馬となります。

［軸馬］
13位⑭フェアアイルが軸馬

［相手馬］
1位④リーサムギニー
2位②ルクスアドラー
3位⑦ロジカルワーズ
4位③サニイアール
5位⑨キアロヴェローチェ

●2024年6月30日・函館3R（3歳未勝利、芝1200m）

順位	1	2	3	4	5	6	7	8	9	10	11	12	13	14	15	16
馬番	④	②	⑦	③	⑨	⑥	⑬	⑯	⑧	⑮	⑩	⑫	⑭	⑪	⑤	①
指数値	70	67	64	62	60	55	53	52	51	50	48	47	46	42	41	40
平均値	＼	68	65	62	59	56	53	52	50	48	47	46	43	42	41	40
EP	＼	−1	−1	−0	1	−1	−0	0	1	2	1	1	3	0	0	0

6位⑥コスモバシレウス

[買い目]
馬連・ワイドフォーメーション（軸馬が1頭なので実質的には流し）
⑭→②③④⑥⑦⑨（各6点）

大荒れ必至のパターン1で、しかも軸馬は1頭のみ。大勝負をかけやすいシチュエーションです。

そして⑭フェアアイルの環境変化が、それに輪をかけて期待感を上げてくれます。前走で騎乗していたのが河原田菜々騎手で、今回は長浜鴻緒騎手（乗り替わり）。前走がダ1000mで、今回は芝1200m（馬場変更・距離変更）。なんとなんと、この馬は「乗り替わり×馬場変更×距離変更」の激アツパターンに該当していたのです。

答えはもちろん、通常よりも勝負度合い（購入金額）を上げる――この一択になります。

軸馬の⑭フェアアイルは逃げて見せ場たっぷりの展開に持ち込みました。最終的に、相手馬の②ルクスアドラーに差されましたが、2着を確保。3着に相手馬の③サニイアールが入り、馬連万馬券&ワイドW的中を演出してくれたのです。

パターン1、軸馬1頭、「乗り替わり×馬場変更×距離変更」というのが、応用テクニックにおける最高形。この条件をすべて満たすレースが出現することに期待し、実際に目の前に現れたら、大勝負を敢行したいところです。

函館 3 3歳未勝利（混合）

発走＝10時55分

芝1200メートル

好走枠 外枠　脚質 逃げ

レコード＝1・06・8 17年ジューヌエコール

混戦 ハイペース

枠馬番	1白1	2白2	2黒3	4黒4	3赤5	6赤6	4青7	8青8	5 9
父	ドゥラメンテ	オルフェーヴル	イスラボニータ	ズースター	グレーターロンドン	ブリックスアンドモルタル	ニューアプローチ	カルストンライトオ	モーリス
馬名	セントオブシン	ルクスアドラー	サニイアール	㊕リーサムギニー	ライズタイガ	コスモバシレウス	㊕ロジカルワーズ	カチヌキマリコ	キアロヴェローチェ
性齢	牝3	牡3	牝3	牡3	牡3	牡3	牡3	牝3	騸3
母（母の勝利・生産国）母父	シンメイフジ(2勝) フジキセキ	スマートアストリア(0勝) ストラヴィンスキー	フィンランディア(輸入) シングスピール	チャーリーエム(英) ケレイフ	ノボミリオンヌ(1勝) ノボジャック	ベンテシレイア(2勝) ネオユニヴァース	ディスカーサス(英) ドバウィ	クラウンテイリス(4勝) ロドリゴデトリアーノ	ヒュクシス(1勝) シンボリクリスエス
人気指数	1	56	44	52	1	30	58	10	46
木南	…	◎	△	○	…	▲	☆	…	△
マイク	40 … B	67 …	62 ☆	70 △	41 …	55 ◎	64 ○	51 … 初	60 ▲
本紙岡山	⑯ … 圏	② ▲	④ ☆ 圏	① △ 圏	⑮ … 圏	⑥ △ 圏	③ ○ 圏	⑨ … B	⑤ △
重量騎手	55亀田	57佐々木	52▲小林勝	57藤岡佑	57古川吉	57丹内	57横山武	55大野	57浜中
厩舎	栗高野	栗須貝	美田村	栗矢作	美小野	美西園正	美大竹	美天間	栗武幸
生月日毛色賞金	2.13青鹿0	3.19栗0	3.17鹿0	4.21鹿0	2.21鹿0	5.7黒鹿0	4.28黒鹿0	4.7鹿0	2.21青0
馬主	中村祐子	ルクス	大塚亮一	平田修	矢野琢也	ビッグレッドF	ハムダン殿下	矢野まり子	大野照旺
生産者	ケイアイF	いと[illegible]牧場	ディ[illegible]C	イギリス	サンバマウンテンF	ビッグレッドF	アイルランド	クラウン日高牧場	ノーザンF
1200持	舌1.22.3	函良[illegible].1	小[illegible]0	京良1.09.0	福良1.10.0	舌1.22.0	舌1.22.6	函良1.09.2	函良1.09.2
千二芝	0000	0022	0032	0001	0001	0000	0000	0022	0100
前々走	1名3.17 ④牝未勝 10 ダ1.57.3 55鮫島駿4人	1函6.8 ①未勝利 3 壬1.09.1 57佐々木4人	3中4.6 5未勝利 8 ダ1.12.9 55勝浦4人	3京5.26 ⑫未勝利 12 兲内1.34.4 57三浦11人	1福4.6 ①未勝利 6 壬1.10.0 56小沢5人	3京11.12 ④未勝利 4 舌内1.22.6 56[illegible]6人	2東5.26 ⑫未勝利 2 兲1.34.0 57大野2人	1名3.16 ③未勝利 6 壬1.09.7 55横山武6人	2京10.9 ❸未勝利 6 舌内1.22.9 56浜中7人
前走	3京4.28 ④未勝利 14 3歳坂56.4 舌内1.22.3 55松若12人 18ト5ろ 428 M①35.2 10 9 07 ドゥーカスコ®	1函6.15 ③未勝利 4 3歳 連闘 壬1.09.5 57佐々木3人 16ト15ろ 460 H②35.0 11 10 02 ロードトレイ	1函6.15 ③未勝利 3 3歳B40.5 壬1.09.5 55丹内4人 16ト7ろ 450 H②35.4 5 5 02 ロードトレイ	4京6.8 ③未勝利 5 3歳坂56.8 壬内1.09.0 57松山7人 18ト7ろ 490 M④34.4 11 10 03 ドランクマン	3中4.13 ⑦未勝利 10 3歳 連闘 ダ1.13.7 57江田照5人 15ト6ろ 456 H③39.1 5 5 18 キングクレオ	5阪12.3 ②未勝利 4 2歳坂53.3 舌内1.22.0 56亀田6人 11ト5ろ 444 H①36.4 1 1 09 7休クランフ	3東6.15 ⑤未勝利 3 3歳C37.5 舌1.22.6 57ルメール1人 16ト16ろ 506 S②33.5 10 8 04 マーゴットメ	1函6.8 ①未勝利 4 3歳C46.0 壬1.09.2 55大野6人 16ト14ろ 406 M①34.7 8 7 13 ナムラローズ	1函6.22 ⑤未勝利 2 3歳B38.2 壬1.09.2 57浜中5人 16ト1ろ 466 H⑩35.4 1 1 01 ヴィヴァクラ
芝重成績 / 左回り / 右回り / 函館芝・全成績	00000 00000 00000 00304	00000 00000 01214 00213	00000 00000 01314 01204	00000 00000 00000 00202	00000 00000 00000 00103	00000 00000 00000 01203	00000 01001 01001 01001	00000 00000 00202 02114	00000 00111 00000 11203
単予想オッズ	75.5	4.7	6.6	5.0	73.7	11.4	4.6	26.6	6.1
今回調教 6F/5F/3F/1F	一 末 函W73.7強 42.1め 12.8C	一 末 函ダ69.5強 39.9め 12.4B	一 馬 函W68.6な 40.0り 12.2B	一 一 函W69.0杯 40.7追 13.0C	一 馬 函W69.6な 38.8り 12.9B	一 馬 函W67.3な 38.0り 12.4B	4F55.9馬 美坂40.7な 26.1り 12.3C	一 馬 函W72.7な 42.4り 13.8C	連闘軽め
短評	精彩欠く	単もある	3キロ減で	差し注意	どこまで	久々も注	1200克服	初B注意	連対圏内

●2024年6月30日・函館3R(3歳未勝利、芝1200m)

1着②ルクスアドラー
（2位・4番人気）
2着⑭フェアアイル＝EP馬
（13位・14番人気）
3着③サニイアール
（4位・7番人気）

単② 830円
複② 260円
⑭ 1100円
③ 420円
馬連②―⑭ 15720円
馬単②→⑭ 26000円
ワイド②―⑭ 4060円
②―③ 1080円
③―⑭ 5700円
3連複②③⑭ 40530円
3連単②→⑭→③ 249580円

16 桃8	15	14 橙7	13	12 緑6	11	10 黄
アジアエクスプレス 牝3 テキーラワルツ ジューンワルツ(0勝)ハービンジャー	ビッグアーサー 牝3 モリエヌス アルケミスト(2勝)ダイワメジャー	ミッキーアイル 牝3 フェアアイル ライジングクロス(輸入)ケープクロス	リオンディーズ 牝3 テリオスソラ クリムゾンブーケ(1勝)クロフネ	ロゴタイプ 牝3 ダイナミックス レイクキャリー(1勝)ダイワメジャー	シルバーステート 牡3 クーリッジテソーロ マイビアーヌ(0勝)シャマーダル	レイデオロ 牝3 ナリタマフディー オースミハルカ(6勝)フサイチコンコルド
14 … … … 52 △ … ⑧ … …	22 … △ … 50 … … ⑩ ◎ …	2 … … … 46 … … ⑬ … 筒	16 … … … 53 △ … ⑦ △ …	4 … … … 47 △ … ⑫ … 筒	1 … … … 42 … … ⑭ … 筒	6 … … … 48 … … ⑪ … 筒
52▲川端	52▲高杉	52▲長浜	55鮫島駿	55菱田	57武豊	55永野
栗東大根田	栗東荒川	栗東音無	栗東松下	美浦林	美浦栗田	栗東高橋亮
3.7 栗 0	4.6 栗 0	2.25鹿 0	3.10黒鹿0	3.11黒鹿0	3.16青鹿0	5.11栗 0
成田才仁	加藤徹	キャ[illegible]F	鈴木美江子	長沼秀明	了德寺健二HD	オースミ
高昭牧場	三嶋牧場	ノー[illegible]F	田中裕之	社台F	タバタF	鮫川啓一
京良1.09.0	函良1.09.6	小良[illegible]3	函良1.09.5	中ダ1.15.5	東ダ1.19.2	函良1.09.5
0103	0004	0100	0010	0000	0000	0002
3京5.12 10 ⑧未勝利 壬内1.09.0 54小沢13人	3京5.19 12 ⑩未勝利 兵内1.35.0 52高杉10人	2小2.17 2 ③未勝利 壬1.09.3 55斎藤11人	2小2.10 9 1牝未勝 乇ダ1.49.2 55鮫島駿7人		3東6.1 6 ❶未勝利 壬ダ1.19.2 57戸崎5人	1福4.21 6 ⑥未勝利 壬1.10.0 54小沢11人
1函6.15 2 ③未勝利 3歳C43.1 壬1.09.4 52川端15人 16ト14ヲ 428 H⑭35.9 1 1 01 ロードトレイ	1函6.16 4 ④未勝利 3歳B40.1 壬1.09.6 52高杉9人 16ト2ヲ 392 H①34.6 12 12 02 ヘキルリ	2小2.24 9 ❺牝未勝 3歳 連闘 千ダ 59.7 51河原田2人 14ト6ヲ 398 H③36.8 5 6 12 4休インファ	1函6.16 3 ④未勝利 3歳B37.5 壬1.09.5 55鮫島駿6人 16ト4ヲ 466 H①35.1 5 5 01 ヘキルリ	5中12.24 14 ⑧新馬 2歳坂55.7 壬ダ1.15.5 55戸崎4人 16ト11ヲ 446 H①38.4 14 14 24 6休バドマ	1函6.16 5 ④未勝利 3歳B40.4 千ダ1.00.8 57丹内2人 12ト10ヲ 464 M①37.1 2 2 14 バッファロー	1函6.15 5 ③未勝利 3歳C39.5 壬1.09.5 54角田河10人 16ト10ヲ 480 H②35.2 8 7 02 ロードトレイ
00000 00111 00000 00304	00000 00000 00000 00616	00000 00101 00000 11103	00000 00000 00111 00002	00000 00000 00000 00001	00000 00101 00000 01105	00000 00000 00000 00416
22.9	16.4	55.9	21.1	43.8	73.3	35.1
― 馬 函W70.0な 39.5り 12.6C	― 馬 函W66.6な 38.0り 12.7C	― 強 函W67.4 38.9め 12.5C	― 馬 函W70.6な 39.5り 13.3B	― 馬 函W ― な 39.9り 12.7C	― 馬 函W69.6な 40.3り 12.6C	― 馬 函W67.3な 39.5り 13.2C
乾杯目前	差し切る	2走前を	軽視禁物	変身疑問	芝どうか	差はない

ちなみにこのレースは2章 P92で的中万馬券を掲載しています。そちらもご覧ください。

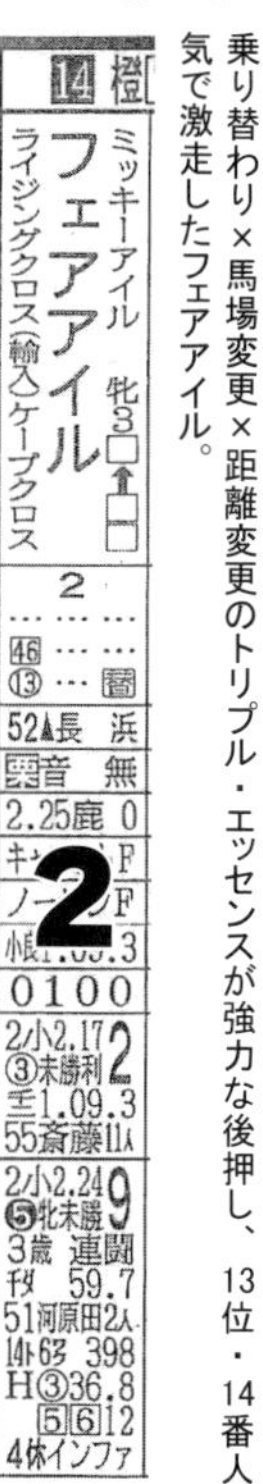

14 橙
ミッキーアイル 牝3 フェアアイル ライジングクロス(輸入)ケープクロス
2 … … … 46 … … ⑬ … 筒
52▲長浜
栗東音無
2.25鹿 0
キ[illegible]F
ノー[illegible]F
小良[illegible]3
0100
2小2.17 2 ③未勝利 壬1.09.3 55斎藤11人
2小2.24 9 ❺牝未勝 3歳 連闘 千ダ 59.7 51河原田2人 14ト6ヲ 398 H③36.8 5 6 12 4休インファ

乗り替わり×馬場変更×距離変更のトリプル・エッセンスが強力な後押し、13位・14番人気で激走したフェアアイル。

コンピ指数
2回新潟3日目

第4章

EP実践！みんなで夢馬券を獲りにいこう

by 穴党スタッフH

エリートポイント攻略、いろいろやってみました！

私ことスタッフHは、田中洋平氏の著作で実践部隊として活動している、まあおなじみの存在。

田中氏は馬連、ワイドといった、２連勝馬券を主に購入しているのに対し、私は応用系の馬単や3連系の馬券を模索している。それは私が穴党だから。万馬券を獲りたいから。そのあたりのことは、何冊か読まれている人はもうご存知とは思う。

穴党である、購入券種も異なる——ということから、田中氏が提唱している買い方（軸・ヒモの選び方など）とは多少、時には大幅に異なってくる。さらにコンピのみならず、調教や血統、ローテーションなどなどのエッセンスを含む自分予想も重視している。

だから読者の皆さんには、「必ずこう買え」というのではなく、これから挙げる例は参考程度に読んでいただきたい。皆さんの馬券のヒントに少しでもなれば、と願っている。

次は、この実践にあたっての前提条件を挙げておこう。

①出走頭数は14頭以上
②テクニカル6はパターン1～4
③1位は80位以下であること
④購入対象のEP馬はなるべく5～15位の範囲

この①～③に合致するレースのみ、エリートポイント＝ＥＰ馬を活用した馬券を買う。軍資金の問題もあり、より波乱傾向の強いレースを絞って購入したいからだ。ただ、実践を重ねていくうちに、それなりの理由があって、いずれのシバリも緩くしている。

実際、この条件に合致するレースは一日、どのくらいあっただろうか。

だいたいの感触だが、３場開催だと8～10レース、２場なら５レースに満たないときも。そもそも北海道シリーズは14頭未満のレースが多い。東京や新潟は頭数を満たしてもテクニカル６のパターン５、６がやたら出現する。

ＥＰ馬を見つける手順だが、私は下に挙げている実践シートを用意した（これは一部）。14～18頭の頭数と１位指数別にあらかじめ平均値を入れておくのである。こうすると当日、該当レースの馬番と指数を書き入れれば、下の平均値と比較、すぐ＋３以上のＥＰ馬を弾き出せる。

この実践用シートについては巻末に掲載しておくので、コピーなどして使用していただければと思う。

なお実践期間は２０２４年６月15日～９月29日。ただ、他の馬券術の実践もあったので、毎回買っていたわけではないことをお断りしておく。

【１位80】14頭

（日付・レース番号、テクニカル6のパターンなど）

順位	1	2	3	4	5	6	7	8	9	10	11	12	13	14
馬番														
指数値	＼													
平均値	＼	70	63	59	56	54	52	51	49	48	45	44	42	40
差	＼													

注；差はEPを示す（以下同）

【１位79】14頭

（日付・レース番号、テクニカル6のパターンなど）

順位	1	2	3	4	5	6	7	8	9	10	11	12	13	14
馬番														
指数値	＼													
平均値	＼	71	63	59	56	54	52	51	49	48	45	44	42	40
差	＼													

14頭の場合、2～8位は1位指数による平均値、9～14位は出走頭数による平均値

実践①コンピ中位のEP馬からの馬単、3連複で万馬券！

●24年6月16日・東京6R（3歳未勝利、芝1800m）
EP馬＝⑭ロードレイナード（7位・4番人気）1着！

前日15日土曜日からスタートした実践、初日こそ空振りに終わったが、この日は爆発した。東京6Rの3歳未勝利戦。左下のコンピ表を見てもらえれば一目瞭然、実践の前提条件を次のようにクリアしている。

・頭数＝16頭
・テクニカル6＝パターン1（波乱）
・コンピ1位＝71
・EP馬は次の2頭
7位⑭ロードレイナード（＋3）
8位⑪イスタンテ（＋3）

EP馬は10位以下のド人気薄ではなく、かといって上位でもない、まあ中位といったポジション。ここから、どう馬券を組むか。自分予想では、パターン1といっても二ケタ順位が絡むような大波乱のイメージはない。となれば、2頭から上位への馬単、3連系馬券で組んでみよう（1点＝100円、以降の馬券についても基本的に1点100円）。

・馬単マルチ⑪⑭←→①③⑤⑨⑩⑯（1～6位）※計24点
・3連複フォーメーション⑪⑭－①③⑤⑨⑩⑯－①③⑤⑨⑩⑯　※計30点

馬単マルチにしているのは、私が「万馬券大好き」で「欲深で裏目千両に期待している」から。馬連1点200円にしたほうが、払戻が高い場合も往々にしてあるのだが……。まあ、これが性分なので仕方がない。また⑪、⑭をダブらないように買っていることだが、EP馬同士で決まるイメージがなかったから、というしかない。

結果は直線2番手から追い出した⑭ロードレイナードが、逃げ粘る6位⑩ヴォードノエルを2分の1馬身差し切ってゴール。追い込んできた5位⑨マイファミリーが3着。やったぜ、3連複万馬券、馬単2万馬券をゲット！

3連単はさすがに手を出せなかったのだが、もし「⑪⑭→①③⑤⑨⑩⑯→①③⑤⑨⑩⑯（計60点）」で組んでいたら14万馬券だった……千載一遇のチャンスを逃した気もするが、EP馬の初当たりだし、ここはヨシとしよう。

なお、この日は函館12R（3歳上1勝クラス、芝1200m、14頭立て）でも、EP馬③ラリベラ（12位・12番人気）が逃げ粘って2着に。ここも東京6Rと同様に、上位6頭への馬単マルチ、3連複流しで的中した。

勝ったのが⑭ポエットリー（1位73・1番人気）、3着⑫スミレファースト（3位・3番人気）の人気サイドだったので、馬単⑭→③は8440円と万馬券には一歩届かず。3連複は下の的中証明のように1万720円だった。

万馬券的中証明書

2024年06月16日
JRA日本中央競馬会

あなたは下記の万馬券を的中させましたのでここに証明いたします。

記

2024年　1回函館4日　12R
3連複 03－12－14　100円購入
払戻金単価　@10,720円
払戻金合計　10,720円

●2024年6月16日・東京6R（3歳未勝利、芝1800m）

【1位71】16頭　テクニカル6：パターン1（1～3位の和＝202⇒波乱）

EP馬＝7位⑭、8位⑪

順位	1	2	3	4	5	6	7	8	9	10	11	12	13	14	15	16
馬番	①	⑤	⑯	③	⑨	⑩	⑭	⑪	⑧	⑬	④	⑮	⑥	②	⑫	⑦
指数値	71	70	61	60	58	57	56	55	51	50	49	44	43	42	41	40
平均値		68	65	62	58	56	53	52	50	48	47	46	43	42	41	40
差（3以上）							3	3								

16頭立ての場合、2～9位は1位指数による平均値、10～16位は出走頭数による平均値

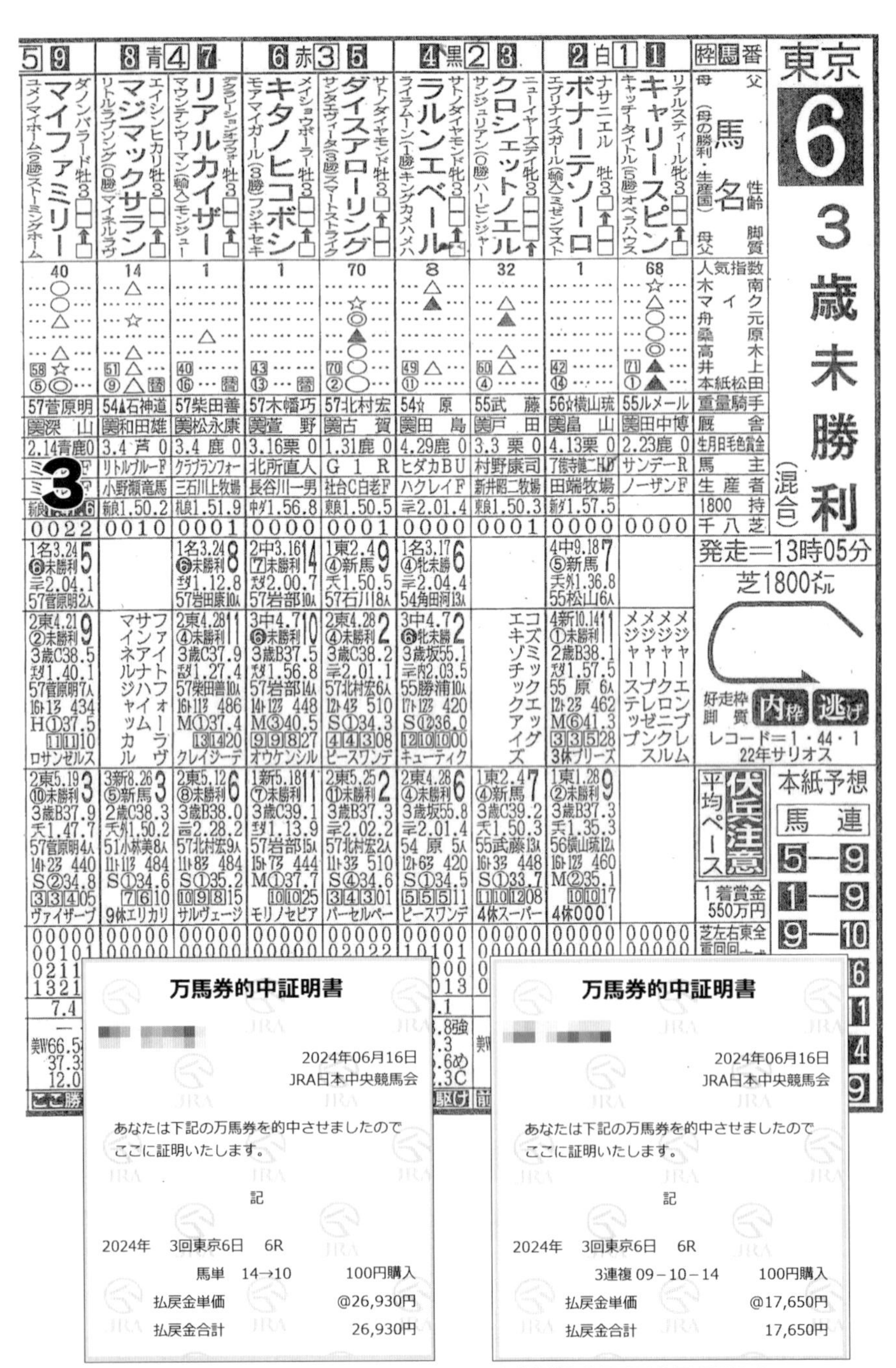
東京 6 3歳未勝利（混合）

発走＝13時05分 芝1800メートル

好走枠脚質 内枠 逃げ

レコード＝1・44・1 22年サリオス

枠馬番	馬名	父	母（母の勝利・生産国）	母父	人気指数	重量騎手	厩舎	生月日毛色賞金	馬主	生産者	1800持	千八芝
白1 1	キャリースピン 牝3	リアルスティール	キャッチータイトル(5勝)	オペラハウス	68	55ルメール	美田中博	2.23鹿0	サンデーR	ノーザンF		0000
白1 2	ボナーテソーロ 牡3	ナサニエル	エブリナイスガール(輸入)	ミゼンマスト	1	56☆横山琉	美畠山	4.13栗0	了徳寺健二HD	田端牧場	新ダ1.57.5	0000
黒2 3	クロシェットノエル 牝3	ニューイヤーズデイ	サンジュリアン(0勝)	ハービンジャー	32	55武藤	美戸田	3.3栗0	村野康司	新井昭二牧場	東良1.50.3	0001
黒2 4	ラルンエベール 牝3	サトノダイヤモンド	ライラムーン(1勝)	キングカメハメハ	8	54☆原	美田島	4.29鹿0	ヒダカBU	ハクレイF	芝2.01.4	0000
赤3 5	ダイスアローリング 牝3	サトノダイヤモンド	サンタエヴィータ(3勝)	スマートストライク	70	57北村宏	美古賀	1.31鹿0	GIR	社台C白老F	東良1.50.5	0001
赤3 6	キタノヒコボシ 牡3	メイショウボーラー	モアナマイガール(3勝)	フジキセキ	1	57木幡巧	美萱野	3.16栗0	北所直人	長谷川一男	中ダ1.56.8	0000
青4 7	リアルカイザー 牡3	デクラレーションオブウォー	マウンテンウーマン(輸入)	モンジュー	1	57柴田善	美松永康	3.4鹿0	クラブリランフォー	三石川上牧場	札良1.51.9	0001
青4 8	マジマックサラン 牡3	エイシンヒカリ	リトルラブソング(0勝)	マイネルラヴ	14	54▲石神道	美和田雄	3.4芦0	リトルブルーF	小野瀬竜馬	新良1.50.2	0010
5 9	マイファミリー 牡3	ダノンバラード	ユメノマイホーム(0勝)	ストーミングホーム	40	57菅原明	美深山	2.14青鹿0				0022

本紙予想 馬連 5—9 1—9 9—10

平均ペース 伏兵注意

1着賞金 550万円

万馬券的中証明書

2024年06月16日
JRA日本中央競馬会

あなたは下記の万馬券を的中させましたので
ここに証明いたします。

記

2024年　3回東京6日　6R
馬単　14→10　100円購入
払戻金単価　@26,930円
払戻金合計　26,930円

万馬券的中証明書

2024年06月16日
JRA日本中央競馬会

あなたは下記の万馬券を的中させましたので
ここに証明いたします。

記

2024年　3回東京6日　6R
3連複 09－10－14　100円購入
払戻金単価　@17,650円
払戻金合計　17,650円

馬単２万6930円！

３連複１万7650円！

●2024年6月16日・東京6R（3歳未勝利、芝1800m）

1着⑭ロードレイナード＝EP馬
（7位・4番人気）
2着⑩ヴォードノエル
（6位・8番人気）
3着⑨マイファミリー
（5位・3番人気）

………………………………………………

7着⑪イスタンテ＝EP馬
（8位・7番人気）

単⑭ 1240 円
複⑭ 360 円　⑩ 580 円　⑨ 220 円
馬連⑩ー⑭ 12110 円
馬単⑭→⑩ 26930 円
ワイド⑩ー⑭ 3360 円
⑨ー⑭ 940 円
⑨ー⑩ 1550 円
3連複⑨⑩⑭ 17650 円
3連単⑭→⑩→⑨ 140100 円

16 桃 8	15	14 橙 7	13	12 緑 6	11	10 黄
シュヴァルグラン牡3 シュヴァルエレ ラウブレック(輸入)ミスターグリーリー	ディープブリランテ牡3 ファストフィール エンプレスラブ(2勝)マイネルラヴ	レイデオロ 牡3 ロードレイナード ポプラ(0勝)フランケル	レイデオロ 牝3 ルージュカエラ レッツサッチャー(2勝)フレンチデピュティ	ゴールドシップ牡3 コスモカンタータ コスモバルバラ(4勝)ロージズインメイ	フランケル 牡3 (外)イスタンテ ノイエル(愛)ドックサイダー	ストロングリターン牝3 ヴォードノエル ジョリーノエル(4勝)スペシャルウィーク
38	1	24	8	1	30	32
… … … ◎ △ 61 … ③ △	… … … △ … 44 ◎ ⑫ … 暦	▲ ◎ … ☆ … 56 … ⑦ △	… △ … … … 50 … ⑩ … 暦	… … … … … 41 … 初 ⑮ … B	△ △ △ △ ▲ 55 △ ⑧ △	◎ … … △ ☆ 57 … ⑥ ☆
57吉田豊	57田辺	57石川	55団野	57柴田大	57岩田康	55江田照
美的場	美菊川	美斎藤誠	美加藤征	美土田	美鹿戸	美村田
5.6 栗 0	3.7黒鹿0	3.13栗 0	1.30黒鹿0	4.18芦 0	2.5 栗 0	3.2黒鹿0
田頭勇貴	蕭 敬意	ロ 1 HC	東京ホースR	ビッグレッドF	キャロットF	吉 2 津
大作ステーブル	村中牧場	ケイ 1 イF	社台C白老F	ビッグレッドF	イギリス	社 2 F
兵1.36.6	兵1.35.2	東[illegible].4	東良1.48.1	芋2.05.1		兵[illegible].6
0000	0000	0001	0001	0000	0000	0000
2東5.5 5 ⑥未勝利 亖2.22.8 57吉田豊8人						1東2.17 4 ⑦新馬 孟ダ1.41.2 55江田照3人
2東5.18 4 ⑨未勝利 3歳B39.0 芋1.59.8 57吉田豊3人 18ト2ゞ 512 M⑧36.0 [1][1][1]06 ダノンホイッ	1東2.10 8 [5]新馬 3歳B37.1 孟ダ1.27.1 57横山武2人 16ト10ゞ 486 M⑤38.6 [6][6]19 カフェニクス	3東6.11 7 [4]新馬 2歳C38.5 兲1.49.4 55石川5人 9ト3ゞ 436 S①36.1 [4][4][4]13 5休ダノンエ	シンボリックレルム	5東11.18 14 ⑤新馬 2歳C38.8 芋2.05.1 56菅原明11人 14ト2ゞ 454 S⑩35.6 [10][10][11]31 3休ジャステ	レイベリング	1名3.9 5 ①未勝利 3歳C39.0 兵1.35.6 55江田照8人 15ト1ゞ 444 M②35.6 [1][1][1]03 ケイケイ
3東6.1 5 ①未勝利 3歳 軽め 芋2.00.0 57吉田豊5人 15ト7ゞ 512 M④35.2 [6][5][5]04 イージーブリ	2東4.20 11 ①未勝利 3歳坂53.1 兵1.35.2 56佐々木8人 18ト16ゞ 476 M①36.0 [6][7]16 ジーゲル	5中12.2 9 ①未勝利 2歳C38.8 兵外1.34.4 56石川12人 15ト14ゞ 442 M③34.0 [15][15][14]09 6休0001	2東5.12 9 ⑧牝未勝 3歳C38.6 兲1.48.1 55岩田望9人 16ト15ゞ 446 M⑫34.4 [12][15][16]13 シアブリス	2中3.2 13 [3]未勝利 3歳C38.5 亖外2.19.0 57柴田大15人 18ト9ゞ 452 S①36.9 [11][10][12]25 3休0001		2東4.20 10 ①牝未勝 3歳B36.1 孟ダ1.41.2 55江田照2人 16ト16ゞ 450 M⑥40.2 [2][2]20 フイノマジワ
00000 00000 00000 03437	00000 00000 00000 01012	00000 00000 00000 01112	00000 00000 00000 01011	00000 00000 00000 01112	00000 00000 00000 00000	00000 00000 00000 01003
8.2	71.3	14.7	29.9	72.3	12.7	11.9
追切軽め	4F54.2末 美坂39.5強 25.7め 12.4B	84.0馬 美W68.5な 39.4り 11.6C	84.2馬 美W67.6な 38.0り 11.9C	ー ー 美W68.2杯 38.2追 11.5C	83.4馬 美W67.7な 37.6り 11.4B	ー 直 美W64.9強 36.1め 11.3B
堅実駆け	さすがに	大駆けも	一変可能	目立たず	血統魅力	見限れぬ

実践②3連単初トライ！一応、万馬券ゲットも……

●24年7月6日・福島7R（3歳未勝利、ダ1700m）
EP馬＝①コスモフレディ（5位・5番人気）2着！

「さすがに手を出せない」と前項で書いた3連単に、このレースで初挑戦。3連単の攻略なくして夢馬券のゲットはあり得ないからだ。

とはいえ、このレース、本来なら手を出せないレースだった。それは……。

・頭数＝15頭
・テクニカル6＝パターン3（やや波乱）
・コンピ1位＝81
・EP馬は次の2頭
5位①コスモフレディ（＋4）
13位⑧サクブット（＋3）

ご覧の通り、1位⑫パリプラージュは指数81。指数80以下を買いとしたシバリからは本来、買えないレースなのだ。

しかも、自分予想でも⑫パリは休み明けの前走、東京ダートマイルで先行しての2着。その際、3着馬を8馬身ちぎっている。小回りの福島なら、逃げて楽勝と踏んでいる。コンピ1位は当然、指数も85くらい……と思っていたほど。

ならば、逆らわずに⑫パリとEP馬の5位①コスモのペア3連単で買ってみるか。

ペアフォーメーションは、次の通り。

・①⑫→①⑫→②③⑥⑦⑩（①、⑫を除いたコンピ上位5頭）※計10点

・①⑫→②③⑥⑦⑩→①⑫ ※計10点

総計20点は、私の買う3連単でも点数的には結構少ない部類。それというのも「EP馬＋1位馬」を軸として絞れたからだ。さらに基本、このレースは堅く収まると考えているのでヒモも上位5頭とした。このあたりは状況次第では頭数を増やしたり、柔軟に対処したい。

なお、もう1頭のEP馬13位⑧サクブットからは、押さえで上位6頭にワイドを各100円流している（計600円）。こちらの⑧はドン尻に敗れて外れたが、実はこの押さえ戦略が重要なポイントになる（その話はのちほど）。

さて、レースは予想通り⑫パリプラージュが逃げを打ち快勝。2着には遅ればせながら追い込んできた①コスモフレディが入り、ペア成立！　3着は3位・4番人気の③トクシージェネラルで3連単が的中。配当は1万1120円でギリギリ万馬券に届いた。

これでは夢馬券にはほど遠い払戻だが、それなりに信頼できる1位とEP馬の組み合わせは意外に使えるかも……と実感した一戦だった。

●2024年7月6日・福島7R（3歳未勝利、ダ1700m）

【1位81】15頭　テクニカル6：パターン3（1～3位の和＝209⇒やや波乱）

EP馬＝5位①、13位⑧

順位	1	2	3	4	5	6	7	8	9	10	11	12	13	14	15
馬番	⑫	⑩	③	⑦	①	⑥	②	⑮	⑪	④	⑤	⑬	⑧	⑭	⑨
指数値	81	66	62	61	60	53	52	51	50	49	48	47	46	41	40
平均値		70	63	59	56	54	52	51	50	48	47	45	43	41	40
差（3以上）					4								3		

15頭立ての場合、2～9位は1位指数による平均値、10～15位は出走頭数による平均値

福島 7R 3歳未勝利（混合）

発走＝13時35分

ダート1700メートル

枠 馬番	白1 1	黒2 2	黒2 3	赤3 4	赤3 5	青4 6	青4 7	黄5 8	黄5 9
父	シニスターミニスター	オルフェーヴル	オマハビーチ	ヘニーヒューズ	アドマイヤムーン	リアルインパクト	ホッコータルマエ	ダンカーク	イスラボニータ
馬名	コスモフレディ	アルファウィンザー	トクシージェネラル	リムショット	ユウキヒャクバイ	フリーマントル	プルメリアクヒオ	サクブット	ダリボルカ
性齢	牡3	牡3	牡3	牡3	牡3	牡3	牡3	牝3	牝3
母（母の勝利・生産国）	ナンヨークイーン(3勝)	ラピッドチェンジ(0勝)	ラッキーナンバー(輸入)	ティンバレス(3勝)	コズミックフレイム(輸入)	シーオーク(0勝)	プルメリアミコ(0勝)	トロンボーン(0勝)	ダリシア(輸入)
母父	トワイニング	ワークフォース	スマートストライク	ウォーエンブレム	ドワイエン	キングカメハメハ	ケイムホーム	アグネスタキオン	アカテナンゴ
人気指数	40	12	56	4	2	18	48	2	1
木南	△	…	▲	△	…	…	◯	…	…
マイク	△	…	☆	△	…	…	▲	…	…
舟元	◎	…	▲	…	…	☆	…	…	…
桑原	…	…	☆	…	…	△	◎	…	…
高木	△	…	☆	…	…	△	▲	…	…
井上	60 ◎	52 …	62 ☆	49 …	48 …	53 △	61 △	46 …	40 …
本紙松田	⑤ ◯ B	⑦ … [illegible]	③ ▲	⑩ … [illegible]	⑪ … [illegible]	⑥ △ [illegible]	④ △	⑬ …	⑮ … [illegible]
重量騎手	57武藤	57津村	57内田	57木幡巧	57杉原	56☆横山琉	55◇藤田	52▲石神道	52▲石田
騎手相性	0103	0000	0111	0000	0001	0001	0212	0001	0000
厩舎	美水野	美田村	美辻	美中川	美加藤和	美斎藤誠	美深山	美和田勇	美宗像
生月日毛色賞金	4.2[illegible]0	5.5鹿0	5.[illegible]鹿0	2.15鹿0	4.6黒鹿0	3.9鹿0	4.7黒鹿0	2.21栗0	3.15青鹿0
馬主	ビッグ[illegible]F	貴悦	AI[illegible]ング	キャロットF	新熊一生	小村アセットM	武田浩典	高昭牧場	吉田照哉
生産者	高[illegible]牧場	前田F	浜[illegible]牧場	ノーザンF	ダーレーJF	社台C白老F	まるとみ冨岡牧場	高昭牧場	社台F
1600ダ持時計	東重1.37.8				東良1.42.5	東良1.39.0	東良1.37.5	東良1.41.2	
1700ダ持時計	福良1.49.6						福良1.47.5		
1800ダ持時計	新良1.54.7	中稍1.58.7	中良1.56.7	中良1.59.8	中良1.57.7		新良1.54.3	中重1.57.8	新良2.00.1
千八ダ	0000	0000	0000	0000	0000	0000	0000	0000	0000
千七ダ	0010	0000	0000	0000	0000	0000	2000	0000	0000
千六ダ	0000	0000	1000	0000	0000	0000	0010	0000	0000
重成績	2121	1000	0000	1000	1010	0030	1100	1011	2000
前3走	1新5.19 ⑧未勝利 4 3歳C41.4 ダ1.54.7 57丹内9人 15ト1タ 452 S②36.9 ⑬⑩⑨15 テーオーマー(B)	1名3.16 ③未勝利 4 3歳坂55.2 ダ2.03.3 57北村宏7人 15ト5タ 450 S①40.2 ⑧⑧⑦45 カゼノランナ	3中4.13 ⑦未勝利 3 3歳B38.2 ダ1.56.7 57内田6人 12ト5タ 522 S⑦37.7 ⑩⑩⑧03 アムレートゥ	パーカッション	2東4.20 ①未勝利 8 3歳坂53.3 芝1.34.8 57杉原16人 18ト18タ 496 M①36.1 ③②12 ジーゲル	1東1.28 ②未勝利 7 3歳C39.3 ダ1.40.3 56横山琉10人 16ト8タ 504 H①38.9 ⑧⑧11 3休アデラン	1福4.21 ⑥未勝利 4 3歳C39.1 ダ1.47.5 55藤田4人 15ト4タ 448 M①39.2 ②②②07 グランドセン	ビッグボーンリタ トロンアゲイン	サトノキングダム サトノダムゼル デコラシオン ディープキング
前2走	3東6.9 ④未勝利 2 3歳C39.7 ダ1.38.1 57武藤4人 16ト4タ 460 H⑭37.7 ④⑤04 ホウオウフェ(B)	2東5.18 ⑨未勝利 5 3歳B36.8 ダ2.14.5 57北村宏9人 14ト12タ 442 M⑫37.8 ⑪⑩⑦14 リアルビギニ	2東5.4 5未勝利 4 3歳C38.6 ダ2.13.3 57内田1人 12ト1タ 510 H①38.9 ①①①12 レヴォントゥ		2東5.11 ⑦未勝利 6 3歳坂53.1 芝2.02.2 57大野14人 17ト9タ 498 S⑨35.1 ①①①07 トライデント	2東4.28 ④未勝利 6 3歳C37.2 ダ1.39.7 57斎藤4人 16ト4タ 502 H⑭38.7 ④④10 マツリボタン	1新5.19 ⑧未勝利 2 3歳B38.1 ダ1.54.3 55藤田4人 15ト11タ 446 S⑦37.7 ①①②11 テーオーマー	3中3.30 ❸牝未勝 15 3歳坂57.3 ダ1.57.8 55柴田善15人 16ト16タ 432 H⑪42.2 ⑫⑬⑭43 コンテソレー	3中4.6 5牝未勝 13 3歳C38.8 ダ2.00.5 54原4人 14ト13タ 452 H②42.7 ⑩⑪⑬48 ショーヴァロ
前走	3東6.23 ❽未勝利 5 3歳B38.9 ダ1.37.8 57武藤1人 16ト6タ 456 M⑪36.6 ④⑤08 ダノンザボル(B)	3東6.8 ③未勝利 6 3歳B37.0 ダ2.14.9 57北村宏7人 16ト9タ 438 M⑤38.2 ⑩⑧⑩12 ベルイストワ	3東6.15 ⑤未勝利 2 3歳C38.9 ダ2.14.3 57内田1人 16ト5タ 518 M⑨38.7 ⑤③②06 シグムンド	1中1.6 ①新馬 12 3歳C38.8 ダ1.59.8 57キング8人 16ト7タ 524 M⑧39.7 ⑫⑭⑬20 6休マコタイ	3東6.9 ④未勝利 8 3歳坂53.5 芝1.34.6 56原8人 18ト1タ 494 M③35.2 ④④09 レッドアトレ	2東5.19 ⑩未勝利 7 3歳C38.6 ダ1.39.0 57岩田望2人 16ト12タ 502 H①38.8 ⑥⑤16 レオスパーク	3東6.8 ③未勝利 3 3歳B37.9 ダ1.37.5 55藤田2人 16ト16タ 448 H⑩37.6 ②②06 サクラトップ	3東6.9 ④牝未勝 14 3歳坂55.8 ダ1.41.2 52石神道16人 16ト16タ 438 M⑮39.1 ⑫⑫25 カーリングホ	1新4.27 ①牝未勝 11 3歳坂54.7 ダ2.00.1 55杉原11人 14ト14タ 448 M⑤41.9 ③④⑧40 リエータメン
全芝	00000	00000	00000	00000	00000	00000	00000	00000	00000
左回りダ	01001	00000	01001	00000	00000	00000	01102	00000	00000
右回りダ	00000	00000	00101	00000	00000	00000	01001	00000	00000
福島ダ／全成績	05227	03104	01001	00101	31105	13004	00212	01102	01102

好走枠 中枠
脚質 逃げ

レコード＝1・42・6
23年ワールドタキオン

平均ペース 激戦

賞金
1着 550万円
2着 220万円
3着 140万円
4着 83万円
5着 55万円

本紙予想

馬連
1—10
3—10
10—12
7—10
6—10
10—15

3連単
⑩
▼
①③⑥

●2024年7月6日・福島7R(3歳未勝利、ダ1700m)

1着⑫パリプラージュ
（1位・1番人気）
2着①コスモフレディ
（5位・5番人気）＝EP馬
3着③トクシージェネラル
（3位・4番人気）

……………………………………

15着⑧サクブット＝EP馬
（13位・15番人気）

単⑫ 230円
複⑫ 130円 ① 270円 ③ 170円
馬連①－⑫ 1650円
馬単⑫→① 2230円
ワイド①－⑫ 540円
③－⑫ 390円
①－③ 920円
3連複①③⑫ 2940円
3連単⑫→①→③ 11120円

15 桃8	14 桃8	13 橙7	12 橙7	11 緑6	10 緑6
バゴ ホーハイト 牡3 アンドレルノートル(1勝)サンデーサイレンス	ゴールドシップ ハクシュ 牡3 ロキロキ(未登録)プレミアムサンダー	ネオユニヴァース チャーチルテソーロ 牡3 レディーエリオット(輸入)オーソライズド	アンクルモー 外パリプラージュ 牝3 パリスビキニ(米)バーナーディニ	モーニン ナムラバンチー 牡3 ナムラココロ(未出走)サウスヴィグラス	ガンランナー 外アメリカンランナー 牡3 アクアフレッシュ(宇)イクリージアスティク
14	1	2	79	12	66
…	…	…	◎	☆	△
△	…	◎	△	…	○
△	…	…	○	…	△
△	…	…	▲	△	○
△	…	…	◎	…	○
51 △	41 …	47 …	81 ○	50 △	66 ▲
⑧ △ 替	⑭ … 替	⑫ … 替	① ☆	⑨ …	② ◎ 替
57三浦	57柴田大	57江田照	55野中	57丸田	57Mデムーロ
0002	0000	0000	0010	0002	0000
美池上	美高橋文	美高木	美宮田	美武市	美戸田
3.16栗 0	4.7 芦 0	2.24鹿 0	2.1[illegible]鹿0	3.26栗 0	1.23鹿 0
ノースヒルズ	佐久間拓士	了德寺健二HD	サン[illegible]ーR	奈村睦弘	吉沢HD
土居牧場	村上飲哉	リョーケンF	ア[illegible]カ	ナカノF	アメリカ
芝良1.35.7 新良1.56.7	中良1.56.8	函1.29.5	東良1.37.1	東稍1.39.7 中良1.57.9	東良1.38.6 中良1.55.3
0000 0000 0000 1000	0000 0000 0000 1001	0000 0000 0000 0000	0000 0000 0010 0000	0000 0000 0000 2010	0000 1000 2010 0010
2中3.9 6 ⑤未勝利 3歳B37.4 芝内1.51.3 57西村淳5人	1東2.18 9 ⑧未勝利 3歳B38.1 三ダ2.17.0 57岩田望5人 512 0.1 721 ルベ	クラックステソーロ	近親 コウエイテンペスタ	2中3.10 13 ⑥未勝利 3歳坂54.9 三ダ1.59.0 53大江比9人 16ト6ヲ 506 M⑪41.1 ⑩⑩⑫20 エアロソニッ	2東5.12 3 ⑧未勝利 3歳B38.5 三ダ1.38.6 57西村淳4人 16ト14ヲ 486 M①37.5 ①①08 ウェットシー
	4 7 利 8.7 6.8 13人 508 0.5 226 ック		2京10.28 5 ⑧新馬 2歳坂54.9 三ダ1.27.7 55丸山3人 11ト1ヲ 484 H①39.1 ③③09 7休メイショ	3中4.6 7 ⑤未勝利 3歳坂52.5 三ダ1.12.9 57丸田5人 16ト6ヲ 506 H⑨36.6 ⑯⑯13 ヨッコサン⑧	2東5.25 2 ⑪未勝利 3歳B38.1 三ダ1.25.5 57ルメール1人 16ト9ヲ 478 M⑯37.0 ⑥⑤07 オルゴーリオ
	2 11 利 2.9 3.2 11人 506 8.5 422 ーヌ	3東6.9 15 ④未勝利 3歳坂54.8 三ダ1.29.5 57菅原明9人 16ト12ヲ 476 M⑩40.6 ⑨⑨40 ラッキーヤー	2東5.26 3 ⑫未勝利 3歳坂54.5 三ダ1.37.1 55野中5人 16ト7ヲ 494 H⑮37.8 ②②02 タンゴパイラ	2東5.4 6 ⑤未勝利 3歳坂53.2 三ダ1.20.0 57丸田8人 16ト1ヲ 502 M②36.0 ⑮⑮17 サンリコリス⑧	3東6.16 2 ⑥未勝利 3歳B38.5 三ダ1.24.6 57ルメール1人 16ト7ヲ 478 H⑭36.5 ⑦⑥04 オオタニサー
	00 00 00 04	00000 00000 00000 01001	00000 00000 01001 00101	00000 00000 00101 03306	00000 02103 01203 01001

1

万馬券的中証明書

2024年07月06日
JRA日本中央競馬会

あなたは下記の万馬券を的中させましたので
ここに証明いたします。

記

2024年　2回福島3日　7R
3連単 12→01→03　100円購入
払戻金単価　@11,120円
払戻金合計　11,120円

3連単1万1120円！

実践③テクニカル6の軸馬＋EP馬で3連複万馬券を獲った！

●24年8月4日・札幌6R（3歳未勝利、芝2600m）
EP馬＝⑨テイキットイージー（3位・4番人気）1着、⑤ショウナンガチ（11位・7番人気）3着！

ここでは「テクニカル6の特性＋EP馬」での的中劇を紹介しよう。札幌2週目、8月4日の札幌6R。芝長距離の未勝利戦だ。

・頭数＝14頭
・テクニカル6＝パターン3（やや波乱）
・コンピ1位＝72
・EP馬は次の4頭
　3位⑨テイキットイージー（＋3）
　11位⑤ショウナンガチ（＋3）
　12位⑦グランドブレーカー（＋3）
　13位②ホームアンドドライ（＋4）

ご覧のように、3位のEP馬は本来、買わないのがマイルール。だが、逆にこれを利用できないか考えてみた。そこで思い当たったのが、テクニカル6のパターン3は「3．4位が軸」ということ。テクニカル6発表の際、勝率～複勝率などに回収率的な側面を含めて、田中氏が定めた軸馬である（P19の参考表）。

その3位がEP馬ということは、それだけ強いということでは？　軸として信頼に足るということでは？

そこで3位⑨を軸に抜擢、下位のEP馬3頭を相手にした、次のような3連複フォーメーションを組んでみた。

⑨－②⑤⑦（相手・EP馬）－①②④⑤⑥⑦⑧⑨⑩⑪⑫⑬（ヒモ）※30点

ここでヒモについて解説しよう。「ヒモは指数46の馬までとする」——これは私がコンピ馬券を買う際のセオリーだ。この場合、13位②が指数46なので、ヒモはここまで。14位40の⑭はカットとなる。

なぜ、指数46がカットラインなのか。これまでの経験上、46の下はいったん途切れる場合が多かったから。例えば46の次は44や43、このレースのように40というか、間が空くのだ。もちろん、指数46が存在しないケースもある。例えば10位指数48→11位指数44とか43だった場合だ。これだと指数48の馬までがヒモとなる。

まれに指数46→45→44→43→42→41→40のような、空かずに続くケースもある。「1位指数が低い・多頭数・テクニカル6がパターン1、2など波乱を示す」といった状況で出現することが多いのだが、こんなときはケースバイケースで、全頭買い、もしくは自分予想で取捨選択としている。

さて、札幌6Rに話を戻すと、軸に推した3位⑨テイキットイージーが先行押し切りで未勝利を見事脱出。2着には③タルタロス（4位・3番人気）。そして来ました！　追い込んだEP馬⑤ショウナンガチが3着に。同馬は7番人気とリアルオッズでは結構上昇していたが、3連複は1万7740円という好配当になった。

●2024年8月4日・札幌6R（3歳未勝利、芝2600m）

【1位72】14頭　テクニカル6：パターン3（1～3位の和＝211⇒やや波乱）

EP馬＝3位⑨、11位⑤、12位⑦、13位②

順位	1	2	3	4	5	6	7	8	9	10	11	12	13	14
馬番	⑫	④	⑨	③	①	⑩	⑪	⑥	⑧	⑬	⑤	⑦	②	⑭
指数値	72	71	68	57	56	55	53	51	50	49	48	47	46	40
平均値		69	65	61	58	55	53	51	49	48	45	44	42	40
差（3以上）			3								3	3	4	

14頭立ての場合、2～8位は1位指数による平均値、9～14位は出走頭数による平均値

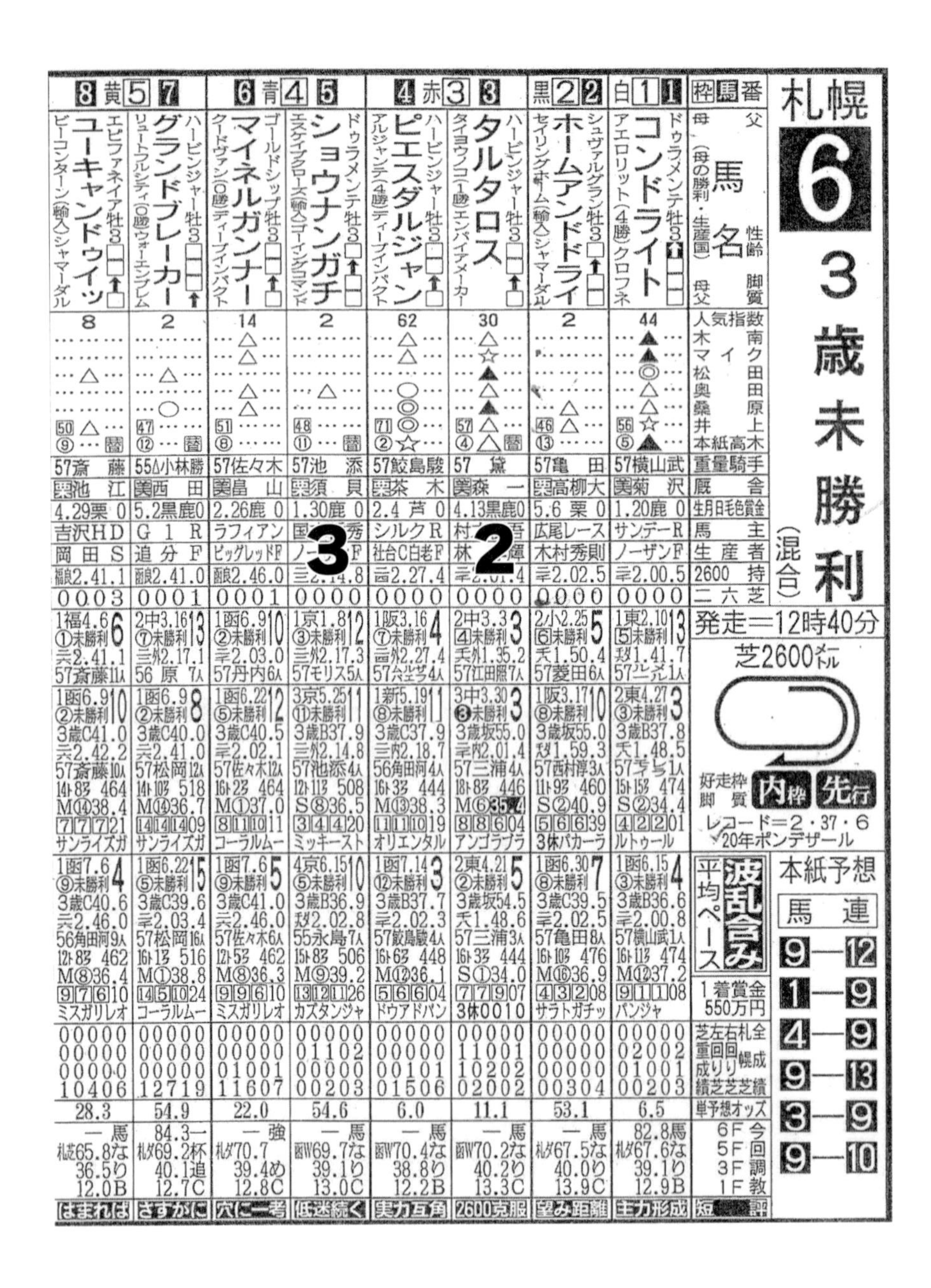

札幌 6 3歳未勝利（混合）

発走＝12時40分

芝2600メートル

好走枠 内枠　脚質 先行

レコード＝2・37・6 '20年ポンデザール

平均ペース　波乱含み

1着賞金 550万円

枠馬番	白1 1	黒2 2	赤3 3	赤3 4	青4 5	青4 6	黄5 7	黄5 8
父	ドゥラメンテ	シュヴァルグラン	ハービンジャー	ハービンジャー	ドゥラメンテ	ゴールドシップ	ハービンジャー	エピファネイア
馬名	コンドライト	ホームアンドドライ	タルタロス	ピエスダルジャン	ショウナンガチ	マイネルガンナー	グランドブレーカー	ユーキャンドウイッツ
性齢	牡3	牡3	牡3	牡3	牡3	牡3	牡3	牡3
母（母の勝利・生産国）	アエロリット（4勝）	セイリングホーム（輸入）	タイヨウノコ（1勝）	アルジャンテ（4勝）	エスケイプクローズ（輸入）	クードヴァン（0勝）	リュートフルシティ（0勝）	ビーコンターン（輸入）
母父	クロフネ	シャマーダル	エンパイアメーカー	ディープインパクト	ゴーイングコマンド	ディープインパクト	ウォーエンブレム	シャマーダル
人気指数	44	2	30	62	2	14	2	8
木南	▲	…	△	△	…	△	…	…
マイク	▲	…	☆	△	…	△	…	…
松田	◎	…	▲	…	…	…	△	△
奥田	△	…	△	○	△	△	…	…
桑原	△	△	▲	◎	…	△	○	…
井上	56 ☆	46 △	57 △	71 ◎	48 …	51 …	47 …	50 △
本紙高木	⑤ ▲	⑬ …	④ △	② ☆	⑪ …	⑧ …	⑫ …	⑨ …
重量騎手	57横山武	57亀田	57黛	57鮫島駿	57池添	57佐々木	55△小林勝	57斎藤
厩舎	美菊沢	栗高柳大	美森一	栗茶木	栗須貝	美畠山	美西田	栗池江
生月日毛色賞金	1.20鹿0	5.6栗0	4.13黒鹿0	2.4芦0	1.30鹿0	2.26鹿0	5.2黒鹿0	4.29栗0
馬主	サンデーR	広尾レース	村…吾	シルクR	国…秀	ラフィアン	G1R	吉沢HD
生産者	ノーザンF	木村秀則	林…暉	社台C白老F	ノー…F	ビッグレッドF	追分F	岡田S
2600持	2.00.5	2.02.5	2.01.4	2.27.4	2.14.8	函良2.46.0	函良2.41.0	福良2.41.1
二六芝	0000	0000	0000	0000	0000	0001	0001	0003
前走	1東2.10 13着 ⑤未勝利 1.41.7 57[illegible]1人	2小2.25 5着 ⑥未勝利 1.50.4 57菱田6人	2中3.3 3着 ④未勝利 外1.35.2 57江田照7人	1阪3.16 4着 ⑦未勝利 外2.27.4 57岩田望4人	1京1.8 12着 ③未勝利 外2.17.3 57モリス5人	1函6.9 10着 ②未勝利 2.03.0 57丹内6人	2中3.16 13着 ⑦未勝利 外2.17.1 56原7人	1福4.6 6着 ①未勝利 2.41.1 57斎藤11人
前走	2東4.27 3着 ③未勝利 3歳B37.8 1.48.5 57[illegible]1人 15ト15ゞ 474 S②34.4 ④②②01 ルトゥール	1阪3.17 10着 ⑧未勝利 3歳坂55.0 1.59.3 57西村淳3人 11ト9ゞ 460 S②40.9 ⑤⑥⑥39 3休パカーラ	3中3.30 3着 ❸未勝利 3歳坂55.0 内2.01.4 57三浦4人 18ト8ゞ 446 M⑥35.4 ⑧⑧⑥04 アンゴラブラ	1新5.19 11着 ⑧未勝利 3歳C37.9 内2.18.7 56角田河4人 16ト3ゞ 444 M⑬38.3 ⑪⑪⑩19 オリエンタル	3京5.25 11着 ⑪未勝利 3歳B37.9 外2.14.8 57池添4人 12ト11ゞ 508 S⑧36.5 ③④④20 ミッキースト	1函6.22 12着 ⑤未勝利 3歳C40.5 2.02.1 57佐々木12人 16ト2ゞ 464 M①37.0 ⑧⑪⑩11 コーラルムー	1函6.9 8着 ②未勝利 3歳C40.0 2.41.0 57松岡12人 14ト10ゞ 518 M⑭36.7 ⑭⑭⑭09 サンライズガ	1函6.9 10着 ②未勝利 3歳C41.0 2.42.2 57斎藤10人 14ト8ゞ 464 M⑭38.4 ⑦⑦⑦21 サンライズガ
前走	1函6.15 4着 ③未勝利 3歳B36.6 2.00.8 57横山武1人 16ト11ゞ 474 M⑫37.2 ⑨①①08 パンジャ	1函6.30 7着 ⑧未勝利 3歳C39.5 2.02.5 57亀田8人 16ト10ゞ 476 M⑯36.9 ④③②08 サラトガチッ	2東4.21 5着 ②未勝利 3歳坂54.5 1.48.6 57三浦3人 16ト3ゞ 444 S①34.0 ⑦⑦⑨07 3休0010	1函7.14 3着 ⑫未勝利 3歳B37.7 2.02.3 57鮫島駿4人 16ト6ゞ 448 M⑫36.1 ⑤⑥⑥04 ドウアドバン	4京6.15 10着 ⑤未勝利 3歳B36.9 2.02.8 55永島7人 15ト8ゞ 506 M⑨39.2 ⑬⑫⑪26 カズタンジャ	1函7.6 5着 ⑨未勝利 3歳C41.0 2.46.0 57佐々木6人 12ト5ゞ 462 M⑧36.3 ⑨⑨⑥10 ミスガリレオ	1函6.22 15着 ⑤未勝利 3歳C39.6 2.03.4 57松岡16人 16ト1ゞ 516 M①38.8 ⑭⑤⑩24 コーラルムー	1函7.6 4着 ⑨未勝利 3歳C40.6 2.46.0 56角田河9人 12ト8ゞ 462 M⑧36.4 ⑨⑦⑥10 ミスガリレオ
芝左右回り成績	00000	00000	00000	00000	00000	00000	00000	00000
重回り成績	02002	00000	11001	00000	01102	00000	00000	00000
札芝成績	01001	00000	10202	00101	00000	01001	00000	00000
全幌芝成績	00203	00304	02002	01506	00203	11607	12719	10406
単予想オッズ	6.5	53.1	11.1	6.0	54.6	22.0	54.9	28.3
6F 今回調教	82.8馬	一 馬	一 馬	一 馬	一 馬	一 強	84.3一	一 馬
5F	札ダ67.6な	札ダ67.5な	函W70.2な	函W70.4な	函W69.7な	札ダ70.7	札ダ69.2杯	札芝65.8な
3F	39.1り	40.0り	40.2り	38.8り	39.1り	39.4め	40.1追	36.5り
1F	12.9B	13.9C	13.3C	12.2B	13.0C	12.8C	12.7C	12.0B
短評	主力形成	望み距離	2600克服	実力互角	低迷続く	穴に一考	さすがに	はまれば

本紙予想

馬連

9—12

1—9

4—9

9—13

3—9

9—10

●2024年8月4日・札幌6R（3歳未勝利、芝2600m）

1着⑨テイキットイージー＝EP馬
（3位・4番人気）
2着③タルタロス
（4位・3番人気）
3着⑤ショウナンガチ＝EP馬
（11位・7番人気）

…………………………………………

9着⑦グランドブレーカー＝EP馬
（12位・13番人気）
12着②ホームアンドドライ＝EP馬
（13位・11番人気）

単⑨ 570円
複⑨ 200円　③ 230円　⑤ 1020円
馬連③－⑨ 1360円
馬単⑨→③ 3070円
ワイド③－⑨ 610円
⑤－⑨ 3260円
③－⑤ 3190円
3連複③⑤⑨ 17740円
3連単⑨→③→⑤ 98060円

6緑 9	6緑 10	7橙 11	7橙 12	8桃 13	8桃 14
ゴールドシップ牡3 テイキットイージー コスモマイルール(1勝)ルールオブロー	レイデオロ 牝3 レイフロレット レイズアベール(4勝)ハーツクライ	ハーツクライ牝3 シングルハーテッド シングルゲイズ(輸入)ノットアシングルダウト	ゴールデンホーン牡3 (外)アークドール ラルク(3勝)ディープインパクト	サトノダイヤモンド牡3 シビックシャルル シビックハート(0勝)バゴ	シュヴァルグラン牡3 サーブザミッション ウィズアミッション(2勝)デインヒルダンサー
62	24	20	74	6	1
◎ △ ○ ☆ ☆ 68 ○ ③ ◎ 厩	… △ △ … … 55 △ ⑥ △ 厩	… … … ◎ … 初 53 … B ⑦ … 厩	○ ○ ☆ ▲ △ 72 ▲ ① ○	☆ … … … … 49 … ⑩ △	… ◎ … … … 40 … ⑭ … 厩
57丹内	55岩田康	52▲高杉	57武豊	57菱田	57永野
美萱野	美黒岩	栗吉岡	栗松永幹	栗高橋忠	栗吉村
5.12芦0	2.11鹿0	1.23鹿0	4.13鹿0	5.6鹿0	2.24鹿0
ビッ[illegible]ドF	サンデーR	サンデーR	インゼルR	国枝久美子	吉田晴哉
荒[illegible]F	ノーザンF	ノーザンF	アイルランド	二風谷F	追分F
福良2.43.5	三2.17.8	亖2.28.2	函良2.40.2	函良2.46.6	三2.15.2
0100	0000	0000	0110	0001	0000
2東5.18 7 ⑨未勝利 丰2.00.1 57津村9人	1中1.20 3 ⑥未勝利 丰内2.01.2 55ビュレク8人	2阪3.31 6 ④未勝利 亖外2.28.3 55 幸 8人	1函6.9 3 ②未勝利 云2.40.2 57武豊5人	1名3.23 13 ⑤未勝利 天1.38.4 56秋山13人	1京1.13 6 ④未勝利 丰内2.03.2 57坂井4人
3東6.9 6 ④未勝利 3歳C40.0 亖2.27.9 57津村6人 15ト11ヲ 430 S③34.9 6 7 7 04 ズイウンゴサ	2中3.2 7 ③未勝利 3歳B38.8 三外2.17.8 55武藤8人 18ト6ヲ 390 S①35.7 10 10 10 13 デュアルウィ	3京5.19 5 ⑩未勝利 3歳坂55.5 亖外2.28.2 55 幸 5人 15ト5ヲ 424 M⑥34.7 11 10 9 03 ジャスティン	1函6.22 6 ⑤未勝利 3歳C39.1 丰2.01.2 57武豊3人 16ト8ヲ 438 M①36.7 9 4 4 02 コーラルムー	1函6.9 12 ②未勝利 3歳C41.6 丰2.03.5 57菱田14人 14ト9ヲ 448 M④36.8 12 13 11 16 ロードオール	2阪4.14 14 ⑧未勝利 3歳坂54.8 三内2.15.2 57松若10人 15ト10ヲ 444 S⑬37.6 3 3 3 21 ライフセービ
2福7.14 2 ⑥未勝利 3歳C38.4 云2.43.5 57木幡巧5人 16ト3ヲ 432 S⑨36.0 5 2 2 06 シドニーライ	1新5.18 10 ⑦牝未勝 3歳C38.7 丰内2.06.0 55丸山12人 16ト12ヲ 372 M⑪38.6 7 8 12 15 ノリピー	4京6.8 17 ③未勝利 3歳坂59.0 亖外2.28.2 55 幸 12人 18ト4ヲ 424 S⑧37.0 15 16 14 37 シャイニング	1函7.6 2 ⑨未勝利 3歳B39.4 云2.45.6 57武豊3人 12ト7ヲ 440 M⑧36.4 5 3 2 06 ミスガリレオ	1函7.6 7 ⑨未勝利 3歳C40.1 云2.46.6 57菱田11人 12ト11ヲ 444 M⑧37.5 2 2 1 16 ミスガリレオ	
00000 00101 00000 05308	00000 00000 00101 01304	00000 00000 00000 00405	00000 00101 00101 01213	00000 00000 00000 11203	
4.2	14.5	17.5	3.3	33.3	
— 直 札ダ70.3強 40.8め 12.5B	85.6馬 札ダ69.6な 39.8り 12.6C	— 馬 函W — な 43.5り 14.9C	— — 函W69.2杯 38.2追 12.8C	— — 札ダ70.4杯 41.1追 12.4C	
ここ狙い	見直しも	上位疑問	距離合う	残り目も	

1

万馬券的中証明書

2024年08月04日
JRA日本中央競馬会

あなたは下記の万馬券を的中させましたので
ここに証明いたします。

記

2024年　1回札幌6日　6R
3連複 03－05－09　100円購入
払戻金単価　@17,740円
払戻金合計　17,740円

3連複1万7740円！

実践④秘技(笑)2×2フォーメーションで3連複3万馬券！

●24年8月4日・新潟9R（3歳未勝利、ダ1200m）
EP馬＝①アメリカンランナー（2位・1番人気）2着、③シューンカイゼリン（13位・12番人気）3着！

前項までで3つの的中レースを紹介したが、いずれも未勝利戦だった。この新潟9Rも未勝利戦である。えっ、9Rで未勝利って？

その前週からこの週まで、暑熱対策で新潟では、5Rまで午前中に済まし、最も暑い時間を長い昼休みにし、3時過ぎから6Rがスタートするという施行になっている。その関係で本来、7Rくらいまでに行なわれる未勝利戦が夕方の9Rに回されたのだ。

もうひとつ、こんな疑問があるかもしれない。EP馬で万馬券が獲れるのは未勝利（下級条件）しかないんじゃないいの？

大丈夫！　これはたまたま。確かに下級条件のほうが頭数が揃いやすいという点もあるが、重賞などの上級条件でも通用する。おいおい紹介するのでお待ち願いたい。

さて、未勝利の新潟9R、ここは次のような状況だった。

・頭数＝15頭
・テクニカル6＝パターン4（平均）
・コンピ1位＝74
・EP馬は次の4頭

2位①アメリカンランナー（＋3）
3位⑩メロディアスハード（＋3）
12位⑧テンメリーアーサー（＋3）
13位③シューンカイゼリン（＋4）

ご覧の通り、EP馬は上位2頭、下位2頭にくっきり分かれた形になった。さて、どう買うべきか。

私が自分予想で3連複フォーメーションを買うとき、次のような特殊な組み方をすることがある。

人気サイド（本命）2頭×人気薄サイド（穴）2頭×ヒモ

点数が結構張るので、あまり使わないのだが、これを使って3連複を買うことにした。すなわちEP上位馬2頭×EP下位馬2頭×ヒモのフォーメーションである。

①⑩－③⑧－①②③⑤⑥⑦⑧⑨⑩⑪⑫⑬⑮（ヒモは指数46、この場合は47のラインで④⑭カット）※40点

これが功を奏した。逃げた⑤ライトニングゼウス（6位・7番人気）がそのまま押し切り。先行した①アメリカンライナー、③シューンカイゼリンが2、3着を守った。EP馬2頭が圏内に残ったので、「2×2」フォーメーションが的中。勝った⑤が伏兵人気だったため、3連複は3万馬券となった。

●2024年8月4日・新潟9R（3歳未勝利、ダ1200m）

【1位74】15頭　テクニカル6：パターン4（1～3位の和＝215⇒平均）

EP馬＝2位①、3位⑩、12位⑧、13位③

順位	1	2	3	4	5	6	7	8	9	10	11	12	13	14	15
馬番	⑨	①	⑩	⑥	⑬	⑤	⑫	⑮	⑦	②	⑪	⑧	③	⑭	④
指数値	74	73	68	56	55	54	53	52	51	50	49	48	47	41	40
平均値	＼	70	65	61	57	55	53	51	50	48	47	45	43	41	40
差（3以上）	＼	3	3									3	4		

新潟 9 3歳未勝利（混合）

発走＝16時50分

ダート1200メートル

好走枠 外枠　脚質 逃げ

レコード＝1・09・1 19年マラードザレコード

平均ペース 激戦

枠・馬番	白1 1	黒2 2	黒2 3	赤3 4	赤3 5	青4 6	青4 7	黄5 8	黄5 9
父	ガンランナー	コパノリッキー	ドレフォン	トランセンド	ダンカーク	ミッキーアイル	トランセンド	ビッグアーサー	リオンディーズ
馬名	(外)アメリカンランナー	レーヌガレット	シューンカイゼリン	ヴァルタリ	ライトニングゼウス	グローリーロード	ハナチルサト	テンメリーアーサー	フォルスタクラス
性齢	牡3	牝3	牝3	牡3	牡3	牡3	牝3	牝3	牡3
母（母の勝利・生産国）	アクアフレッシュ(宇)	シーズガレット(1勝)	ハナライ(未出走)	エクロジオン(0勝)	サクラナスカ(3勝)	ビューアーフレーム(2勝)	スエツムハナ(0勝)	マンハッタンガール(0勝)	ダラニ(1勝)
母父	イクリージアスティク	アグネスフライト	メダリアドーロ	エンパイアメーカー	サクラバクシンオー	シルヴァーデピュティ	ゼンノロブロイ	マンハッタンカフェ	サクラバクシンオー
人気指数	74	6	4	1	18	32	12	4	82
木南	○	△	…	…	…	…	▲	…	…
マイク	○	…	…	△	…	△	☆	◉	▲
舟元	△	…	…	…	△	○	▲	…	◎
桑原	○	…	…	…	…	◎	△	△	☆
高木	○	…	…	…	…	◎	△	…	▲
井上	73 ○	50 …	47 …	40 …	54 …	56 ☆	51 △	48 △	74 ▲
本紙松田	② ◯	⑩ …	⑬ … 替	⑮ … 替	⑥ … 替	④ △ B	⑨ △ 替	⑫ …	① ◎ B
重量騎手	57Mデムーロ	52▲橋木	53△小林脩	54▲吉村	57菊沢	57幸	53◇永島	55国分恭	57三浦
騎手相性	0001	0002	0000	0000	0000	0012	0000	0001	0104
厩舎	美戸田	栗嵩	美伊藤圭	栗宮本	美勢司	栗西園翔	美松永康	栗西園翔	美上原博
生月日毛色賞金	1.[illegible] 0	5.22栗 0	3.[illegible] 0	4.14鹿 0	3.2[illegible] 0	3.12栗 0	3.24栗 0	3.23鹿 0	3.19黒鹿 0
馬主	吉[illegible]D	橋場勇二	モン[illegible]ヴ	ノースヒルズ	谷岡[illegible]毅	久保博文	内田玄祥	天白泰司	ノースヒルズ
生産者	アメリカ	庄野牧場	グランド牧場	平山牧場	谷岡S	大作ステーブル	中地広大	白井牧場	チャンピオンズF
1000ダ・1200ダ・1400ダ 持時計	東良1.24.6	京不1.12.4 阪良1.27.5	中重1.12.8 東良1.28.7	京良1.14.6 阪良1.28.0	東良1.25.8	小不58.5 阪不1.13.4 芝良1.24.9	中重1.12.2 東重1.25.5	千直1.10.4 芝良1.11.1	千直1.09.9 新良1.12.4 東良1.27.2
千千千重	0000	0000	0000	0000	0000	0000	0000	0000	0000
四二成	2000	1000	0000	0000	0000	0000	0000	0000	0200
（同）	0000	0000	0000	0000	0000	0011	1000	0000	0000
ダダダ績	0000	2201	2201	2200	1000	0101	2303	0000	2100
前3走	2東5.25 2 ⑪未勝利 3歳B38.1 ダ1.25.5 57ニ元1人 16ト9ｺ 478 M⑯37.0 6 5 07 オルゴーリオ	3京4.28 10 ④牝未勝 3歳坂55.8 ダ1.58.6 54泉谷9人 12ト12ｺ 444 H②42.4 6 4 6 38 マベルシュシ	2京2.17 4 ⑦牝未勝 3歳C38.5 ダ1.13.4 55岩田望7人 15ト8ｺ 420 M①37.3 10 10 14 プレヴィスト	3京11.12 5 ④未勝利 2歳坂54.6 ダ1.15.0 56西村淳7人 13ト11ｺ 512 M①37.5 12 11 23 ラヴオントッ	3中4.7 6 ⑥未勝利 3歳B36.9 天外1.36.8 57木幡巧5人 16ト8ｺ 506 H③37.9 2 3 3 11 レッドセニョ	2阪3.24 7 ②未勝利 3歳坂55.1 ダ1.13.4 57幸4人 16ト13ｺ 466 M⑫36.9 11 4 04 アナレクタ	2東4.27 5 ③牝未勝 3歳坂57.1 ダ1.26.4 52長浜8人 16ト14ｺ 418 S①37.2 6 7 24 アピーリング	初子 近親 ミヤジタイガ	3中4.6 2 ⑤未勝利 3歳C38.6 ダ1.12.4 57三浦3人 16ト8ｺ 468 H⑤38.4 3 3 10 ヴェサリウスⒷ
前2走	3東6.16 2 ⑥未勝利 3歳B38.5 ダ1.24.6 57ニ元1人 16ト7ｺ 478 H⑭36.5 7 6 04 オオタニサー	4京6.16 4 ⑥牝未勝 3歳坂53.9 ダ1.13.5 52橋木12人 14ト6ｺ 442 M①37.1 9 10 24 ミルミナーヴ	2中3.9 6 ⑤牝未勝 3歳C38.1 ダ1.12.8 55岩田望5人 16ト1ｺ 424 H③38.2 7 5 09 3休クインズ	5阪12.10 7 ④未勝利 2歳坂53.6 ダ1.28.0 56西村淳7人 15ト15ｺ 516 H②38.5 11 10 16 6休ニホンピ	2東5.18 9 ⑨未勝利 3歳C39.2 天1.35.2 57木幡巧6人 18ト17ｺ 504 S①34.4 11 10 12 ロジプラヤ	金沢5.14 6 ②架谷賞 交流 ダ1.37.1 56吉原寛1人 10ト1ｺ 462 M①40.6 3 3 3 47 ジョニール	2東5.12 3 ⑧牝未勝 3歳 軽め ダ1.26.6 52長浜8人 16ト4ｺ 420 H⑧38.4 3 4 02 モスオーキッ	1小1.28 10 ⑥新馬 3歳坂54.5 芝1.11.1 55幸5人 14ト14ｺ 476 M①35.2 9 10 08 ウィルダネス	1新4.27 2 ①未勝利 3歳C40.1 ダ1.12.4 56佐々木6人 15ト14ｺ 468 H①37.7 4 3 10 アメリカンチⒷ
前走	2福7.6 4 ③未勝利 3歳B39.2 ダ1.47.0 57Mデ台2人 15ト10ｺ 478 M①38.8 4 3 3 12 パリブラージ	4京6.23 6 ⑧未勝利 3歳 連闘 ダ1.12.4 52橋木13人 15ト12ｺ 442 M①36.3 10 10 13 タイセイアレ	3東6.15 15 ⑤牝未勝 3歳坂55.8 ダ1.28.7 55戸崎9人 16ト3ｺ 428 M①40.5 4 4 43 アルーリング	4京6.16 12 ⑥未勝利 3歳坂54.2 ダ1.28.2 55永島14人 16ト2ｺ 518 H⑥38.7 15 15 17 フェールブリ	3東6.16 6 ⑥未勝利 3歳C38.3 ダ1.25.8 57木幡巧8人 16ト9ｺ 504 H⑭37.8 6 6 16 オオタニサー	3小7.14 3 ⑥未勝利 3歳坂53.8 ダ58.5 57幸7人 14ト4ｺ 456 M①35.4 3 3 08 ピリー Ⓑ	3東6.1 7 ❶牝未勝 3歳 軽め ダ1.25.5 52長浜6人 16ト12ｺ 418 M③36.6 12 12 14 アルプスオジ	1福4.13 8 ③未勝利 3歳坂55.0 ダ1.10.4 55国分恭9人 16ト11ｺ 472 M③37.7 11 9 10 3休レグザゴ	2福7.7 5 ④未勝利 3歳B37.9 千直1.09.9 57三浦3人 16ト9ｺ 466 M⑥38.3 1 1 08 マサノヒーローⒷ
全左右新全	00000	00000	00000	00000	00000	00000	00000	00000	00000
回回潟成	02103	00101	00000	00000	10001	00000	00000	00000	01112
りり	01203	00000	00000	00000	00000	00101	01001	00000	00000
芝ダダダ績	01102	00505	02204	00404	22004	30205	13206	10102	22206
連対体重	478―492	450			500				468
単予想オッズ	3.5	35.9	46.9	73.0	20.3	11.0	25.6	45.1	2.8
今回調教 6F	― 末	4F56.5馬	4F53.7―	4F54.2強	― 馬	4F53.6末	4F55.2馬	4F53.4馬	― 馬
5F	美W68.7強	栗坂41.5な	美坂38.7杯	栗坂39.3	美B ― な	栗坂38.7強	美坂39.5な	栗坂38.6な	美W66.7な
3F	38.0め	27.2り	25.0追	25.5め	39.6り	25.1め	25.8り	24.6り	37.7り
1F	11.8B	13.7C	12.6C	12.5C	12.1C	12.5B	12.7C	12.1B	12.0C

賞金
1着 550万円
2着 220万円
3着 140万円
4着 83万円
5着 55万円

本紙予想

馬連
1―9
9―10
9―12
9―15
7―9
6―9

3連単
9
▼
1 6 7 10 12 15
▼
1 6 7 10 12 15

●2024年8月4日・新潟9R（3歳未勝利、ダ1200m）

1着⑤ライトニングゼウス
（6位・7番人気）
2着①アメリカンランナー
（2位・1番人気）＝EP馬
3着③シューンカイゼリン
（13 位・12 番人気）

………………………………………………

4着⑩メロディアスハード＝EP馬
（3位・3番人気）
9着⑧テンメリーアーサー＝EP馬
（12 位・10 番人気）

単⑤ 2420 円
複⑤ 600 円　① 150 円　③ 1180 円
馬連①－⑤ 2650 円
馬単⑤→① 7620 円
ワイド①－⑤ 1130 円
　　③－⑤ 15480 円
　　①－③ 3020 円
3連複①③⑤ 34590 円
3連単⑤→①→③ 255200 円

	15 桃8	14 桃8	13 橙7	12 橙7	11 緑6	10 緑6
父・性齢	ホッコータルマエ牝3	サトノダイヤモンド牝3	カリフォルニアクローム牡3	エスポワールシチー牡3	カタリナクルーザー牡3	ネオユニヴァース牝3
馬名	レモンシフォン	ニシノサイエン	ドリームライク	タマエスポワール	(外)オールドマイン	メロディアスハード
母（勝）母父	ゼロカラノキセキ(0勝)キンシャサノキセキ	メイクアミラクル(1勝)ファスリエフ	ペチカ(3勝)スウェプトオーヴァーボード	タママリア(1勝)キングヘイロー	ナチェズトレイス(米)コンシリディター	モルトアレグロ(3勝)スペイツタウン
	16	1	28	20	4	58
	…	…	☆	△	◎	△
	…	…	…	…	△	△
	…	…	☆	…	…	…
	…	…	△	▲	…	△
	△	…	☆	…	…	△
	52 △	41 B	55 △	53 初	49 …	68 ◎
	⑧ △	⑭ 替	⑥ …	⑦ ☆ B	⑪ … 替	③ ▲ 替
斤量・騎手	55吉田豊	54☆原	57加藤	57石川	57荻野極	55長岡
	0003	0000	0002	0116	0000	0000
厩舎	美尾関	美小手川	栗羽月	美相沢	栗池江	栗杉山佳
生年月日・毛色	3.15黒鹿0	4.8鹿0	4.18芦0	3.10鹿0	3.21栗0	2.22青鹿0
馬主	広尾レース	西山茂行	康本利幸	玉井鶴枝	吉田和美	吉田照哉
生産者	木村秀則	村上欽哉	ヒダカF	本間牧場	アメリカ	社台F
持ち時計	千五1.09.8 東稍1.26.1	函重59.7 新良1.13.5 東良1.27.5	小重58.5 天1.58.6	中良1.13.3 東重1.24.8	名良1.27.7	芝良1.09.8 芝良1.22.0
	0000 0000 0000 3000	0000 0000 0000 1211	0000 0000 0000 0011	0000 0000 0100 2101	0000 0000 0001 1000	0000 0000 0000 0000
前走	2東5.4 6 ⑤牝未勝 3歳坂54.9 亖ダ1.26.1 55吉田豊10人	1新4.27 5 ①未勝利 3歳坂56.5 壬ダ1.13.5 51小林美10人 15ト3ゾ 468 H①38.0 ⑧⑧21 アメリカンチ	ネージュフレーズ ゴルド ヘルミオーネ シュクヴァル	1東2.18 10 ⑧未勝利 3歳坂55.3 亖ダ1.28.1 57石川3人 16ト7ゾ 508 M③38.9 ⑧⑧20 3休ローリー	1小1.13 13 ①未勝利 3歳坂53.4 毛ダ1.51.4 57西村淳2人 14ト3ゾ 488 H①41.8 ②②⑤30 クロドラバー	4阪9.9 4 ①牝未勝 2歳坂55.0 舌内1.22.0 55藤岡康7人 9ト5ゾ 450 M⑤34.5 ③④04 パウンシース
2走前		2東5.19 9 ⑩牝未勝 3歳坂58.0 亖ダ1.27.5 55野中12人 16ト16ゾ 466 M⑤38.0 ⑧⑦19 エイシンホイ	4京6.8 14 ③未勝利 3歳坂56.9 弐ダ1.58.6 57加藤12人 16ト3ゾ 460 M②41.9 ⑩⑭⑭60 メイショウマ	2東5.19 7 ⑩未勝利 3歳B37.6 亖ダ1.20.6 57石川2人 16ト11ゾ 514 S①36.5 ⑬⑬17 グランプリシ	1名3.17 11 ④未勝利 3歳坂55.9 亖ダ1.27.7 57鮫島駿5人 16ト13ゾ 500 M②39.2 ⑤⑤24 サトノアイン	4阪10.1 4 ❾未勝利 2歳坂55.0 舌内1.23.6 55藤岡康4人 11ト3ゾ 446 S⑪34.9 ⑥⑦05 9休アスティ
3走前		1函7.7 6 ⑩牝未勝 3歳坂56.9 千ダ 59.7 52高杉7人 12ト12ゾ 460 M⑤36.1 ⑦⑥08 ヴェラリーシⒷ	3小7.20 5 ❼未勝利 3歳坂53.6 千ダ 58.5 57加藤13人 14ト8ゾ 448 M④35.5 ④④06 マサレエトワ	3東6.23 9 ❽未勝利 3歳C38.2 亖ダ1.24.8 57石川10人 16ト3ゾ 504 M④35.5 ⑭⑪12 ミスヨシゼン	3京5.18 17 ⑨未勝利 3歳C37.0 舌内1.22.2 57鮫島駿12人 18ト6ゾ 496 M⑯36.0 ⑥⑥18 ビダーヤ	3小7.13 9 ⑤未勝利 3歳坂55.0 壬1.09.8 52吉村9人 18ト3ゾ 448 H②36.7 ①②09 エイシンオニ
		00000 00000 00000 02214	00000 00000 00000 00202	00000 01001 00101 05106	00000 00000 01001 11103	00000 00000 00000 40004
				508		
		72.4	12.9	18.7	47.2	4.7
調教	12.8C	4F58.9馬 栗坂43.3な 28.3り 13.9C	一 馬 栗B 一 な 41.7り 12.4C	一 馬 美W67.3な 37.7り 12.0C	4F55.0馬 栗坂40.3な 25.6り 12.4C	4F55.1馬 栗坂39.7な 25.3り 12.3C

万馬券的中証明書

2024年08月04日
JRA日本中央競馬会

あなたは下記の万馬券を的中させましたので
ここに証明いたします。

記

2024年　2回新潟4日　9R
3連複 01－03－05　100円購入
払戻金単価　@34,590円
払戻金合計　34,590円

3連複3万4590円！

実践⑤重賞でもEP馬は通用する！紫苑Sの3連単的中

●24年9月7日・中山11R紫苑S（GⅡ、芝2000m）
EP馬＝⑥クリスマスパレード（5位・5番人気）1着！

実践④でも書いたが、下級条件だけがEP馬の舞台ではない。上級条件、重賞でも走る。それが証明したくて、本来は頭数シバリで手を出さないはずの、この紫苑Sを購入してみた。

・頭数＝13頭
・テクニカル6＝パターン3（やや波乱）
・コンピ1位＝77
・EP馬
5位⑥クリスマスパレード（＋4）

EP馬が5位という比較的上位のポジションだけに、3連複などではなく、ズバリ3連単を狙ってみた。次のような2通りのフォーメーションである。

・⑥→①⑦⑩→①⑦⑧⑩⑪⑫　※15点
・①⑦⑩→⑥→①⑦⑧⑩⑪⑫　※15点

1位⑪ボンドガールについては、前走が1800mのクイーンSで2着だったものの、ダイワメジャー産駒であり距離延長はプラスにはならないと踏んだため、3着（ヒモ）止まりとした。

レースは2番手で折り合ったEP馬⑥クリスマスパレード（5番人気）が直線、脚を伸ばす。①ミアネーロ（3

位・3番人気）の急追をクビ差しのぎ、コースレコードの勝利。3着には予想通りボンドガールが入線。3連単は1万3840円というものだった。

この春からのEP馬（コンピ5位以下）の重賞好走を振り返ると――。

・4月21日　マイラーズC…ニホンピロキーフ（10位・6番人気）3着
・4月27日　青葉賞…ショウナンラプンタ（8位・7番人気）2着
・4月27日　青葉賞…デュアルウィルダー（6位・4番人気）3着
・5月4日　京都新聞杯…ウエストナウ（8位・5番人気）2着
・6月16日　マーメイドS…アリスヴェリテ（11位・4番人気）1着
・7月14日　函館記念…グランディア（11位・4番人気）2着
・8月18日　札幌記念…ステラヴェローチェ（5位・4番人気）3着
・8月25日　新潟2歳S…トータルクラリティ（5位・6番人気）1着
・9月8日　セントウルS…モズメイメイ（7位・7番人気）3着
・9月15日　ローズS…セキトバイースト（13位・11番人気）3着
・9月29日　スプリンターズS…ルガル（13位・9番人気）1着
・9月29日　スプリンターズS…トウシンマカオ（5位・5番人気）2着

5位以下ではなく2位だったが、9月16日セントライト記念勝ち馬のアーバンシックもEP馬だった。このように重賞でもEP馬は見逃せない。

●2024年9月7日・中山11R紫苑S（GII、芝2000m）

【1位77】13頭　テクニカル6：パターン3（1～3位の和＝210⇒やや波乱）

EP馬＝5位⑥

順位	1	2	3	4	5	6	7	8	9	10	11	12	13
馬番	⑪	⑦	①	⑩	⑥	⑫	⑧	⑤	③	②	⑨	④	⑬
指数値	77	71	62	61	60	53	51	50	48	47	46	41	40
平均値	＼	71	64	59	56	54	53	51	49	47	44	43	40
差（3以上）	＼				4								

13頭立ての場合、2～8位は1位指数による平均値、9～13位は出走頭数による平均値

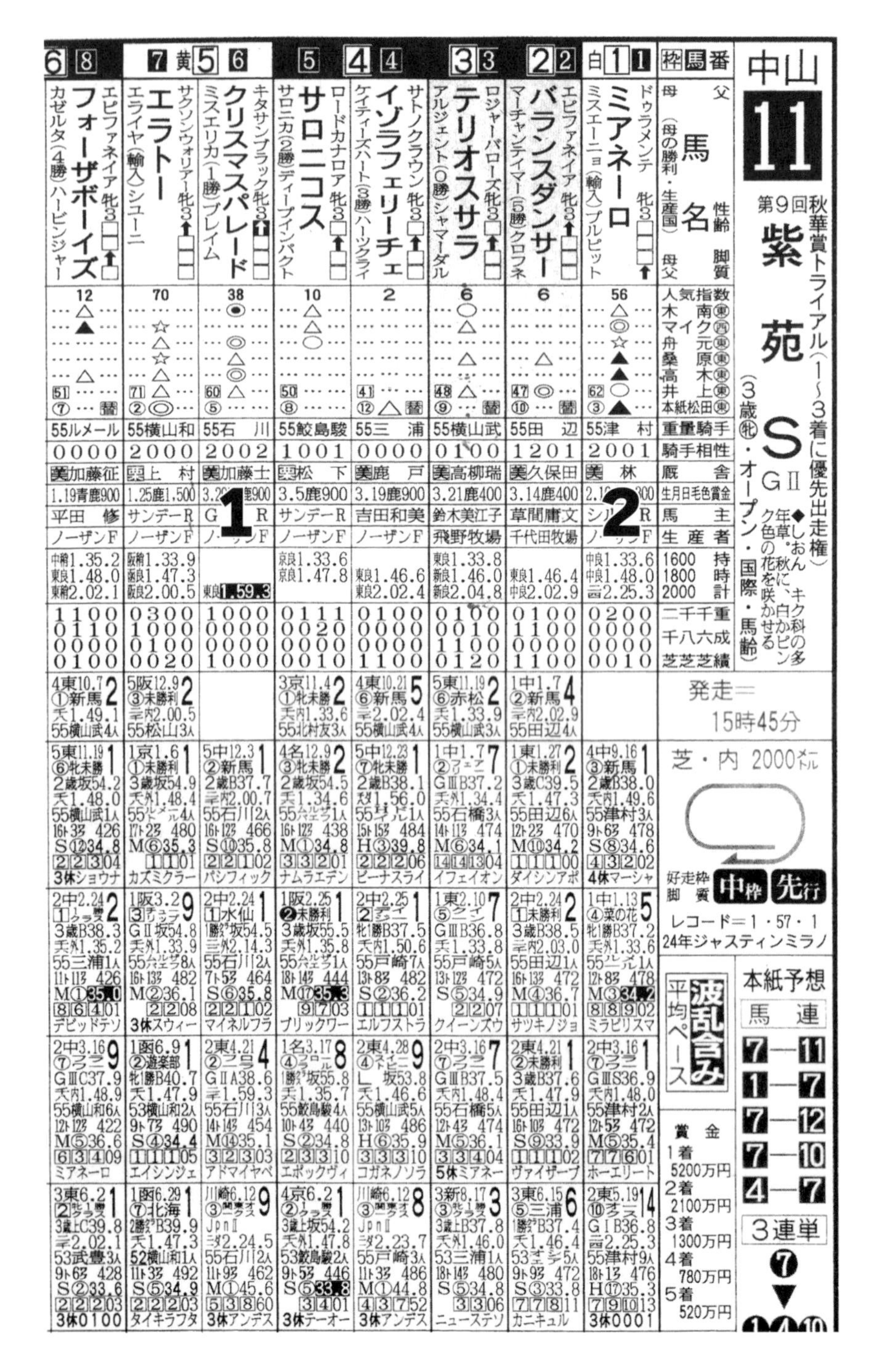

中山 11

第9回 秋華賞トライアル(1〜3着に優先出走権)

紫苑S GⅡ

(3歳牝・オープン・国際・馬齢)

◆しおん 秋に、キク科の多年草。白かピンク色の花を咲かせる

発走＝15時45分

芝・内 2000メートル

好走枠 中枠 / 脚質 先行

レコード＝1・57・1 24年ジャスティンミラノ

平均ペース 波乱含み

枠馬番	白1 1	2 2	3 3	4 4	4 5	黄5 6	5 7	6 8
父	ドゥラメンテ	エピファネイア	ロジャーバローズ	サトノクラウン	ロードカナロア	キタサンブラック	サクソンウォリアー	エピファネイア
馬名 / 性齢	ミアネーロ 牝3	バランスダンサー 牝3	テリオスサラ 牝3	イゾラフェリーチェ 牝3	サロニコス 牝3	クリスマスパレード 牝3	エラトー 牝3	フォーザボーイズ 牝3
母(母の勝利・生産国)	ミスエーニョ(輸入)	マーチャンテイマー(5勝)	アルジェント(0勝)	ケイティーズハート(3勝)	サロニカ(2勝)	ミスエリカ(1勝)	エライヤ(輸入)	カゼルタ(4勝)
母父	プルピット	クロフネ	シャマーダル	ハーツクライ	ディープインパクト	ブレイム	シユーニ	ハービンジャー
人気指数	56	6	6	2	10	38	70	12
木南(東)	△	…	◯	…	△	◉	…	△
マイク(西)	◎	…	△	…	△	…	☆	▲
舟元(東)	☆	…	…	…	◯	◎	△	…
桑原(東)	▲	△	△	…	…	△	☆	…
高木(東)	▲	…	…	…	…	◎	△	△
井上(東)	62 ◯	47 ◎	48 △	41 …	50 …	60 △	71 △	51 …
本紙松田(東)	③ ▲	⑩ … 替	⑨ … 替	⑫ △ 替	⑧ …	⑤ …	② ◎	⑦ … 替
重量騎手	55津村	55田辺	55横山武	55三浦	55鮫島駿	55石川	55横山和	55ルメール
騎手相性	2001	1201	0100	0000	1001	2002	2000	0000
厩舎	美林	美久保田	美高柳瑞	美鹿戸	栗松下	美加藤士	栗上村	美加藤征
生月日毛色賞金	2.1… 300	3.14鹿400	3.21鹿400	3.19鹿900	3.5鹿900	3.2… 鹿900	1.25鹿1,500	1.19青鹿900
馬主	シル… R	草間庸文	鈴木美江子	吉田和美	サンデーR	G… R	サンデーR	平田修
生産者	ノー… F	千代田牧場	飛野牧場	ノーザンF	ノーザンF	ノー… ンF	ノーザンF	ノーザンF
持時計 1600	中良1.33.6		東良1.33.8		京良1.33.6		阪稍1.33.9	中稍1.35.2
持時計 1800	中良1.48.0	東良1.46.4	新良1.46.0	東良1.46.6	京良1.47.8		函良1.47.3	東良1.48.0
持時計 2000	2.25.3	中良2.02.9	新良2.04.8	東良2.02.4		東良1.59.3	阪良2.00.5	東稍2.02.1
二千重	0200	0100	0100	0100	0111	1000	0300	1100
千八成	0000	1100	0010	0000	0020	0000	1000	0110
千六芝	0000	0000	1100	0000	0000	0000	0100	0000
芝芝績	0010	1100	0120	1100	0010	1000	0020	0100
前走5		1中1.7 ②新馬 4 / 亖内2.02.9 / 55田辺4人	5東11.19 ⑥赤松 2 / 兲1.33.9 / 55横山武3人	4東10.21 ⑥新馬 5 / 亖2.02.4 / 55横山武4人	3京11.4 ①牝未勝 2 / 兲内1.33.6 / 55北村友3人		5阪12.9 ③未勝利 2 / 亖内2.00.5 / 55松山3人	4東10.7 ①新馬 2 / 天1.49.1 / 55横山武4人
前走4	4中9.16 ③新馬 1 / 2歳B38.0 / 天内1.49.6 / 55津村3人 / 9ト6ゲ 478 / S⑧34.6 / 4 3 2 02 / 4休マーシャ	1東1.27 ①未勝利 2 / 3歳C39.5 / 天1.47.3 / 55田辺6人 / 12ト2ゲ 470 / M⑩34.2 / 1 1 1 00 / ダイシンアポ	1中1.7 ②フェアリー 7 / GⅢB37.2 / 兲外1.34.4 / 55石橋3人 / 14ト11ゲ 474 / M⑥34.1 / 14 14 13 04 / イフェイオン	5中12.23 ⑦牝未勝 1 / 2歳B38.1 / 天ダ1.56.0 / 55[illegible]1人 / 15ト15ゲ 484 / H③39.8 / 2 2 2 06 / ビーナスライ	4名12.9 ③牝未勝 2 / 2歳坂54.5 / 兲1.34.6 / 55ムルザバエフ1人 / 16ト12ゲ 438 / M①34.8 / 3 3 2 01 / ナムラエデン	5中12.3 ②新馬 1 / 2歳B37.7 / 亖内2.00.7 / 55石川2人 / 16ト12ゲ 466 / S⑩35.8 / 2 2 1 02 / パシフィック	1京1.6 ①未勝利 1 / 3歳坂54.9 / 天外1.48.4 / 55ルメール4人 / 17ト2ゲ 480 / M⑥35.3 / 1 1 01 / カズミクラー	5東11.19 ⑥牝未勝 1 / 2歳坂54.2 / 天1.48.0 / 55横山武1人 / 16ト3ゲ 426 / S⑫34.8 / 2 2 3 04 / 3休ショウナ
前走3	1中1.13 ④菜の花 5 / 牝1勝B37.2 / 兲外1.33.6 / 55ルメール1人 / 12ト8ゲ 478 / M③34.2 / 8 8 9 02 / ミラビリスマ	2中2.24 ①未勝利 2 / 3歳B38.5 / 亖内2.03.0 / 55田辺1人 / 16ト13ゲ 472 / M④36.7 / 1 1 1 01 / サツキノジョ	1東2.10 ⑤クイーン 7 / GⅢB36.8 / 兲1.33.8 / 55戸崎5人 / 13ト12ゲ 472 / S⑤34.9 / 2 2 07 / クイーンズウ	2中2.25 ②デイジー 1 / 牝1勝B37.5 / 天内1.50.6 / 55戸崎7人 / 13ト8ゲ 482 / S②36.2 / 1 1 1 01 / エルフストラ	1阪2.25 ❷未勝利 1 / 3歳坂55.5 / 兲外1.35.8 / 55ムルザバエフ1人 / 18ト14ゲ 444 / M⑰35.3 / 9 7 03 / ブリックワー	2中2.24 ①水仙 1 / 1勝クラス坂54.5 / 三外2.14.3 / 55石川2人 / 7ト5ゲ 464 / S⑥35.8 / 2 2 1 02 / マイネルフラ	1阪3.2 ③チューリップ 9 / GⅡ坂54.8 / 兲外1.33.9 / 55ムルザバエフ8人 / 16ト13ゲ 482 / M②36.1 / 2 2 08 / 3休スウィー	2中2.24 ①1勝クラス 2 / 3歳B38.3 / 兲外1.35.2 / 55三浦1人 / 11ト11ゲ 426 / M①35.0 / 8 6 4 01 / デビッドテソ
前走2	2中3.16 ⑦フラワー 1 / GⅢS36.9 / 天内1.48.0 / 55津村2人 / 12ト5ゲ 472 / M⑤35.4 / 7 7 6 01 / ホーエリート	2東4.21 ②未勝利 1 / 3歳B37.6 / 天1.47.9 / 55田辺1人 / 16ト10ゲ 472 / S⑨33.9 / 1 1 1 02 / ヴァイザーブ	2中3.16 ⑦フラワー 7 / GⅢB37.5 / 天内1.48.4 / 55石橋5人 / 12ト4ゲ 474 / M⑤36.1 / 3 3 4 04 / 5休ミアネー	2東4.28 ④スイートピー 9 / L 坂53.8 / 天1.46.6 / 55横山武5人 / 13ト10ゲ 486 / H⑥35.9 / 3 3 3 10 / コガネノソラ	1名3.17 ④フローラル 8 / 1勝クラス坂55.8 / 兲1.35.7 / 55鮫島駿4人 / 10ト4ゲ 440 / S②34.8 / 2 3 3 10 / エポックヴィ	2東4.21 ②フローラ 4 / GⅡA38.6 / 亖1.59.3 / 55石川3人 / 14ト14ゲ 454 / M⑭35.1 / 3 2 3 03 / アドマイヤベ	1函6.9 ②遊楽部 1 / 牝1勝B40.7 / 天1.47.9 / 53横山和2人 / 9ト7ゲ 490 / S④34.4 / 1 1 1 05 / エイシンジェ	2中3.16 ⑦フラワー 9 / GⅢC37.9 / 天内1.48.9 / 55横山和6人 / 12ト12ゲ 422 / M⑤36.6 / 6 3 4 09 / ミアネーロ
前走1	2東5.19 ⑩オークス 14 / GⅠB36.8 / 2.25.3 / 55津村9人 / 18ト1ゲ 476 / H⑰35.3 / 7 9 10 13 / 3休0001	3東6.15 ⑤三浦 6 / 1勝クラスB37.4 / 天1.46.4 / 53[illegible]5人 / 9ト9ゲ 472 / S③33.8 / 7 7 8 11 / カニキュル	3新8.17 ③牝1勝クラス 3 / 3歳上B37.8 / 天外1.46.0 / 53三浦1人 / 18ト14ゲ 480 / S⑤34.8 / 3 3 06 / ニューステソ	川崎6.12 ③関東オークス 8 / JpnⅡ / ダ2.23.7 / 55戸崎3人 / 11ト3ゲ 486 / M①44.8 / 4 3 7 52 / 3休アンデス	4京6.2 ②1勝クラス 1 / 3歳上坂54.2 / 天外1.47.8 / 53鮫島駿2人 / 9ト5ゲ 446 / S⑤33.8 / 3 4 01 / 3休テーオー	川崎6.12 ③関東オークス 9 / JpnⅡ / ダ2.24.5 / 55石川2人 / 11ト9ゲ 462 / M①45.6 / 5 3 8 60 / 3休アンデス	1函6.29 ⑦北海 1 / 2勝クラスB39.9 / 天1.47.3 / 52横山和1人 / 11ト3ゲ 492 / S⑤34.9 / 2 2 2 03 / タイキラフタ	3東6.2 ②牝1勝クラス 1 / 3歳上C39.8 / 亖2.02.1 / 53武豊3人 / 9ト6ゲ 428 / S②33.6 / 2 2 2 03 / 3休0100

本紙予想

馬連

7—11
1—7
7—12
7—10
4—7

3連単

7
▼
1 4 10

賞金

1着 5200万円
2着 2100万円
3着 1300万円
4着 780万円
5着 520万円

●2024年9月7日・中山11R紫苑S（GII、芝2000m）

1着⑥クリスマスパレード
（5位・5番人気）＝EP馬
2着①ミアネーロ
（3位・3番人気）
3着⑪ボンドガール
（1位・1番人気）

単⑥ 660 円
複⑥ 190 円　① 180 円　⑪ 140 円
馬連①ー⑥ 1600 円
馬単⑥→① 3550 円
ワイド①ー⑥ 600 円
⑥ー⑪ 460 円
①ー⑪ 460 円
3連複①⑥⑪ 2090 円
3連単⑥→①→⑪ 13840 円

13 (8枠)	12 (8枠)	11 (7枠)	10 (7枠)	9
サトノダイヤモンド牝3	ブリックスアンドモルタル牝3	ダイワメジャー牝3	ルーラーシップ牝3	ハーツクライ牝3
ガジュノリ	ハミング	ボンドガール	ホーエリート	レイクレセント
ガジュマル(1勝)ヴィクトワールピサ	ブリッツフィナーレ(未出走)ディープインパクト	コーステッド(輸入)ティズウェイ	ゴールデンハープ(2勝)ステイゴールド	ジュリエットシアトル(輸入)シアトルフィッツ
1	24	80	40	2
☆		▲	△	
	△	○	△	
		▲	△	
		○	◎	△
	☆	○	△	
40	53 ☆	77 ▲	61 △	46
⑬	⑥ ☆ 替	① ○	④ △ 替	⑪ 替
55永野	55菅原明	55武豊	55戸崎	55佐々木
1001	0000	0201	1001	0000
美尾形	栗中内田	美手塚	美田島	美大竹
3.7鹿900	3.29黒鹿900	1.1[illegible]850	4.24鹿1,150	2.2鹿400
中谷典生	石川達絵	藤田晋	吉田晴哉	社台RH
チャンピオンズF	下河辺牧場	ノーザンF	社台C白老F	社台F
中良1.34.2 函良1.48.8	阪重1.36.6 小良1.46.0 京良2.02.3	東良1.33.7 札稍1.47.4	中良1.48.1 東良2.00.2	東良1.35.0 札良2.00.2
0110 0010 0000 0230	0200 0000 0000 1011	0010 0120 0000 0010	0101 0100 0100 2000	1000 1000 0010 1000
1中1.20 1		3東6.4 ②牝新馬 1 天1.34.6 55レーン2人	4東10.15 ⑤未勝利 1 天1.49.7 55戸崎1人	
		4東10.7 ①サウジ 2 GIIIA37.7 天1.33.7 55川田1人 9ト3ヌ 454 M④34.1 7 6 03 6休ゴンバデ	5東11.5 ②百日草 6 1勝クB37.5 壬2.00.2 55北村宏6人 9ト9ヌ 464 S②34.7 2 2 2 08 3休アーバン	1東1.27 ①新馬 3 3歳B38.7 天1.35.0 55横山武1人 16ト15ヌ 416 M②34.1 7 8 03 リメリック
		3中4.6 ⑤ミュラ 2 GIIA38.1 天外1.34.5 55武豊1人 16ト5ヌ 450 M③35.1 5 4 4 01 エコロブルー	1東2.17 ⑦フリテ 7 1勝クB37.0 壬2.00.5 55戸崎8人 10ト3ヌ 468 S⑤34.0 4 3 4 02 マーシャルポ	3中4.6 ⑤未勝利 1 3歳C38.4 壬内2.02.7 55横山武2人 18ト5ヌ 422 M⑯35.3 9 8 8 01 マイネルオー
		2東5.5 ⑥NHK 17 GIA37.6 天1.34.9 55武豊3人 18ト5ヌ 452 M⑱36.4 3 3 25 3休ジャンタ	2中3.16 ⑦フラ 2 GIIIB36.4 天内1.48.1 55原8人 12ト9ヌ 460 M⑤35.6 8 7 6 01 ミアネーロ	3東6.2 ②牝1勝クラス 6 3歳上B36.6 壬2.03.1 53横山武2人 9ト9ヌ 422 S②33.5 9 8 8 10 フォーザボー
2 2 2 00 ブルーアイド	5 3 2 01 オオナミコナ	1札7.28 ④クイ 2 GIIIA39.1 天1.47.4 51武豊2人 14ト1ヌ 458 S⑤34.4 1 1 1 00 コガネノソラ	2東5.19 ⑩オーク 10 GIB37.1 二2.25.0 55原13人 18ト8ヌ 460 H⑰35.2 16 12 6 10 3休1001	1札7.27 ③1勝クラス 2 3歳上B37.9 壬2.00.2 53横山武2人 9ト6ヌ 420 M⑧34.6 5 2 2 01 タンゴバイラ

万馬券的中証明書

2024年09月07日
JRA日本中央競馬会

あなたは下記の万馬券を的中させましたので
ここに証明いたします。

記

2024年　4回中山1日　11R
3連単 06→01→11　100円購入
払戻金単価　@13,840円
払戻金合計　13,840円

3連単1万3840円！

実践⑥鉄板1位90馬と下位のEP馬で3連複万馬券！

●24年9月8日・中山4R（3歳上1勝クラス、ダ1800m）
EP馬＝⑩ミツカネヴィーナス（13位・14番人気）2着！

また掟破りをしてしまった。1位は指数80以下がマイルールなのに……。ただ、ここまでくると思いついたことをいろいろ試してみたくなったのだ。

このレースの1位⑮アムールドパリは指数90。まさに鉄板級の指数。そう、それこそがポイントだった。

・頭数＝16頭
・テクニカル6＝パターン4（平均）
・コンピ1位＝90
・EP馬は次の2頭

10位⑫エンジェリックアイ（＋3）
13位⑩ミツカネヴィーナス（＋3）

最強指数ともいうべき1位90。対してEP馬はご覧の通り、10位以下の下位に位置している。ならば1位⑮にEP馬2頭を絡めた馬券はどうだろう？

そもそも、1位90が出現すると、テクニカル6は「順当」のパターン5、6が多いもの。それがパターン4ということは2、3位の指数が低いということ。左下のコンピ表を見てもらえればわかるが、2、3位とも平均値から－3と低い。こんなときにも平均値との比較は役に立つ。つまり1位馬以外は大混戦状況なのだ。

３連系の馬券で人気薄、いやコンピ下位が２頭絡めば万馬券も期待できるのでは……。で、次のような３連複フォーメーションを組んだ。

⑮（１位90）－⑩⑫（ＥＰ馬）－①②③④⑦⑨⑩⑪⑫⑬⑭⑯（ヒモは指数46のラインで⑤⑥⑧カット）　※21点

レースは直線で１位⑮アムールドパリがあっさり抜け出し快勝。懸案の２着にはＥＰ馬⑩ミツカネが飛び込んできた。さらには３着には⑨アステロイドメア、この馬は12位（10番人気）だった！

まさしく想定通りの結果となり、３連複は１万７４１０円と万馬券に。ただ、後悔も……。

１位が強いと踏んでいるのなら、なぜ１着固定の３連単を買わなかったのか。買うとしたら、次の２通りのフォーメーションだ。

・⑮→⑩⑫→①②③④⑦⑨⑩⑪⑫⑬⑭⑯　※22点
・⑮→①②③④⑦⑨⑪⑬⑭⑯→⑩⑫　※20点

穴党を自認するならまず、この３連単フォーメーション。そして押さえで３連複だろう。３連単は５万１９７０円もついた。あー、次にこんな機会があったら３連単から入るぞ！

ちなみに、今回は１位90に対してＥＰ馬が10位以下という妙味があったから実践したが、これが９位以内だったらおそらく見送ったろう。

●2024年9月8日・中山4R（3歳上1勝クラス、ダ1800m）

【1位90】16頭　テクニカル6：パターン4（1～3位の和＝212⇒平均）

EP馬＝10位⑫、13位⑩

順位	1	2	3	4	5	6	7	8	9	10	11	12	13	14	15	16
馬番	⑮	⑯	③	⑦	①	⑬	⑪	⑭	②	⑫	④	⑨	⑩	⑧	⑥	⑤
指数値	90	64	58	57	56	55	54	53	52	51	48	47	46	42	41	40
平均値		67	61	57	55	53	52	51	50	48	47	46	43	42	41	40
差（3以上）										3			3			

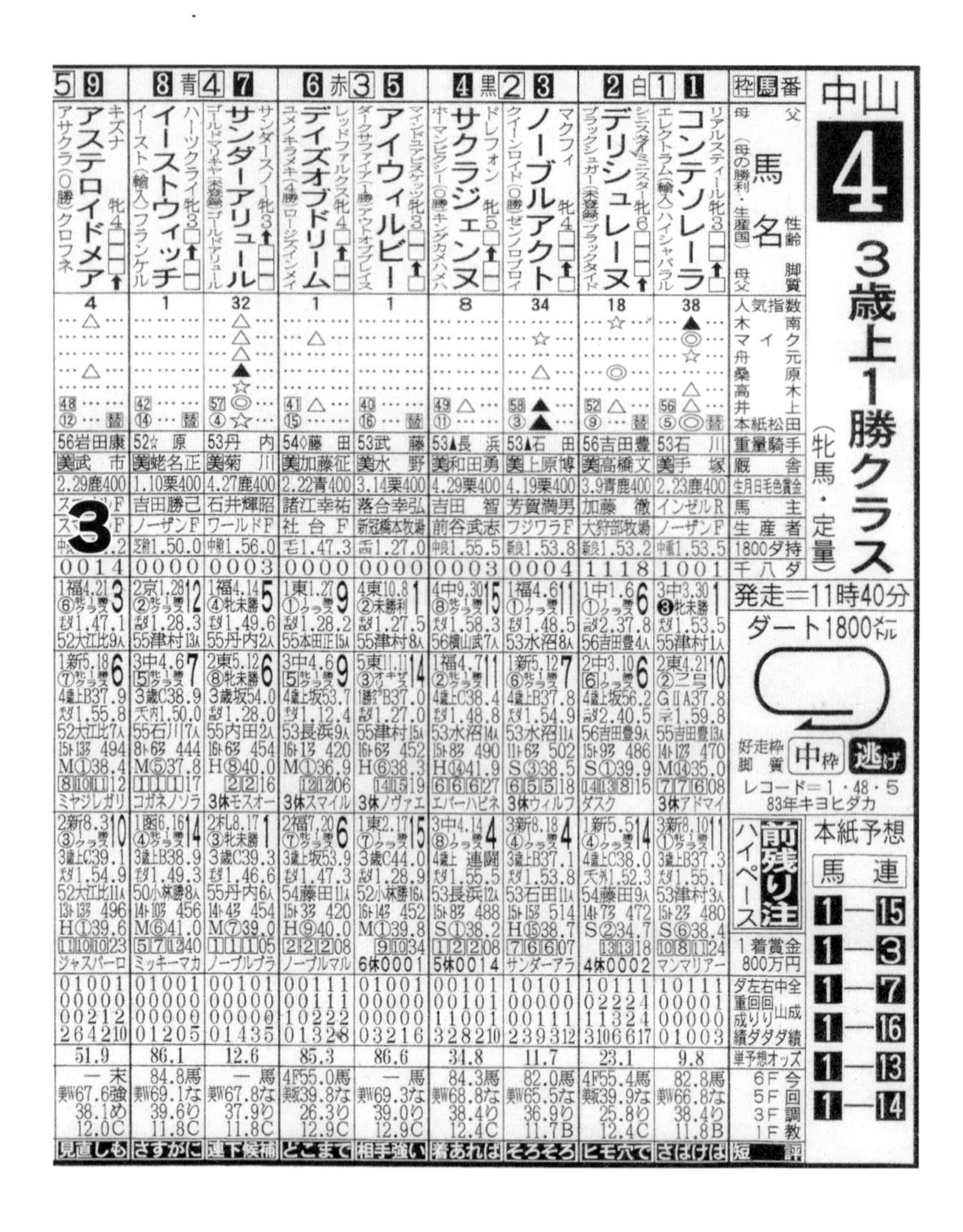

中山 4 3歳上1勝クラス (牝馬・定量)

発走=11時40分

ダート1800メートル

好走枠 中枠　脚質 逃げ

レコード=1・48・5 83年キヨヒダカ

ハイペース 前残り注

1着賞金 800万円

本紙予想 馬連

1—15
1—3
1—7
1—16
1—13
1—14

枠馬番	1 白 1	1 白 2	2 黒 3	2 黒 4	3 赤 5	3 赤 6	4 青 7	4 青 8	5 9
父	リアルスティール	シニスターミニスター	マクフィ	ドレフォン	マインドユアビスケッツ	レッドファルクス	サンダースノー	ハーツクライ	キズナ
馬名 性齢	コンテソレーラ 牝3	デリシュレーヌ 牝6	ノーブルアクト 牝4	サクラジェンヌ 牝5	アイウィルビー 牝3	ディズオブドリーム 牝4	サンダーアリュール 牝3	イーストウィッチ 牝3	アステロイドメア 牝4
母(母の勝利・生産国)	エレクトラム(輸入)	ブラックシュガー(未登録)	クイーンロイド(0勝)	ホーマンピクシー(0勝)	ダークサファイア(1勝)	ユメノキラメキ(4勝)	ゴールドマリキヤ(未登録)	イースト(輸入)	アサクラ(0勝)
母父	ハイシャパラル	ブラックタイド	ゼンノロブロイ	キングカメハメハ	アウトオブプレイス	ロージズインメイ	ゴールドアリュール	フランケル	クロフネ
人気指数	38	18	34	8	1	1	32	1	4
木南	▲	☆	…	…	…	…	△	…	△
マイク	◎	…	☆	…	…	△	△	…	…
舟元	☆	…	…	…	…	…	△	…	…
桑原	…	◎	△	…	…	…	▲	…	△
高木	△	…	…	…	…	…	☆	…	…
井上	56 △	52 △	58 ▲	49 △	40 …	41 △	57 ◎	42 …	48 …
本紙松田	⑤ ◎ 替	⑨ … 替	③ ▲	⑪ …	⑯ … 替	⑮ …	④ ☆	⑭ … 替	⑫ … 替
重量騎手	53石川	56吉田豊	53▲石田	53▲長浜	53武藤	54◇藤田	53丹内	52☆原	56岩田康
厩舎	美手塚	美高橋文	美上原博	美和田勇	美水野	美加藤征	美菊川	美蛯名正	美武市
生月日毛色賞金	2.23鹿400	3.9青鹿400	4.19栗400	4.29栗400	3.14栗400	2.22青400	4.27鹿400	1.10栗400	2.29鹿400
馬主	インゼルR	加藤徹	芳賀満男	吉田智	落合幸弘	諸江幸祐	石井輝昭	吉田勝己	ス[illegible]F
生産者	ノーザンF	大狩部牧場	フジワラF	前谷武志	新冠橋本牧場	社台F	ワールドF	ノーザンF	ス[illegible]F
1800ダ持	中重1.53.5	新良1.53.2	新良1.53.8	中良1.55.5	函1.27.0	毛1.47.3	中稍1.56.0	芝稍1.50.0	中[illegible].2
千八ダ	1001	1118	0004	0003	0000	0000	0003	0000	0014
前走3	3中3.30 ❸牝未勝 1着 ダ1.53.5 55津村1人	1中1.6 ①1勝クラス 6着 芝2.37.8 56吉田豊4人	1福4.6 ①1勝クラス 11着 ダ1.48.5 53水沼8人	4中9.30 ⑧牝1勝クラス 15着 ダ1.58.3 56横山武7人	4東10.8 ②未勝利 1着 ダ1.27.5 55津村8人	1東1.27 ①1勝クラス 9着 ダ1.28.2 55本田正15人	1福4.14 ④牝未勝 5着 ダ1.49.6 55丹内2人	2京1.28 ②牝1勝クラス 12着 ダ1.28.3 55津村13人	1福4.21 ⑥牝1勝クラス 3着 ダ1.47.1 52大江比9人
前走2	2東4.21 ②ニュージーランド 10着 GⅡA37.8 芝1.59.8 55吉田豊13人 14ト12ﾗ 470 M⑭35.0 7 7 6 08 3休アドマイ	2中3.10 ⑥1勝クラス 6着 4歳上坂56.2 芝2.40.5 56吉田豊9人 15ト9ﾗ 486 S①39.9 14 13 8 15 ダスク	1新5.12 ⑥牝1勝クラス 7着 4歳上B37.8 ダ1.54.9 53水沼11人 11ト6ﾗ 502 S③38.5 6 5 5 18 3休ウィルフ	1福4.7 ②牝1勝クラス 11着 4歳上C38.4 ダ1.48.8 53水沼14人 15ト8ﾗ 490 H⑭41.9 6 6 6 27 エバーハピネ	5東11.11 ③オキザリス 14着 1勝ｸﾗｽB37.0 ダ1.27.0 55津村15人 16ト6ﾗ 452 H⑥38.3 14 15 19 3休ノヴァエ	3中4.6 ⑤牝1勝クラス 9着 4歳上坂53.7 ダ1.12.4 53長浜9人 16ト1ﾗ 420 M①36.9 12 12 06 3休スマイル	2東5.12 ⑧牝未勝 6着 3歳坂54.0 ダ1.28.0 55内田2人 16ト6ﾗ 454 H⑧40.0 2 2 16 3休モスオー	3中4.6 ⑤牝1勝クラス 7着 3歳C38.9 芝内1.50.0 55石川7人 8ト6ﾗ 444 M⑤37.8 1 1 1 17 コガネノソラ	1新5.18 ⑦牝1勝クラス 6着 4歳上B37.9 ダ1.55.8 52大江比7人 15ト13ﾗ 494 M①38.4 8 10 11 12 ミヤジレガリ
前走	3新8.10 ①牝1勝クラス 11着 3歳上B37.3 ダ1.55.1 53津村3人 15ト2ﾗ 480 S⑥38.4 10 8 11 24 マンマリアー	1新5.5 ④1勝クラス 14着 4歳上C38.0 芝外1.52.3 54藤田9人 14ト7ﾗ 472 S②34.7 13 13 18 4休0002	3新8.18 ④1勝クラス 4着 3歳上B37.1 ダ1.53.8 53石田11人 15ト15ﾗ 514 H⑮38.7 7 6 6 07 サンダーアラ	3中4.14 ⑧1勝クラス 4着 4歳上 連闘 ダ1.55.5 53長浜12人 15ト8ﾗ 488 S①38.2 1 2 2 08 5休0014	1東2.17 ⑦1勝クラス 15着 3歳C44.0 ダ1.28.9 52小林勝16人 16ト14ﾗ 452 M①39.8 9 10 34 6休0001	2福7.20 ⑦牝1勝クラス 6着 3歳上坂53.9 ダ1.47.3 54藤田11人 15ト3ﾗ 420 H⑨40.0 2 2 2 08 ノーブルマル	2札8.17 ③牝未勝 1着 3歳C39.3 ダ1.46.6 55丹内6人 14ト4ﾗ 454 M⑦39.0 1 1 1 05 ノーブルプラ	1函6.16 ④牝1勝クラス 14着 3歳上B38.9 ダ1.49.3 50小林勝8人 14ト10ﾗ 456 M⑥41.0 5 7 12 40 ミッキーマカ	2新8.3 ③1勝クラス 10着 3歳上C39.1 ダ1.54.9 52大江比11人 13ト13ﾗ 496 H①39.6 11 10 10 23 ジャスパーロ
ダ重成績	10111	10111	10101	00101	01001	00111	00101	01001	01001
左回り	00001	02224	00000	00101	00000	00111	00000	00000	00000
右回りダ 中山ダ	00000	11324	00111	11001	00000	10222	00000	00000	00212
全成績	01003	3106617	239312	328210	03216	01328	01435	01205	264210
単予想オッズ	9.8	23.1	11.7	34.8	86.6	85.3	12.6	86.1	51.9
今回調教 6F	82.8馬	4F55.4馬	82.0馬	84.3馬	一 馬	4F55.0馬	一 馬	84.8馬	一 末
5F	美W66.8な	美坂39.9な	美W65.5な	美W68.8な	美W69.3な	美坂39.8な	美W67.8な	美W69.1な	美W67.6強
3F	38.4り	25.8り	36.9り	38.4り	39.0り	26.3り	37.9り	39.6り	38.1め
1F	11.8B	12.4C	11.7B	12.4C	12.9C	12.9C	11.8C	11.8C	12.0C
短評	さばけば	ヒモ穴で	そろそろ	着あれば	相手強い	どこまで	連下候補	さすがに	見直しも

●2024年9月8日・中山4R（3歳上1勝クラス、ダ1800m）

1着⑮アムールドパリ
（1位・1番人気）
2着⑩ミツカネヴィーナス＝EP馬
（13位・14番人気）
3着⑨アステロイドメア
（12位・10番人気）

……………………………………

12着⑫エンジェリックアイ＝EP馬
（10位・12番人気）

単⑮ 130円
複⑮ 110円 ⑩ 740円 ⑨ 660円
馬連⑩ー⑮ 3270円
馬単⑮→⑩ 4140円
ワイド⑩ー⑮ 1060円
⑨ー⑮ 740円
⑨ー⑩ 8600円
3連複⑨⑩⑮ 17410円
3連単⑮→⑩→⑨ 51970円

16 桃8	15 桃8	14 橙7	13 橙7	12 緑6	11 緑6	10 黄
エーリアル	アムールドパリ	スウィーヴェモワ	ビップレーヌ	エンジェリックアイ	サンロレンツォ	ミツカネヴィーナス
リアルインパクト牝3	マインドユアビスケッツ牝3	ルーラーシップ牝4	リアルインパクト牝3	エピファネイア牝4	シャンハイボビー牝3	ヘニーヒューズ牝5
サダムグランジュテ(5勝)キングカメハメハ	ラブリネスオブパリ(2勝)サンデーサイレンス	アンブラッセモワ(0勝)ゾファニー	ヒシタイトル(0勝)キングカメハメハ	ファンタジックアイ(0勝)ネオユニヴァース	ユースティティア(3勝)フジキセキ	ナスカザン(3勝)ダイワメジャー
54	97	20	24	12	20	6
△◯△◯☆△ 64 ② 替	◯◯◎◯◎◯◯ 90 ① 替	☆△△ 53 ⑧	△△△ 55 ⑥ 替	△▲△▲ 51 ⑩ 替	◎△▲△ 54 ⑦ 替	47 ⑬ 替
53北村宏	53武 豊	56大 野	51△小林勝	56木幡巧	53佐々木	56菊 沢
美西 田	美稲 垣	美田 村	美高柳瑞	美 牧	美武 藤	美鈴木伸
1.22鹿400	4.19芦400	4.13青鹿400	4.28栗400	3.23青鹿400	4.30青鹿400	3.14栗400
シルクR	吉田千津	ラ・メール	鈴木邦英	社台RH	ノースヒルズ	小[illegible]満
社台C白老F	社 F	辻 牧 場	中村雅明	社 台 F	平山牧場	細川[illegible]場
中不1.54.3	新[illegible].2	中不1.52.9	中良1.55.7	中良2.07.4	中稍1.56.5	中良[illegible]4
0200	1300	1113	1011	0001	0013	1008
2中3.2 2 ❸牝未勝 ダ1.55.9 55戸崎1人	2東5.5 2 ⑥1勝クラス ダ2.11.2 55横山武2人	5中12.3 4 ②牝1勝クラス ダ1.54.3 55大野3人	1函6.16 9 ④牝1勝クラス ダ1.46.6 53横山武4人	4中9.17 15 ④牝1勝クラス 芝内1.50.5 53石橋3人	2東5.18 1 ⑨牝未勝 ダ1.39.1 55三浦3人	5中12.17 5 ⑥1勝クラス ダ1.55.5 52小林美7人
2東5.11 1 ⑦牝未勝 3歳B38.2 ダ1.38.5 55戸崎1人 16ト16ゔ 498 M⑦36.3 ④④05 ルルフィーユ	3東6.23 2 ❽1勝クラス 3歳上B37.9 ダ2.09.6 53三浦1人 16ト7ゔ 450 S⑮36.4 ①①①00 リアルビギニ	5中12.24 5 ⑧1勝クラス 3歳上坂55.0 ダ1.55.0 55横山武4人 16ト13ゔ 512 H⑫39.8 ③③③09 ショウナンカ	1函6.29 10 ⑦牝1勝クラス 3歳上C39.9 ダ1.47.1 53横山武9人 12ト12ゔ 478 M⑤38.5 ⑩⑪⑪16 コパノエピー	1福4.20 2 ⑤牝1勝クラス 4歳上C37.7 芝1.48.4 56石橋7人 12ト3ゔ 484 M④36.0 ①①①02 マスキュリン	2福6.30 2 ②牝1勝クラス 3歳上C39.9 ダ1.47.1 53三浦5人 13ト8ゔ 494 M⑦37.6 ⑦④③07 アバイシュナ	1中1.6 9 ①牝1勝クラス 4歳上 軽め ダ1.56.6 56津村7人 16ト1ゔ 458 M⑭39.3 ⑪⑪⑩08 4休セイカテ
1函7.14 6	3新8.10 2	2中3.2 10 ③1勝クラス 4歳上C36.3 芝外1.36.1 56大野5人 16ト3ゔ 508 M⑦36.9 ①①①13 6休0001	1函7.6 7 ⑨1勝クラス 3歳上 連闘 ダ1.47.1 52角田河9人 10ト10ゔ 484 H②39.0 ③②②14 パフ	2福7.7 15 ④織姫 牝1勝B38.0 芝1.49.7 56石橋4人 16ト4ゔ 484 M④36.1 ⑥⑦⑦12 ルーチェロッ	3新8.10 15 ①牝1勝クラス 3歳上C38.5 ダ1.56.9 53武藤7人 15ト1ゔ 494 S⑥40.1 ⑪⑩⑨42 マンマリアー	2東5.25 ⑪1勝クラス 4歳上B37.9 ダ 中止 52小林美6人 15ト7ゔ 464 H⑬ 異常歩様 3休0002
		10111 00111 00111 10334	00111 00000 00111 02417	00001 00002 00001 01116	01001 00101 00111 01223	00111 00000 10202 469615
		21.2	17.6	29.3	22.4	41.4
		4F52.7馬 美坂38.7な 25.4り 12.6B	83.5強 美W67.1 37.6め 11.4C	4F54.8馬 美坂39.8な 25.8り 12.7B	84.6馬 美W67.7な 38.8り 12.3C	85.9馬 美B68.9な 39.1り 12.5C
		前残り注	上位疑問	砂は久々	巻き返す	展開次第

万馬券的中証明書

2024年09月08日
JRA日本中央競馬会

あなたは下記の万馬券を的中させましたので
ここに証明いたします。

記

2024年　4回中山2日　4R
3連複 09－10－15　100円購入
払戻金単価　@17,410円
払戻金合計　17,410円

3連複1万7410円！

実践⑦大量発生の"EP軍団"が夢馬券攻略の糸口なのか!?

●24年9月8日・中京10R浜松S（3歳上3勝クラス、ダ1200m）
EP馬＝⑮ホワイトガーベラ（11位・16番人気）3着！

なかなか夢馬券にたどりつけない。どのくらいの配当が夢馬券と聞かれても即答できないが、やはり一撃10万円は最低限でも超えたいところ。となれば、下位、いや底辺順位のEP馬が絡む3連単が早道なのだが……。夢馬券を狙うには条件的にはベスト、それがこの浜松Sだった。

・頭数＝16頭
・テクニカル6＝パターン2（波乱）
・コンピ1位＝75
・EP馬
10位⑯ベンダバリラビア　（＋3）
11位⑮ホワイトガーベラ　（＋3）
12位⑥メイショウフジタカ　（＋3）
13位⑬アイファーシアトル　（＋5）
14位⑪カネコメシスター　（＋5）
15位⑦ラインガルーダ　（＋5）

ご覧のようにEP馬は6頭、まさに軍団と表現できる大量発生だ。ここまで実践をこなしてきた経験からすると、1日3場なら2、3レースは、コンピ下位でこんなケースが発生する。

実は、私はこの軍団化現象こそが、夢馬券への第一段階ではないかと思っていた。

というのも、8月4日の札幌10R札幌スポニチ賞で、超配当を逃すという痛恨のミスをやらかしていたから。

同レースは著者の田中氏が馬連5万馬券、ワイド万馬券を的中、2章でも解説している。

私は下のPAT画像を見ればわかるように、自分予想で⑧コナブラック（1着、6位・6番人気）と⑨ミズノコキュウ（3着、3位・2番人気）の2頭を不動軸と考えていた。ワイドのみならず、3連単のペアフォーメーションも買っていたが、2着のEP馬⑩マルプリ（16位・14番人気）が抜けていた。

なぜか。このレースではEP馬がなんと9頭も発生（16頭立てなのでEP馬のほうが多い）。自分予想も含めるとヒモは総流しになってしまい、買い切れなかったのだ。もし買っていれば、3連単は60万4570円！　これは夢馬券だよね。押さえのワイドでプラスになったものの、ちっともうれしくない……。

で、浜松Sに話を戻すと、このレースの自分予想では2頭に決め切れず、結局、3連単は買えず。③ジュストコル（5位）、④ヒビキ（2位）、⑧ペプチドヤマト（1位）、⑨マルカラピッド（6位）の4頭を中心に、次のような3連複「2×2」フォーメーションで購入。

③④－⑧⑨－⑥⑦⑪⑬⑮⑯（ヒモはEP軍団の6頭全部）　※24点

結果は1着④、2着⑧、そして3着には最低人気に落ちていたEP馬⑮が飛び込んできた！　3連複はおかげで3万馬券。3連単は17万馬券だったが……ともあれ、EP軍団の扱いが夢馬券につながると確信したレースだった。

8月4日、札幌10Rのワイド的中も、夢馬券を逃して悔し涙を流した。

札幌	日	10R	ワイドBOX	08,09	各2,000円 計2,000円	08－09	1,080円	21,600円

●2024年9月8日・中京10R浜松S（3歳上3勝クラス、ダ1200m）

【1位75】16頭　テクニカル6：パターン2（1～3位の和＝208⇒波乱）

EP馬＝10位⑯、11位⑮、12位⑥、13位⑬、14位⑪、15位⑦

順位	1	2	3	4	5	6	7	8	9	10	11	12	13	14	15	16
馬番	⑧	④	⑫	②	③	⑨	⑭	①	⑤	⑯	⑮	⑥	⑬	⑪	⑦	⑩
指数値	75	68	65	57	56	55	54	53	52	51	50	49	48	47	46	40
平均値		70	65	60	57	55	53	51	50	48	47	46	43	42	41	40
差（3以上）										3	3	3	5	5	5	

ダ1200m）

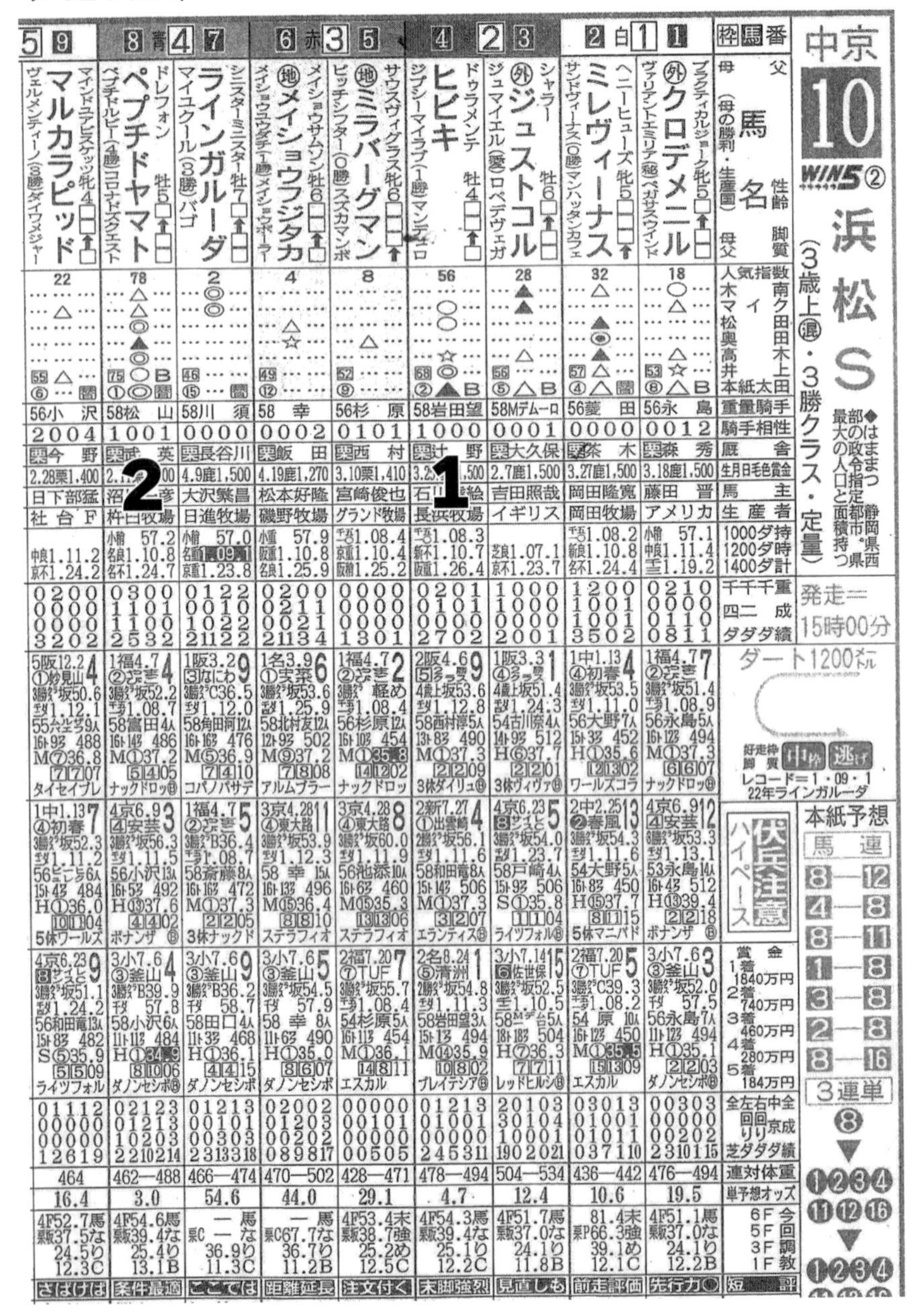

中京 10 WIN5② 浜松S

（3歳上混・3勝クラス・定量）

◆はままつ 静岡県西部の政令指定都市。県最大の人口と面積持つ

発走＝15時00分

ダート1200メートル

好走枠 中枠　脚質 逃げ

レコード＝1・09・1 22年ラインガルーダ

枠 馬番	1 白 1	1 白 2	2 3	2 4	3 赤 5	3 赤 6	4 青 7	4 青 8	5 9
父	プラクティカルジョーク	ヘニーヒューズ	シャラー	ドゥラメンテ	サウスヴィグラス	メイショウサムソン	シニスターミニスター	ドレフォン	マインドユアビスケッツ
馬名 性齢	外 クロデメニール 牝5	ミレヴィーナス 牝5	外 ジュストコル 牡6	ヒビキ 牡4	地 ミラバーグマン 牝6	地 メイショウフジタカ 牡6	ラインガルーダ 牡7	ペプチドヤマト 牡5	マルカラピッド 牝4
母（母の勝利・生産国）	ヴァリアントエミリア(砂)	サンドヴィーナス(0勝)	ジュマイエル(愛)	ジプシーマイラブ(1勝)	ピッチシフター(0勝)	メイショウウタゲ(1勝)	マイユクール(3勝)	ペプチドルビー(4勝)	ヴェルメンティーノ(3勝)
母父	ペガサスウインド	マンハッタンカフェ	ロペデヴェガ	マンデュロ	スズカマンボ	メイショウボーラー	バゴ	コロナドズクエスト	ダイワメジャー
人気指数	18	32	28	56	8	4	2	78	22
木 南	○	△	▲	…	…	…	◎	△	…
マ ク	△	…	▲	○	…	…	◎	△	△
イ 田	…	▲	…	○	…	…	…	◎	…
松 田	…	◉	…	…	△	△	…	▲	…
奥 木	△	▲	△	☆	…	☆	…	◎	…
高 上	53 ☆	57 △	56 …	68 ◎	52 …	49 …	46 …	75 ○ B	55 △
本紙 太田	⑧ △ B	④ △	⑤ △ B	② ▲ B	⑨ …	⑫ …	⑮ …	① ◎	⑥ …
重量騎手	56永島	56菱田	58Mデムーロ	58岩田望	56杉原	58幸	58川須	58松山	56小沢
騎手相性	0012	0000	0001	1000	0101	0002	0000	1001	2004
厩舎	栗森秀	栗茶木	栗大久保	栗辻野	栗西村	栗飯田	栗長谷川	栗武英	栗今野
生月日毛色賞金	3.18鹿1,500	3.27鹿1,500	2.7鹿1,500	3.2[illegible]1,500	3.10栗1,410	4.19鹿1,270	4.9鹿1,500	2.1[illegible]00	2.28栗1,400
馬主	藤田晋	岡田隆寛	吉田照哉	石川[illegible]絵	宮崎俊也	松本好隆	大沢繁昌	沼[illegible]彦	日下部猛
生産者	アメリカ	岡田牧場	イギリス	長浜牧場	グランド牧場	磯野牧場	日進牧場	杵臼牧場	社台F
1000ダ 1200ダ 1400ダ 持時計	小稍57.1 中良1.11.4 京重1.19.2	1.08.2 新良1.10.8 名不1.24.4	芝良1.07.1 京不1.23.7	1.08.3 新不1.10.7 阪重1.26.4	1.08.4 京重1.10.4 阪稍1.25.2	小重57.9 阪重1.10.8 名良1.25.9	小稍57.0 名重1.09.1 京重1.23.8	小稍57.2 名良1.10.8 名不1.24.7	中良1.11.2 京不1.24.2
千ダ 千四ダ 千二ダ 重成績	0210 0000 0110 0811	1200 1001 1001 3502	1000 1000 0000 2001	0201 0101 0000 2702	0000 0000 0000 1301	0200 0211 0021 21134	0122 0010 1022 21122	0300 1101 1100 2532	0200 0000 0000 3202
前3走	1福4.7 ②[illegible] 7 3勝ク坂51.4 ダ1.08.9 56永島5人 16ト12ﾗ 494 M①37.3 6 6 07 ナックドロッB	1中1.13 ④初春 4 3勝ク坂53.5 ダ1.11.0 56大野7人 15ト3ﾗ 452 H①35.6 12 13 02 ワールズコラ	1阪3.3 ④[illegible] 1 4歳上坂51.4 ダ1.24.3 54古川奈4人 14ト9ﾗ 512 H⑥37.7 2 2 01 3休ヴィヴァB	2阪4.6 ⑤[illegible] 9 4歳上坂53.6 ダ1.12.8 58西村淳5人 13ト8ﾗ 490 M①37.3 2 2 09 3休ダイリュB	1福4.7 ②[illegible] 2 3勝ク 軽め ダ1.08.4 56杉原12人 16ト10ﾗ 454 M①35.8 14 12 02 ナックドロッ	1名3.9 ①実業 6 3勝ク坂53.6 ダ1.25.9 58北村友12人 12ト9ﾗ 502 M⑨37.2 7 8 08 アルムブラー	1阪3.2 ③なにわ 9 3勝クC36.5 ダ1.12.0 58角田河12人 16ト16ﾗ 476 M⑤36.9 7 4 10 コパノパサデ	1福4.7 ②[illegible] 4 3勝ク坂52.2 ダ1.08.7 58富田4人 16ト14ﾗ 486 M①37.2 5 4 05 ナックドロッB	5阪12.2 ①妙見山 4 3勝ク坂50.6 ダ1.12.1 55[illegible]9人 16ト9ﾗ 488 M⑦36.8 7 7 07 タイセイブレ
前2走	4京6.9 ④安芸 12 3勝ク坂53.3 ダ1.13.1 53永島14人 16ト4ﾗ 512 H⑬39.4 2 2 18 ボナンザB	2中2.25 ❷春風 13 3勝ク坂54.3 ダ1.11.6 54大野5人 16ト8ﾗ 450 H⑮37.7 8 11 15 5休マニバド	4京6.23 ⑧[illegible] 5 3勝ク坂54.0 ダ1.23.7 58戸崎4人 15ト9ﾗ 506 S①35.8 1 1 04 ライツフォルB	2新7.27 ①出雲崎 4 2勝ク坂56.1 ダ1.11.6 58和田竜8人 15ト14ﾗ 506 M①37.3 3 2 07 エランティスB	3京4.28 ④東大路 8 3勝ク坂60.0 ダ1.11.9 56池添10人 16ト6ﾗ 460 M⑮35.3 13 13 06 ステラフィオ	3京4.28 ④東大路 11 3勝ク坂53.9 ダ1.12.3 58幸15人 16ト13ﾗ 496 M⑮36.4 8 8 10 ステラフィオ	1福4.7 ②[illegible] 5 3勝クB36.4 ダ1.08.7 58斎藤8人 16ト16ﾗ 472 M①37.3 2 2 05 3休ナックド	4京6.9 ④安芸 3 3勝ク坂56.3 ダ1.11.5 56小沢13人 16ト5ﾗ 492 H⑬37.6 4 4 02 ボナンザB	1中1.13 ④初春 7 3勝ク坂52.3 ダ1.11.2 56[illegible]6人 15ト4ﾗ 484 H①36.0 10 11 04 5休ワールズ
前走	3小7.6 ③釜山 3 3勝ク坂52.0 千ダ57.5 56永島7人 11ト12ﾗ 494 H①35.1 2 2 03 ダノンセシボB	2福7.20 ⑦TUF 5 3勝クC39.3 ダ1.08.2 54原10人 16ト12ﾗ 450 M①35.5 15 13 09 エスカル	3小7.14 ⑥佐世保 15 3勝ク坂52.5 1.10.5 58Mデムーロ5人 18ト18ﾗ 504 H⑦36.3 7 7 11 レッドヒルシB	2名8.24 ⑤清洲 1 2勝ク坂54.8 ダ1.11.3 58岩田望3人 15ト1ﾗ 494 M⑭35.9 10 8 02 ブレイテシアB	2福7.20 ⑦TUF 7 3勝ク坂55.7 ダ1.08.4 54杉原5人 16ト11ﾗ 454 M①36.1 14 8 11 エスカル	3小7.6 ③釜山 5 3勝ク坂54.5 千ダ57.9 58幸8人 11ト6ﾗ 490 H①35.0 8 6 07 ダノンセシボ	3小7.6 ③釜山 9 3勝クB36.2 千ダ58.7 58田口4人 11ト3ﾗ 468 H①36.1 4 4 15 ダノンセシボ	3小7.6 ③釜山 4 3勝クB39.9 千ダ57.8 58小沢6人 11ト11ﾗ 484 H①34.9 8 10 06 ダノンセシボB	4京6.23 ⑧[illegible] 9 3勝ク坂51.1 ダ1.24.2 56和田竜13人 15ト8ﾗ 482 S⑤35.9 5 5 09 ライツフォル
全左右中全 回回京成 りり 芝ダダダ績	00303 00000 00202 2310115	03013 01001 01011 0371110	20103 30104 10001 1902021	01213 01001 00000 245311	00000 00101 00000 00505	02002 01203 00202 089817	01213 00101 00303 2313318	02123 01213 10203 2210214	01112 00000 00000 12619
連対体重	476—494	436—442	504—534	478—494	428—471	470—502	466—474	462—488	464
単予想オッズ	19.5	10.6	12.4	4.7	29.1	44.0	54.6	3.0	16.4
6F 5F 3F 1F 今回調教	4F51.1馬 栗坂37.0な 24.1り 12.2B	81.4末 栗P66.3強 39.1め 12.1C	4F51.7馬 栗坂37.0な 24.1り 11.8B	4F54.3馬 栗坂39.4な 25.1り 12.2C	4F53.4末 栗坂38.7強 25.2め 12.5C	一馬 栗C67.7な 36.7り 11.2B	一馬 栗C 一な 36.9り 11.3C	4F54.6馬 栗坂39.4な 25.4り 13.1B	4F52.7馬 栗坂37.5な 24.5り 12.3C
短評	先行力◎	前走評価	見直しも	末脚強烈	注文付く	距離延長	ここでは	条件最適	さばけば

伏兵注意 ハイペース

賞金 1着 1840万円 2着 740万円 3着 460万円 4着 280万円 5着 184万円

本紙予想

馬連

8—12
4—8
8—11
1—8
3—8
2—8
8—16

3連単

⑧
▼
①②③④⑪⑫⑯
▼
①②③④

●2024年9月8日・中京11R浜松S(3歳上3勝クラス、

1着④ヒビキ
(5位・3番人気)
2着⑧ペプチドヤマト
(1位・1番人気)
3着⑮ホワイトガーベラ＝EP馬
(11位・16番人気)

…………………………………………

他のEP馬で最先着は
⑪カネコメシスター7着

単④ 480円
複④ 180円 ⑧ 160円 ⑮ 1800円
馬連④－⑧ 1040円
馬単④→⑧ 2040円
ワイド④－⑧ 440円
④－⑮ 6210円
⑧－⑮ 6320円
3連複④⑧⑮ 35860円
3連単④→⑧→⑮ 172100円

16 桃8	15	14 橙7	13	12 緑6	11	10 黄
アジアエクスプレス牝4	アジアエクスプレス牡5	ドレフォン 牡5	ベストウォーリア牝4	シャックルフォード牝4	エスポワールシチー牝5	ルーラーシップ牡5
ベンダバリラビア	ホワイトガーベラ	ウナギノボリ	アイファーシアトル	(外)エコロアイ	カネコメシスター	ジャスティンエース
エーシンラクーン(0勝)ジャングルポケット	ホワイトポピー(2勝)スウェプトオーヴァーボード	ノンキ(2勝)サンデーサイレンス	レディワシントン(1勝)ヴィンディケイション	キーイズトゥウィン(米)ディギシーユニオン	キャンドルアイズ(1勝)フォーティナイナー	ガラアフェアー(0勝)ダイワメジャー
10	4	16	6	64	6	1
51 △ B ⑩ △ 圏	50 ⑪ 圏	54 ⑦	48 ⑬	65 ▲ ③ ○	47 △ ⑭ ☆ 圏	40 B ⑯ 圏
58戸崎	58菅原明	58吉村	56藤懸	56西村淳	56丸山	58高倉
0000	0000	0001	3005	0101	0000	0000
栗寺島	美千葉	栗音無	栗鮫島	栗森秀	栗中尾	栗杉山晴
4.1栗1,500	4.22	4.17黒鹿1,500	4.25黒鹿1,500	2.1鹿1,280	6.10栗1,500	2.4黒鹿1,500
幅田昌伸		小田切有一	中島稔	原村正紀	高岡浩行	三木正浩
中前牧場	新井弘幸	中原牧場	アースF	アメリカ	ラッキー牧場	ノーザンF
京稍1.11.5 阪重1.24.0	千函1.08.8 中良1.11.3 1.17.8	阪重1.11.0 東不1.22.8	小良57.9 中重1.12.0 阪稍1.28.2	小稍57.3 京稍1.11.5 東良1.24.5	札良59.5 名重1.11.6 阪重1.25.7	芝良1.09.3 名不1.25.7
0100 0000 2101 3202	0100 0300 0100 0201	0200 0000 2000 4504	0111 0000 0000 1312	0100 0110 0101 3112	0210 0100 0200 2512	0000 0000 0000 1001
3京5.11 9 ⑦2勝クラス 4歳上C37.6 三ダ1.13.1 58岩田望3人 13ト9ゲ 530	4東10.29 10 ⑨秋嶺 3勝クラスC37.7 三ダ1.18.4 58永野8人 16ト11ゲ 510	2東5.19 12 ⑩フリーウェイ 3勝クラス坂52.5 芝1.21.9 58Mデ台10人 13ト1ゲ 476 M⑨33.4 3 13 14 ドウフュ	3福11.18 1 ⑤西郷 2勝クラス坂51.6 千ダ1.07.4 55藤懸2人 16ト2ゲ 464 M⑯36.8 1 1 02 3休パロット	2東5.12 9 ⑧BSイレブン 3勝クラス坂54.0 三ダ1.24.5 56西村淳14人 16ト15ゲ 512 M①37.3 1 1 14 サトノルフィ	1阪3.10 1 ⑥牝2勝クラス 4歳上坂53.4 千ダ1.12.0 56団野2人 13ト5ゲ 502 M⑩36.1 9 8 06 プレイテシア	2阪3.31 14 ④キタサンシンブC 3勝クラス坂54.7 芝内1.21.5 58戸崎5人 17ト3ゲ 472 H⑰35.6 3 5 11 スズハローム
		6.23 13 坂53.3 .36.6 藤14人 476 35.7 6 15 21 ノカシミ	2中2.25 15 ②春風 3勝クラス坂52.3 千ダ1.12.0 54藤懸6人 16ト6ゲ 466 H①39.1 1 2 19 5休マニバド	4京6.9 4 ④安芸 3勝クラス坂53.1 千ダ1.11.5 55和田竜8人 16ト13ゲ 516 H⑬37.7 2 1 02 ボナンザ	2阪3.31 6 ④陽春 3勝クラス坂52.5 千ダ1.12.4 53吉田隼6人 16ト9ゲ 502 M②36.5 9 9 08 ナムラフラン	1函6.16 11 ④UHB 3勝クラスC38.8 芝1.09.3 55鮫島駿14人 16ト14ゲ 470 H④35.0 4 4 05 マメコ Ⓑ
		7.28 14 佐渡 坂51.9 1.20.5 吉村16人 476 ③34.2 8 18 13 ディラン	3新8.17 14 ③上越 3勝クラス坂52.6 三ダ1.13.3 56藤懸9人 15ト3ゲ 474 H②39.1 2 2 21 ジュンウィン	3小7.6 2 ③釜山 3勝クラス坂53.7 千ダ57.5 56西村淳2人 11ト7ゲ 516 H①35.2 2 1 03 ダノンセシボ	4京6.9 9 ④安芸 3勝クラス坂52.7 三ダ1.12.1 53西村淳9人 16ト15ゲ 504 H⑬37.2 13 12 08 3休1103	1札7.20 16 ①TVh 3勝クラスC38.5 芝1.09.5 58菱田15人 16ト6ゲ 468 M③35.5 2 2 12 エイシンフェⒷ
		113 001 003 7128	00303 00000 00000 02315	01102 00303 00101 31509	01213 00101 00202 046210	30003 30003 10102 1110112
		—468	464—472	498—516	476—502	464—482
		1.0	35.5	4.1	34.5	69.5
		3.1馬 8.8な 5.3り 2.6C	4F59.0馬 栗坂42.2な 26.6り 12.4C	4F51.1馬 栗坂37.8な 25.2り 12.9B	4F52.8馬 栗坂38.5な 25.4り 13.0C	83.7強 栗C67.2 37.6め 11.7C
		妥当	大敗続き	チャンス	差はない	2桁続き

万馬券的中証明書

2024年09月08日
JRA日本中央競馬会

あなたは下記の万馬券を的中させましたので
ここに証明いたします。

記

2024年 3回中京2日 10R
3連複 04－08－15 100円購入
払戻金単価 @35,860円
払戻金合計 35,860円

3連複3万5860円！

実践⑧「パターン1・コンピ中位のEP馬」で20万円近い払戻！

●24年9月29日・中京3R（2歳新馬、ダ1400m）
EP馬＝⑧キングコロネット（8位・6番人気）3着！

実践最終デーのこの日、ついにチャンスが訪れた。ダート短距離の2歳新馬戦。ここは断トツの人気馬もいない混戦模様。といって、前述したようなEP軍団が出現すると、それなりに買い方が面倒なのだが、ここは2頭。7位⑧キングコロネットと13位⑤ワンダーブリングが該当している。

・頭数＝15頭
・テクニカル6＝パターン1（波乱）
・コンピ1位＝71
・EP馬は次の2頭
　7位⑧キングコロネット（＋4）
　13位⑤ワンダーブリング（＋3）

（新馬戦なので）調教などをチェックした自分予想では、⑧キングコロネットが本命に近い存在だった。それがEP馬なら、自信を持ってイケる！

まず、パターン1で軸候補となる4〜6位の②アートコレクション、⑩ウィッシュソング、③ハギビスが相手となる、次のような3連複フォーメーションを組んだ。

⑧－②③⑩－①②③⑤⑥⑦⑨⑩⑪⑫⑭⑮（ヒモは指数46のラインで④⑬カット）※30点

もちろん、もう1頭のEP馬⑤ワンダーから上位6頭へのワイドも押さえた。それに加え、4〜6位のなかから調教のいい②アートを抜擢。⑧キングと組み合わせた3連複軸2頭流し、3連単ペアフォーメーションを追加した。

・②⑧－②⑧－①③⑤⑥⑦⑨⑩⑪⑫⑭⑮　※11点（各200円）
・②⑧→②⑧→①③⑤⑥⑦⑨⑩⑪⑫⑭⑮　※22点
・②⑧→①③⑤⑥⑦⑨⑩⑪⑫⑭⑮→②⑧　※22点

パターン1で荒れる、そう確信しての多点買いだったが、これが見事にハマった。

レースは2番手で進んだ⑧キングコロネットが直線で抜け出してくる。これに②アートが並びかけ競り合い、他馬を引き離す。そしてゴール前、脚が上がった⑧キングを⑮ウルスクロームが差し込んで2着に。

この⑮ウルスが11位・10番人気という人気薄で、3連複は2万2650円（計300円的中で払戻は6万7950円）、3連単は12万9580円の大台に。総計で19万7530円の払戻となった。

夢馬券……とまではいかないかもしれないが、シッポくらいはつかんだ、といえるだろうか。ただ3連系の馬券は、コンピのシステム馬券だけでは、なかなか追いつかない。やはり自分予想の比重が高まるのは仕方がないところ。そうするとEP馬が走っても、組み合わせになく獲り逃がす、なんて悲惨な事態も起きる。

ならば、どうすればいいのか――ひとつの答えは次項で用意した。

●2024年9月29日・中京3R（2歳新馬、ダ1400m）

【1位71】15頭　テクニカル6：パターン1（1〜3位の和＝196⇒波乱）

EP馬＝7位⑧、13位⑤

順位	1	2	3	4	5	6	7	8	9	10	11	12	13	14	15
馬番	⑨	⑥	⑦	②	⑩	③	⑧	⑭	⑪	⑫	⑮	①	⑤	⑬	④
指数値	71	64	61	60	59	58	57	51	50	49	48	47	46	41	40
平均値		68	65	62	58	56	53	52	50	48	47	45	43	41	40
差（3以上）							4						3		

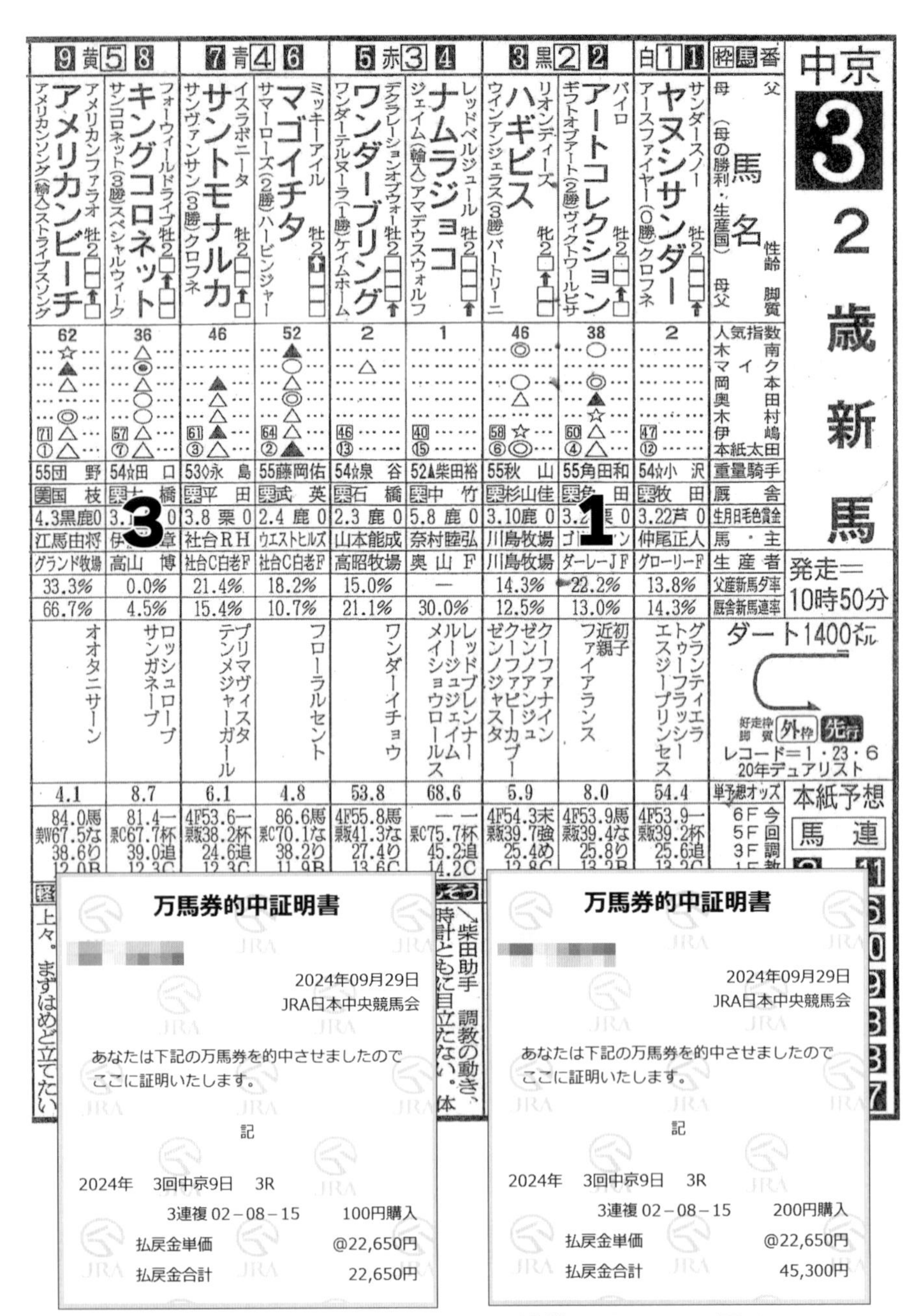

中京 3 2歳新馬

発走＝10時50分

ダート1400メートル

好走枠 外枠　脚質 先行

レコード＝1・23・6 20年デュアリスト

馬番	父	馬名	性齢	母（母の勝利・生産国）	母父	人気指数	重量騎手	厩舎	生月日毛色賞金	馬主	生産者	父産新馬勝率	厩舎新馬連率	近親	単予想オッズ	調教
1（白1）	サンダースノー	ヤヌシサンダー	牡2	アースファイヤー（0勝）	クロフネ	2	54☆小沢	栗牧田	3.22芦0	仲尾正人	グローリーF	13.8%	14.3%	グランティエラ、トゥーフラッシー、エスジープリンセス	54.4	4F53.9一 栗坂39.2杯 25.6追 13.2C
2（黒2）	パイロ	アートコレクション	牡2	ギフトオブアート（2勝）	ヴィクトワールピサ	38	55角田和	栗角田	3.2? 栗0	ゴ…ン	ダーレーJF	22.2%	13.0%	初子、近親ファイアランス	8.0	4F53.9馬 栗坂39.4な 25.8り 13.2B
3（黒2）	リオンディーズ	ハギビス	牝2	ウインアンジェラス（3勝）	パートリーニ	46	55秋山	栗杉山佳	3.10鹿0	川島牧場	川島牧場	14.3%	12.5%	クーファナイン、ゼンノアンジュ、クーファピーカブー、ゼンノジャスタ	5.9	4F54.3末 栗坂39.7強 25.4め 12.8C
4（赤3）	レッドベルジュール	ナムラジョコ	牡2	ジェイム（輸入）	アマデウスウォルフ	1	52▲柴田裕	栗中竹	5.8鹿0	奈村睦弘	奥山F	—	30.0%	レッドブレンナー、ルージュジェイム、メイショウロールス	68.6	一一 栗C75.7杯 45.2追 14.2C
5（赤3）	デクラレーションオブウォー	ワンダーブリング	牡2	ワンダーテルヌーラ（1勝）	ケイムホーム	2	54☆泉谷	栗石橋	2.3鹿0	山本能成	高昭牧場	15.0%	21.1%	ワンダーイチョウ	53.8	4F55.8馬 栗坂41.3な 27.4り 13.6C
6（青4）	ミッキーアイル	マゴイチタ	牡2	サマーローズ（2勝）	ハービンジャー	52	55藤岡佑	栗武英	2.4鹿0	ウエストヒルズ	社台C白老F	18.2%	10.7%	フローラルセント	4.8	86.6馬 栗C70.1な 38.2り 11.9B
7（青4）	イスラボニータ	サントモナルカ	牡2	サンヴァンサン（3勝）	クロフネ	46	53◇永島	栗平田	3.8栗0	社台RH	社台C白老F	21.4%	15.4%	プリマヴィスタ、テンメジャーガール	6.1	4F53.6一 栗坂38.2杯 24.6追 12.3C
8（黄5）	フォーウィールドライブ	キングコロネット	牡2	サンコロネット（3勝）	スペシャルウィーク	36	54☆田口	栗大橋	3.1? 0	伊…章	高山博	0.0%	4.5%	ロッシュローブ、サンガネーブ	8.7	81.4一 栗C67.7杯 39.0追 12.3C
9（黄5）	アメリカンファラオ	アメリカンビーチ	牡2	アメリカンソング（輸入）	ストライプスソング	62	55団野	美国枝	4.3黒鹿0	江馬由将	グランド牧場	33.3%	66.7%	オオタニサーン	4.1	84.0馬 美W67.5な 38.6り 12.0B

本紙予想 馬連

上々。まずはめど立てたい

／柴田助手 調教の動き、時計ともに目立たない。体

万馬券的中証明書

2024年09月29日
JRA日本中央競馬会

あなたは下記の万馬券を的中させましたので
ここに証明いたします。

記

2024年　3回中京9日　3R
3連複 02－08－15　100円購入
払戻金単価　@22,650円
払戻金合計　22,650円

3連複2万2650円！
（100円的中）

万馬券的中証明書

2024年09月29日
JRA日本中央競馬会

あなたは下記の万馬券を的中させましたので
ここに証明いたします。

記

2024年　3回中京9日　3R
3連複 02－08－15　200円購入
払戻金単価　@22,650円
払戻金合計　45,300円

3連複2万2650円！
（200円的中）

●2024年9月29日・中京3R（2歳新馬、ダ1400m）

1着②アートコレクション
（4位・5番人気）
2着⑮ウルスクローム
（11位・10番人気）
3着⑧キングコロネット＝EP馬
（7位・6番人気）

……………………………………

10着⑤ワンダーブリング＝EP馬
（13位・14番人気）

単② 700円
複② 240円　⑮ 910円　⑧ 320円
馬連②－⑮ 9380円
馬単②→⑮ 17340円
ワイド②－⑮ 2910円
　　②－⑧ 980円
　　⑧－⑮ 3370円
3連複②⑧⑮ 22650円
3連単②→⑮→⑧ 129580円

枠・馬番	10（緑6）	11（緑6）	12（橙7）	13（橙7）	14（桃8）	15（桃8）
馬名	ウィッシュソング	テルモピュライ	ティエムファラオ	スピードイエロー	ユウメモリー	ウルスクローム
父	アルアイン	マジェスティックウォリアー	フォーウィールドライブ	ルヴァンスレーヴ	ホッコータルマエ	カリフォルニアクローム
性齢	牝2	牡2	牡2	牡2	牝2	牡2
母（母父）	ピンクプリンセス（1勝）シルバーチャーム	ゴールデンオーラ（0勝）ステイゴールド	シルバームーン（0勝）アドマイヤムーン	ヴェネーノ（0勝）ディープインパクト	アンケセナーメン（0勝）ブライアンズタイム	プリンセスバリュー（未登録）サウスヴィグラス
番号	32	14	6	1	8	4
印1	…	△	…	…	△	…
印2	☆	△	…	△	△	…
印3	△	☆	…	…	…	…
印4	△	☆	…	…	…	△
印5	▲	…	△	…	△	…
印6	59 ◎	50 ○	49 …	41 …	51 …	48 …
印7	⑤ ☆	⑨ ○	⑩ …	⑭ …	⑧ …	⑪ …
斤量・騎手	55鮫島駿	55北村友	55 幸	52▲吉 村	54☆松 本	52▲高 杉
厩舎	栗中 村	栗飯 田	美伊藤圭	栗佐々木	栗新 谷	栗大 橋
生年月日・毛色	2.9 芦 0	3.25鹿 0	3.31鹿 0	4.20黒鹿0	5.2 鹿 0	4.1[illegible] 0
馬主	伊藤 篤	竹中一彰	竹園正繼	H R R	アイテツ	村[illegible]敏
生産者	沖田牧場	赤田牧場	グランド牧場	富菜牧場	北星村田牧場	岡田牧場
％	0.0%	19.3%	0.0%	15.8%	17.9%	6.5%
％	8.0%	13.0%	14.8%	7.7%	12.5%	4.5%
兄姉	イサチルチャーム	ノーセキュリティ パルプフィクション	公シザーハンズ	キングオブザナイル	スリーピート テンプン	プリンセスカレン
数値	10.2	21.9	33.3	67.8	28.1	41.4
調教	4F55.1馬 栗坂39.2なり 25.3り ・12.5C	4F57.6馬 栗坂40.4なり 25.7り 12.5B	4F55.5末 美坂40.5強め 26.3め 12.8C	4F54.5一 栗坂39.7杯 26.1追 12.9C	一 0杯 3追 3C	
短評	一発注意	初戦から	静観妥当	もう少し	[illegible]凡	
コメント	→中村師　短距離が合うしスタートも水準。大型馬なので、もう少し軽さ出れば	→飯田師　追うごとに体は締まってきた。右に行く面があるので、そこがどうか	→伊藤圭師　前向きに走る気持ちとスピードがある。いいもの持ってる。めどを	↘佐々木師　気はいいが牡馬にしては非力な印象。減量騎手でどこまでやれるか	→松田助手　牝馬で少しか	

10万馬券的中証明書

2024年09月29日
JRA日本中央競馬会

あなたは下記の１０万馬券を的中させましたので
ここに証明いたします。

記

2024年　3回中京9日　3R
3連単 02→15→08　100円購入
払戻金単価　@129,580円
払戻金合計　129,580円

3連単12万9580円！

実践⑨夢馬券を追い求めるのもいいが、現実的な選択も……

●24年8月18日・中京5R（2歳新馬、芝1600m）
EP馬＝⑥ウォーターガーベラ（14位・14番人気）2着！


実践②に話を戻すが、そこでは「EP馬からのワイド流しは押さえで有効」と書いた。まあ、2連勝馬券は田中氏の範ちゅうなので、こちらは3連系など異なる券種での買い方を模索していたわけだが……。

ただ、なかなか3連系での組み立ては難しいもの。前項の的中劇も自分予想に負うところが大きい。大穴のEP馬が絡んでいるのにまったく獲れないのも、メチャメチャ悔しいので、すべてのレースではないが、馬連、ワイドでの押さえ馬券も買っていた。このレースは、それが大成功したケースである。

・頭数＝16頭
・テクニカル6＝パターン3（やや波乱）
・コンピ1位＝78
・EP馬は次の2頭
13位⑯インナモラート（＋4）
14位⑥ウォーターガーベラ（＋4）

前項もそうだったが、予想がしにくい新馬戦でも指数が出るのが、コンピならでは。ちなみに障害戦でも、EP馬は同様の方法で算出できる。ただ、最近の障害戦は頭数が少ないので、私は実践からは外していた。

それにしてもこの中京5Rは、新馬の指標のひとつでもある、ノーザンF系一口クラブの馬の出走もなく、自分予想でも手に余る。ならば、押さえ馬券だけでいいのでは？　他の券種を買うわけではないので、厳密にいえば「押さえ」ではないが。

田中氏の買い方では、相手は軸馬＋1～5位への流しだが、私はワイド2点的中のスケベ心もあって、比較的調教がよかった8位まで流すことにした。3連系を買わない分、手を広げたのである（ただし軸馬－軸馬は買っていない）。
・馬連⑥⑯－②⑦⑨⑩⑪⑬⑭⑮　※16点
・ワイド⑥⑯－②⑦⑨⑩⑪⑬⑭⑮　※16点
1点100円なので、計3200円の投資となった。

この馬連・ワイド流しが大成功！　1着に8位の②ビップデイジー（5番人気）、2着にはEP馬⑥ウォーターガーベラが入ったのだ！　これで馬連5万馬券が確定。さらに、3着に⑩ショウナンカゼルタ（6位・6番人気）。これでワイド万馬券がダブルで的中、スケベでよかった！

これを獲って改めて感じたのは、馬連、ワイドの流しは馬券構成がラクチン。しかも夢馬券とまではいかなくても、かなりの破壊力である（このレースでは回収率2372・8％！）。

例えばワイドは200～300円にするとか投資額を増やす手もある。現実的には、こちらを馬券の主力にしてもいいのではないか。3連系の豪快な的中を期待している人にはつまらないかもしれないが、これは身銭を切った、ひとつの結論だ。

●2024年8月18日・中京5R（2歳新馬、芝1600m）
【1位78】16頭　テクニカル6：パターン3（1～3位の和＝211⇒やや波乱）
EP馬＝13位⑯、14位⑥

順位	1	2	3	4	5	6	7	8	9	10	11	12	13	14	15	16
馬番	⑬	⑭	⑨	⑪	⑦	⑩	⑮	②	⑤	①	⑫	④	⑯	⑥	③	⑧
指数値	78	71	62	61	55	54	53	52	51	50	49	48	47	46	41	40
平均値		71	64	59	56	54	53	51	50	48	47	46	43	42	41	40
差（3以上）													4	4		

中京 5 2歳新馬（牝馬）

発走＝12時15分

芝1600メートル　好走枠 内枠　脚質 逃げ

レコード＝1・33・1 20年レッドベルオーブ

枠馬番	1白 1	1白 2	2黒 3	2黒 4	3赤 5	3赤 6	4青 7	4青 8	5 9
父	オルフェーヴル	サトノダイヤモンド	リアルスティール	ゴールドアクター	シャンハイボビー	レイデオロ	サトノダイヤモンド	ブラックタイド	サトノダイヤモンド
馬名	ヴァリラプトル	ビップデイジー	エンジェルトリガー	エイシンナザレ	ラヴスティンガー	ウォーターガーベラ	マーゴットジェム	フォビドゥンラヴ	セイキュート
母（母の勝利・生産国）	ルーヴィンペリアル(輸入)	ローズベリル(2勝)	パイオニアプライド(0勝)	エーシンバナギア(3勝)	エヴァ(2勝)	ウォーターピオニー(3勝)	アンシェルブルー(4勝)	アフェクショネット(輸入)	スクールミストレス(輸入)
母父	ジャイアンツコーズウェイ	キングカメハメハ	クロフネ	エイシンサンディ	キングカメハメハ	ヴィクトワールピサ	マンハッタンカフェ	ディストーティドヒューマー	イコールストライプス
性齢	牝2	牝2	牝2	牝2	牝2	牝2	牝2	牝2	牝2
人気指数	8	14	1	4	12	2	32	1	50
木南	◎	△					☆		▲
マイク	50 △	52 △	41	48	51	46	55	40	62 ○
本紙太田	⑩	⑧△	⑮	⑫	⑨	⑭	⑤◎	⑯	③▲
重量騎手	55斎藤	55幸	55和田竜	55横山和	55川須	54☆西塚	55長岡	55国分優	55坂井
厩舎	栗高野	栗松下	栗吉村	栗中尾	栗牧田	栗河内	栗今野	栗千田	栗四位
生月日毛色賞金	4.12栗0	2.1[illegible]鹿0	3.10鹿0	4.10青鹿0	3.20青鹿0	4.2[illegible]鹿0	3.29鹿0	3.22青鹿0	1.20鹿0
馬主	加藤裕司	鈴木[illegible]英	山田有陽朗	栄進堂	薪浦亨	山岡[illegible]人	前田良平	ゴドルフィン	藤田晋
生産者	社台F	ノー[illegible]F	千代田牧場	木田牧場	斉藤S	伏木田牧場	矢野牧場	ダーレーJF	ノーザンF
父産新馬芝率	7.0%	19.1%	31.9%	12.5%	0.0%	14.1%	19.1%	23.8%	19.1%
厩舎新馬連率	52.9%	26.1%	46.7%	10.0%	15.4%	18.8%	9.5%	6.3%	21.7%
兄姉	ヴェロキラプトル インペリアルライン ルージュフェルリーク	初子 近親 アロンダイト	ピオニエーレ	ロードエース エイシンギアアップ エイシンフェアサープ エイシンヌプリ	コトブキテティス コトブキホーク テンクウフラワー	ウォーターリヒト	モズマンジロウ シゲルチキュウ	レシプロケイト ラヴネヴァーエンズ	ヴァリージア ステラスプレンダー
単予想オッズ	30.7	24.6	73.6	45.8	26.0	56.9	11.2	73.3	5.5
今回調教 6F	4F57.1―	4F56.6―	4F54.7―	84.2―	4F52.6―	85.5直	― 馬	― 馬	― 馬
5F	栗坂40.7杯	栗坂41.0杯	栗坂39.6杯	栗C68.8杯	栗坂38.2杯	栗C69.6強	栗C ― な	栗C ― な	栗C ― な
3F	26.0追	26.4追	26.1追	37.5追	24.8追	38.4め	37.7り	39.5り	37.8り
1F	12.6C	12.7C	12.9C	11.8C	12.4B	11.5C	11.1B	12.1C	11.5B
短評	どこまで	実戦で注	またまた	態勢整う	穴に一考	乗り込む	素質上位	気性次第	初戦から
寸評	↗高野師 だし、基礎 している。	→松下師 試験も1回 きれいな馬	→吉村師 先週はコース追いで遅れたがビシッと追ったことで良	→中尾師 良さそうだ からね。仕	→牧田師 し動き、時 面目でいい	→河内師 用で本数を ずはマイル	↗今野師 くオンとオ 初戦から力	↗千田師 動きは水準なので、いかに 落ち着きレースに臨めるか	→四位師 乗り込み量は十分で動きも悪くない。長く脚を使える面を生かしたい

本紙予想 馬連

7－13
7－9
7－12
7－14

短評 平均ペ

2
1

万馬券的中証明書

2024年08月18日
JRA日本中央競馬会

あなたは下記の万馬券を的中させましたので
ここに証明いたします。

記

2024年　2回中京4日　5R
ワイド　06－10　100円購入
払戻金単価　@12,060円
払戻金合計　12,060円

ワイド1万2060円！

万馬券的中証明書

2024年08月18日
JRA日本中央競馬会

あなたは下記の万馬券を的中させましたので
ここに証明いたします。

記

2024年　2回中京4日　5R
ワイド　02－06　100円購入
払戻金単価　@13,160円
払戻金合計　13,160円

ワイド1万3160円！

●2024年8月18日・中京5R（2歳新馬、芝1600m）

1着②ビップデイジー
（8位・5番人気）
2着⑥ウォーターガーベラ＝EP馬
（14位・14番人気）
3着⑩ショウナンカゼルタ
（6位・6番人気）

………………………………………………

9着⑯インナモラート＝EP馬
（13位・15番人気）

単② 1850円
複② 540円　⑥ 1510円　⑩ 510円
馬連②－⑥ 50710円
馬単②→⑥ 98540円
ワイド②－⑥ 13160円
②－⑩ 3940円
⑥－⑩ 12060円
3連複②⑥⑩ 227830円
3連単②→⑥→⑩ 1556440円

馬番	10 黄	11 緑6	12 緑6	13 橙7	14 橙7	15 桃8	16 桃8
馬名	ショウナンカゼルタ	レストプレドゥモア	エイユージュメイラ	マリエンプラッツ	ベルヴィヴァン	ナリタボニー	インナモラート
性齢	牝2	牝2	牝2	牝2	牝2	牝2	牝2
父	キズナ	モーリス	シャンハイボビー	ハービンジャー	アドマイヤマーズ	アドマイヤマーズ	ジャスタウェイ
母（母父）	ショウナンガーデン(2勝) クロフネ	ジェラスキャット(輸入) タピット	エイユーモモチャン(1勝) サクラバクシンオー	ゴルトキルシェ(0勝) ステイゴールド	ラテラス(3勝) ハーランズホリデイ	ナリタピクシー(2勝) ヴィクトワールピサ	ティアーモ(3勝) キングカメハメハ
指数	22	38	10	84	66	14	4
印	☆ 54 ⑥△	○ 61 ④△	◎ 49 ⑪☆	△ 78△ ①○	△ 71▲ ②△	53△ ⑦	47 ⑬
斤量・騎手	52▲吉村	55酒井	55国分恭	55鮫島駿	55西村淳	55北村友	54☆小沢
調教師	新谷	小林	鈴木孝	橋口	西村	高橋亮	千田
生月日・毛色	2.1[illegible]0	2.17鹿 0	5.5 鹿 0	2.12黒鹿0	3.18栗 0	2.18鹿 0	2.17栗 0
馬主	国本[illegible]	下河辺隆行	笹部義則	社台ＲＨ	宮崎俊也	オースミ	中村祐子
生産者	静[illegible]F	下河辺牧場	富田恭司	社台 F	ノーザンF	白井牧場	ケイアイF
	36.0%	23.8%	0.0%	22.7%	33.3%	33.3%	24.0%
	6.7%	10.0%	24.0%	11.8%	11.1%	17.4%	6.3%
兄姉	ショウナンハレルヤ ショウナンダダン	デュードヴァン プレヴィスト	エイユーストロング エイユージャッカル	ゴールドサーベル エリカキルシェ	サンダーユニバンス	ナリタアワユキ	ロードラプソディ チャペルレーン ロードアフェット
オッズ	17.3	8.7	27.8	2.7	4.2	24.0	46.4
調教	一 栗P65.2 37.0 11.6B 馬なり	一 栗C68.3 37.8 11.9C 末強め	4F53.8 栗坂39.2 25.3 12.4C 強め	82.5 栗C66.9 37.8 11.9C 馬なり	4F56.5 栗坂39.6 24.4 11.7B 馬なり	一 [illegible].5 [illegible].5C 馬なり	
短評	減量期待	走り軽快	好走可能	争覇圏内	切れある	[illegible]ます	
コメント	→松田助手 軽いフットワークで芝向き。長く脚を使えそう。斤量差を生かして	→小林師 かなりの素質は秘めていると思う。コントロール利いて力を出せれば	→鈴木孝師 距離の融通はありそう。追うごとに動き良くなった。調教通りなら	／橋口師 馬場でやるようになり動きが一変。前向きさもあるし初戦からやれる	→西村師 いい動きをしているよ。前向きなので、距離はこれくらいが合いそう	→高橋亮師 動きもまずま[illegible]	

万馬券的中証明書

2024年08月18日
JRA日本中央競馬会

あなたは下記の万馬券を的中させましたので
ここに証明いたします。

記

2024年　2回中京4日　5R
馬連　02－06　100円購入
払戻金単価　@50,710円
払戻金合計　50,710円

馬連5万710円！

★こちらも獲りました！馬連・ワイド編

万馬券的中証明書

2024年09月29日
JRA日本中央競馬会

あなたは下記の万馬券を的中させましたので
ここに証明いたします。

記

2024年　4回中山9日　11R
馬連　02－13　100円購入
払戻金単価　@15,840円
払戻金合計　15,840円

GⅠ・スプリンターズS
馬連1万5840円！

EP馬⑬ルガル（コンピ13位・9番人気）が1着。2着もEP馬②トウシンマカオ（5位・5番人気）で馬連万馬券！

万馬券的中証明書

2024年09月21日
JRA日本中央競馬会

あなたは下記の万馬券を的中させましたので
ここに証明いたします。

記

2024年　3回中京6日　5R
馬連　04－05　100円購入
払戻金単価　@11,790円
払戻金合計　11,790円

馬連1万1790円！

9月21日・中京5R（2歳新馬、芝1600m）。EP馬⑤アルサクレイグ（11位・12番人気）が2着。1着④ザラタン（2位・2番人気）との馬連が万馬券。

万馬券的中証明書

2024年07月28日
JRA日本中央競馬会

あなたは下記の万馬券を的中させましたので
ここに証明いたします。

記

2024年　2回新潟2日　11R
ワイド　04－14　100円購入
払戻金単価　@11,280円
払戻金合計　11,280円

ワイド1万1280円！

7月28日・新潟11R（3歳上1勝クラス、芝1800m）。EP馬⑭ピースヒロフェイス（14位・14番人気）が3着。2着④オルノア（6位・7番人気）とのワイドが万馬券に。

万馬券的中証明書

2024年08月25日
JRA日本中央競馬会

あなたは下記の万馬券を的中させましたので
ここに証明いたします。

記

2024年　3回新潟6日　2R
ワイド　01－12　100円購入
払戻金単価　@19,500円
払戻金合計　19,500円

ワイド1万9500円！

8月25日・新潟2R（3歳未勝利、ダ1800m）。EP馬⑫バウンドトゥウィン（13位・13番人気）が2着。3着①タキザクラ（5位・7番人気）とのワイドが万馬券。

万馬券的中証明書

2024年09月15日
JRA日本中央競馬会

あなたは下記の万馬券を的中させましたので
ここに証明いたします。

記

2024年　4回中山4日　7R
馬連　06－10　100円購入
払戻金単価　@14,260円
払戻金合計　14,260円

馬連1万1790円！

9月15日・中山7R（3歳上1勝クラス、ダ1200m）。EP馬⑩マーシヴィガラス（11位・10番人気）が1着。2着⑥マイネルディクト（1位・2番人気）との馬連が万馬券。

●穴党スタッフHの実践総括

・穴を狙うならテクニカル6のパターン1、2。出走頭数は14頭以上。これを満たすレースに絞ると、資金も投下しやすい。馬券構成をじっくり考える余裕も生まれる。
・混戦模様の新馬、フルゲートになりやすいGⅠも狙い目あり。
・もうひとつ、2場より3場開催、しかもローカルの多頭数・下級条件もターゲット。
・3連系馬券は点数が増えてしまうので、ハイリスク・ハイリターン。本文でも最後にふれたが、現実的には田中式の馬連・ワイドフォーメーションを推奨。それでも万馬券は獲れるんだから！

実践シートの使い方

次のページから、スタッフHがＥＰ馬を見つけるために使った穴党用の【出走頭数別×１位指数別】実践シートを掲載します。

頭数では、「14 ～ 18 頭立て」に、実際は使わなかった「12、13 頭立て」も、汎用性を考えて加えました。１位指数は紙幅の制限もあり「１位 80 ～ 69」を掲載しましたが、補足として「１位 82、81」もラストにまとめています。

各シートとも平均値は入っているので、あとは下記のように、該当レースの馬番、コンピ指数を記入し、平均値と比べれば簡単に＋３以上のＥＰ馬がわかります。

ちなみに下記の例では、ＥＰ馬⑩マーシヴィガラス（10 位･10 番人気）が１着、馬連⑥－⑩は万馬券となりました（右ページに掲載）。

なお、実践シートは拡大コピーなどして活用することを推奨します。

日付・レース名・テクニカル6のパターンなどを記入

【1位76】14頭　9.15 中山7R　テクニカル6→パターン1

順位	1	2	3	4	5	6	7	8	9	10	11	12	13	14
馬番	6	4	11	8	5	9	13	1	12	7	10	2	14	3
指数値		68	61	60	58	57	55	51	50	49	48	47	46	40
平均値		70	65	60	57	55	53	51	49	48	45	44	42	40
差											3	3	4	

そのレースの馬番・コンピ指数を入れる

＋３以上でEPに該当するものだけ記入

P156～　18頭立て…2～10位は1位指数による平均値、11位以下は出走頭数による平均値

P158～　17頭立て…2～9位は1位指数による平均値、10位以下は出走頭数による平均値

P160～　16頭立て…2～9位は1位指数による平均値、10位以下は出走頭数による平均値

P162～　15頭立て…2～9位は1位指数による平均値、10位以下は出走頭数による平均値

P164～　14頭立て…2～8位は1位指数による平均値、9位以下は出走頭数による平均値

P166～　13頭立て…2～8位は1位指数による平均値、9位以下は出走頭数による平均値

P168～　12頭立て…2～8位は1位指数による平均値、9位以下は出走頭数による平均値

1位80〜69

【1位80】18頭

順位	1	2	3	4	5	6	7	8	9	10	11	12	13	14	15	16	17	18
馬番																		
指数値																		
平均値		70	63	59	56	54	52	51	50	49	48	47	46	45	44	42	41	40
差																		

【1位79】18頭

順位	1	2	3	4	5	6	7	8	9	10	11	12	13	14	15	16	17	18
馬番																		
指数値																		
平均値		71	63	59	56	54	52	51	50	49	48	47	46	45	44	42	41	40
差																		

【1位78】18頭

順位	1	2	3	4	5	6	7	8	9	10	11	12	13	14	15	16	17	18
馬番																		
指数値																		
平均値		71	64	59	56	54	53	51	50	49	48	47	46	45	44	42	41	40
差																		

【1位77】18頭

順位	1	2	3	4	5	6	7	8	9	10	11	12	13	14	15	16	17	18
馬番																		
指数値																		
平均値		71	64	59	56	54	53	51	50	49	48	47	46	45	44	42	41	40
差																		

【1位76】18頭

順位	1	2	3	4	5	6	7	8	9	10	11	12	13	14	15	16	17	18
馬番																		
指数値																		
平均値		70	65	60	57	55	53	51	50	49	48	47	46	45	44	42	41	40
差																		

【1位75】18頭

順位	1	2	3	4	5	6	7	8	9	10	11	12	13	14	15	16	17	18
馬番																		
指数値																		
平均値		70	65	60	57	55	53	51	50	49	48	47	46	45	44	42	41	40
差																		

実践シート① 18頭立て

【1位74】18頭

順位	1	2	3	4	5	6	7	8	9	10	11	12	13	14	15	16	17	18
馬番																		
指数値																		
平均値		70	65	61	57	55	53	51	50	49	48	47	46	45	44	42	41	40
差																		

【1位73】18頭

順位	1	2	3	4	5	6	7	8	9	10	11	12	13	14	15	16	17	18
馬番																		
指数値																		
平均値		69	65	61	58	55	53	51	50	49	48	47	46	45	44	42	41	40
差																		

【1位72】18頭

順位	1	2	3	4	5	6	7	8	9	10	11	12	13	14	15	16	17	18
馬番																		
指数値																		
平均値		69	65	61	58	55	53	51	50	49	48	47	46	45	44	42	41	40
差																		

【1位71】18頭

順位	1	2	3	4	5	6	7	8	9	10	11	12	13	14	15	16	17	18
馬番																		
指数値																		
平均値		68	65	62	58	56	53	52	50	49	48	47	46	45	44	42	41	40
差																		

【1位70】18頭

順位	1	2	3	4	5	6	7	8	9	10	11	12	13	14	15	16	17	18
馬番																		
指数値																		
平均値		68	65	62	59	56	53	52	50	49	48	47	46	45	44	42	41	40
差																		

【1位69】18頭

順位	1	2	3	4	5	6	7	8	9	10	11	12	13	14	15	16	17	18
馬番																		
指数値																		
平均値		67	65	62	59	57	54	52	51	50	48	47	46	45	44	42	41	40
差																		

1位80～69

【1位80】17頭

順位	1	2	3	4	5	6	7	8	9	10	11	12	13	14	15	16	17
馬番																	
指数値																	
平均値		70	63	59	56	54	52	51	50	48	47	46	45	44	42	41	40
差																	

【1位79】17頭

順位	1	2	3	4	5	6	7	8	9	10	11	12	13	14	15	16	17
馬番																	
指数値																	
平均値		71	63	59	56	54	52	51	50	48	47	46	45	44	42	41	40
差																	

【1位78】17頭

順位	1	2	3	4	5	6	7	8	9	10	11	12	13	14	15	16	17
馬番																	
指数値																	
平均値		71	64	59	56	54	53	51	50	48	47	46	45	44	42	41	40
差																	

【1位77】17頭

順位	1	2	3	4	5	6	7	8	9	10	11	12	13	14	15	16	17
馬番																	
指数値																	
平均値		71	64	59	56	54	53	51	50	48	47	46	45	44	42	41	40
差																	

【1位76】17頭

順位	1	2	3	4	5	6	7	8	9	10	11	12	13	14	15	16	17
馬番																	
指数値																	
平均値		70	65	60	57	55	53	51	50	48	47	46	45	44	42	41	40
差																	

【1位75】17頭

順位	1	2	3	4	5	6	7	8	9	10	11	12	13	14	15	16	17
馬番																	
指数値																	
平均値		70	65	60	57	55	53	51	50	48	47	46	45	44	42	41	40
差																	

実践シート② 17頭立て

【1位74】17頭

順位	1	2	3	4	5	6	7	8	9	10	11	12	13	14	15	16	17
馬番																	
指数値																	
平均値		70	65	61	57	55	53	51	50	48	47	46	45	44	42	41	40
差																	

【1位73】17頭

順位	1	2	3	4	5	6	7	8	9	10	11	12	13	14	15	16	17
馬番																	
指数値																	
平均値		69	65	61	58	55	53	51	50	48	47	46	45	44	42	41	40
差																	

【1位72】17頭

順位	1	2	3	4	5	6	7	8	9	10	11	12	13	14	15	16	17
馬番																	
指数値																	
平均値		69	65	61	58	55	53	51	50	48	47	46	45	44	42	41	40
差																	

【1位71】17頭

順位	1	2	3	4	5	6	7	8	9	10	11	12	13	14	15	16	17
馬番																	
指数値																	
平均値		68	65	62	58	56	53	52	50	48	47	46	45	44	42	41	40
差																	

【1位70】17頭

順位	1	2	3	4	5	6	7	8	9	10	11	12	13	14	15	16	17
馬番																	
指数値																	
平均値		68	65	62	59	56	53	52	50	48	47	46	45	44	42	41	40
差																	

【1位69】17頭

順位	1	2	3	4	5	6	7	8	9	10	11	12	13	14	15	16	17
馬番																	
指数値																	
平均値		67	65	62	59	57	54	52	51	48	47	46	45	44	42	41	40
差																	

1位80～69

【1位80】16頭

順位	1	2	3	4	5	6	7	8	9	10	11	12	13	14	15	16
馬番																
指数値																
平均値		70	63	59	56	54	52	51	50	48	47	46	43	42	41	40
差																

【1位79】16頭

順位	1	2	3	4	5	6	7	8	9	10	11	12	13	14	15	16
馬番																
指数値																
平均値		71	63	59	56	54	52	51	50	48	47	46	43	42	41	40
差																

【1位78】16頭

順位	1	2	3	4	5	6	7	8	9	10	11	12	13	14	15	16
馬番																
指数値																
平均値		71	64	59	56	54	53	51	50	48	47	46	43	42	41	40
差																

【1位77】16頭

順位	1	2	3	4	5	6	7	8	9	10	11	12	13	14	15	16
馬番																
指数値																
平均値		71	64	59	56	54	53	51	50	48	47	46	43	42	41	40
差																

【1位76】16頭

順位	1	2	3	4	5	6	7	8	9	10	11	12	13	14	15	16
馬番																
指数値																
平均値		70	65	60	57	55	53	51	50	48	47	46	43	42	41	40
差																

【1位75】16頭

順位	1	2	3	4	5	6	7	8	9	10	11	12	13	14	15	16
馬番																
指数値																
平均値		70	65	60	57	55	53	51	50	48	47	46	43	42	41	40
差																

実践シート③ 16頭立て

【1位74】16頭

順位	1	2	3	4	5	6	7	8	9	10	11	12	13	14	15	16
馬番																
指数値																
平均値		70	65	61	57	55	53	51	50	48	47	46	43	42	41	40
差																

【1位73】16頭

順位	1	2	3	4	5	6	7	8	9	10	11	12	13	14	15	16
馬番																
指数値																
平均値		69	65	61	58	55	53	51	50	48	47	46	43	42	41	40
差																

【1位72】16頭

順位	1	2	3	4	5	6	7	8	9	10	11	12	13	14	15	16
馬番																
指数値																
平均値		69	65	61	58	55	53	51	50	48	47	46	43	42	41	40
差																

【1位71】16頭

順位	1	2	3	4	5	6	7	8	9	10	11	12	13	14	15	16
馬番																
指数値																
平均値		68	65	62	58	56	53	52	50	48	47	46	43	42	41	40
差																

【1位70】16頭

順位	1	2	3	4	5	6	7	8	9	10	11	12	13	14	15	16
馬番																
指数値																
平均値		68	65	62	59	56	53	52	50	48	47	46	43	42	41	40
差																

【1位69】16頭

順位	1	2	3	4	5	6	7	8	9	10	11	12	13	14	15	16
馬番																
指数値																
平均値		67	65	62	59	57	54	52	51	48	47	46	43	42	41	40
差																

1位80～69

【1位80】15頭

順位	1	2	3	4	5	6	7	8	9	10	11	12	13	14	15
馬番															
指数値															
平均値		70	63	59	56	54	52	51	50	48	47	45	43	41	40
差															

【1位79】15頭

順位	1	2	3	4	5	6	7	8	9	10	11	12	13	14	15
馬番															
指数値															
平均値		71	63	59	56	54	52	51	50	48	47	45	43	41	40
差															

【1位78】15頭

順位	1	2	3	4	5	6	7	8	9	10	11	12	13	14	15
馬番															
指数値															
平均値		71	64	59	56	54	53	51	50	48	47	45	43	41	40
差															

【1位77】15頭

順位	1	2	3	4	5	6	7	8	9	10	11	12	13	14	15
馬番															
指数値															
平均値		71	64	59	56	54	53	51	50	48	47	45	43	41	40
差															

【1位76】15頭

順位	1	2	3	4	5	6	7	8	9	10	11	12	13	14	15
馬番															
指数値															
平均値		70	65	60	57	55	53	51	50	48	47	45	43	41	40
差															

【1位75】15頭

順位	1	2	3	4	5	6	7	8	9	10	11	12	13	14	15
馬番															
指数値															
平均値		70	65	60	57	55	53	51	50	48	47	45	43	41	40
差															

実践シート④ 15頭立て

【1位74】15頭

順位	1	2	3	4	5	6	7	8	9	10	11	12	13	14	15
馬番															
指数値															
平均値		70	65	61	57	55	53	51	50	48	47	45	43	41	40
差															

【1位73】15頭

順位	1	2	3	4	5	6	7	8	9	10	11	12	13	14	15
馬番															
指数値															
平均値		69	65	61	58	55	53	51	50	48	47	45	43	41	40
差															

【1位72】15頭

順位	1	2	3	4	5	6	7	8	9	10	11	12	13	14	15
馬番															
指数値															
平均値		69	65	61	58	55	53	51	50	48	47	45	43	41	40
差															

【1位71】15頭

順位	1	2	3	4	5	6	7	8	9	10	11	12	13	14	15
馬番															
指数値															
平均値		68	65	62	58	56	53	52	50	48	47	45	43	41	40
差															

【1位70】15頭

順位	1	2	3	4	5	6	7	8	9	10	11	12	13	14	15
馬番															
指数値															
平均値		68	65	62	59	56	53	52	50	48	47	45	43	41	40
差															

【1位69】15頭

順位	1	2	3	4	5	6	7	8	9	10	11	12	13	14	15
馬番															
指数値															
平均値		67	65	62	59	57	54	52	51	48	47	45	43	41	40
差															

1位80～69

【1位80】14頭

順位	1	2	3	4	5	6	7	8	9	10	11	12	13	14
馬番														
指数値														
平均値		70	63	59	56	54	52	51	49	48	45	44	42	40
差														

【1位79】14頭

順位	1	2	3	4	5	6	7	8	9	10	11	12	13	14
馬番														
指数値														
平均値		71	63	59	56	54	52	51	49	48	45	44	42	40
差														

【1位78】14頭

順位	1	2	3	4	5	6	7	8	9	10	11	12	13	14
馬番														
指数値														
平均値		71	64	59	56	54	53	51	49	48	45	44	42	40
差														

【1位77】14頭

順位	1	2	3	4	5	6	7	8	9	10	11	12	13	14
馬番														
指数値														
平均値		71	64	59	56	54	53	51	49	48	45	44	42	40
差														

【1位76】14頭

順位	1	2	3	4	5	6	7	8	9	10	11	12	13	14
馬番														
指数値														
平均値		70	65	60	57	55	53	51	49	48	45	44	42	40
差														

【1位75】14頭

順位	1	2	3	4	5	6	7	8	9	10	11	12	13	14
馬番														
指数値														
平均値		70	65	60	57	55	53	51	49	48	45	44	42	40
差														

実践シート⑤ 14頭立て

【1位74】14頭

順位	1	2	3	4	5	6	7	8	9	10	11	12	13	14
馬番														
指数値														
平均値		70	65	61	57	55	53	51	49	48	45	44	42	40
差														

【1位73】14頭

順位	1	2	3	4	5	6	7	8	9	10	11	12	13	14
馬番														
指数値														
平均値		69	65	61	58	55	53	51	49	48	45	44	42	40
差														

【1位72】14頭

順位	1	2	3	4	5	6	7	8	9	10	11	12	13	14
馬番														
指数値														
平均値		69	65	61	58	55	53	51	49	48	45	44	42	40
差														

【1位71】14頭

順位	1	2	3	4	5	6	7	8	9	10	11	12	13	14
馬番														
指数値														
平均値		68	65	62	58	56	53	52	49	48	45	44	42	40
差														

【1位70】14頭

順位	1	2	3	4	5	6	7	8	9	10	11	12	13	14
馬番														
指数値														
平均値		68	65	62	59	56	53	52	49	48	45	44	42	40
差														

【1位69】14頭

順位	1	2	3	4	5	6	7	8	9	10	11	12	13	14
馬番														
指数値														
平均値		67	65	62	59	57	54	52	49	48	45	44	42	40
差														

1位80～69

【1位80】13頭

順位	1	2	3	4	5	6	7	8	9	10	11	12	13
馬番													
指数値													
平均値		70	63	59	56	54	52	51	49	47	44	43	40
差													

【1位79】13頭

順位	1	2	3	4	5	6	7	8	9	10	11	12	13
馬番													
指数値													
平均値		71	63	59	56	54	52	51	49	47	44	43	40
差													

【1位78】13頭

順位	1	2	3	4	5	6	7	8	9	10	11	12	13
馬番													
指数値													
平均値		71	64	59	56	54	53	51	49	47	44	43	40
差													

【1位77】13頭

順位	1	2	3	4	5	6	7	8	9	10	11	12	13
馬番													
指数値													
平均値		71	64	59	56	54	53	51	49	47	44	43	40
差													

【1位76】13頭

順位	1	2	3	4	5	6	7	8	9	10	11	12	13
馬番													
指数値													
平均値		70	65	60	57	55	53	51	49	47	44	43	40
差													

【1位75】13頭

順位	1	2	3	4	5	6	7	8	9	10	11	12	13
馬番													
指数値													
平均値		70	65	60	57	55	53	51	49	47	44	43	40
差													

実践シート⑥ 13頭立て

【1位74】13頭

順位	1	2	3	4	5	6	7	8	9	10	11	12	13
馬番													
指数値													
平均値		70	65	61	57	55	53	51	49	47	44	43	40
差													

【1位73】13頭

順位	1	2	3	4	5	6	7	8	9	10	11	12	13
馬番													
指数値													
平均値		69	65	61	58	55	53	51	49	47	44	43	40
差													

【1位72】13頭

順位	1	2	3	4	5	6	7	8	9	10	11	12	13
馬番													
指数値													
平均値		69	65	61	58	55	53	51	49	47	44	43	40
差													

【1位71】13頭

順位	1	2	3	4	5	6	7	8	9	10	11	12	13
馬番													
指数値													
平均値		68	65	62	58	56	53	52	49	47	44	43	40
差													

【1位70】13頭

順位	1	2	3	4	5	6	7	8	9	10	11	12	13
馬番													
指数値													
平均値		68	65	62	59	56	53	52	49	47	44	43	40
差													

【1位69】13頭

順位	1	2	3	4	5	6	7	8	9	10	11	12	13
馬番													
指数値													
平均値		67	65	62	59	57	54	52	49	47	44	43	40
差													

1位80〜69

【1位80】12頭

順位	1	2	3	4	5	6	7	8	9	10	11	12
馬番												
指数値	＼											
平均値	＼	70	63	59	56	54	52	51	48	46	43	41
差	＼											

【1位79】12頭

順位	1	2	3	4	5	6	7	8	9	10	11	12
馬番												
指数値	＼											
平均値	＼	71	63	59	56	54	52	51	48	46	43	41
差	＼											

【1位78】12頭

順位	1	2	3	4	5	6	7	8	9	10	11	12
馬番												
指数値	＼											
平均値	＼	71	64	59	56	54	53	51	48	46	43	41
差	＼											

【1位77】12頭

順位	1	2	3	4	5	6	7	8	9	10	11	12
馬番												
指数値	＼											
平均値	＼	71	64	59	56	54	53	51	48	46	43	41
差	＼											

【1位76】12頭

順位	1	2	3	4	5	6	7	8	9	10	11	12
馬番												
指数値	＼											
平均値	＼	70	65	60	57	55	53	51	48	46	43	41
差	＼											

【1位75】12頭

順位	1	2	3	4	5	6	7	8	9	10	11	12
馬番												
指数値	＼											
平均値	＼	70	65	60	57	55	53	51	48	46	43	41
差	＼											

実践シート⑦ 12頭立て

【1位74】12頭

順位	1	2	3	4	5	6	7	8	9	10	11	12
馬番												
指数値												
平均値		70	65	61	57	55	53	51	48	46	43	41
差												

【1位73】12頭

順位	1	2	3	4	5	6	7	8	9	10	11	12
馬番												
指数値												
平均値		69	65	61	58	55	53	51	48	46	43	41
差												

【1位72】12頭

順位	1	2	3	4	5	6	7	8	9	10	11	12
馬番												
指数値												
平均値		69	65	61	58	55	53	51	48	46	43	41
差												

【1位71】12頭

順位	1	2	3	4	5	6	7	8	9	10	11	12
馬番												
指数値												
平均値		68	65	62	58	56	53	52	48	46	43	41
差												

【1位70】12頭

順位	1	2	3	4	5	6	7	8	9	10	11	12
馬番												
指数値												
平均値		68	65	62	59	56	53	52	48	46	43	41
差												

【1位69】12頭

順位	1	2	3	4	5	6	7	8	9	10	11	12
馬番												
指数値												
平均値		67	65	62	59	57	54	52	48	46	43	41
差												

18～13頭立て

【1位82】18頭

順位	1	2	3	4	5	6	7	8	9	10	11	12	13	14	15	16	17	18
馬番																		
指数値																		
平均値		70	63	59	56	54	52	51	50	49	48	47	46	45	44	42	41	40
差																		

【1位81】18頭

順位	1	2	3	4	5	6	7	8	9	10	11	12	13	14	15	16	17	18
馬番																		
指数値																		
平均値		70	63	59	56	54	52	51	50	49	48	47	46	45	44	42	41	40
差																		

【1位82】17頭

順位	1	2	3	4	5	6	7	8	9	10	11	12	13	14	15	16	17
馬番																	
指数値																	
平均値		70	63	59	56	54	52	51	50	48	47	46	45	44	42	41	40
差																	

【1位81】17頭

順位	1	2	3	4	5	6	7	8	9	10	11	12	13	14	15	16	17
馬番																	
指数値																	
平均値		70	63	59	56	54	52	51	50	48	47	46	45	44	42	41	40
差																	

【1位82】16頭

順位	1	2	3	4	5	6	7	8	9	10	11	12	13	14	15	16
馬番																
指数値																
平均値		70	63	59	56	54	52	51	50	48	47	46	43	42	41	40
差																

【1位81】16頭

順位	1	2	3	4	5	6	7	8	9	10	11	12	13	14	15	16
馬番																
指数値																
平均値		70	63	59	56	54	52	51	50	48	47	46	43	42	41	40
差																

実践シート・補足　1位82・81

【1位82】15頭

順位	1	2	3	4	5	6	7	8	9	10	11	12	13	14	15
馬番															
指数値															
平均値		70	63	59	56	54	52	51	50	48	47	45	43	41	40
差															

【1位81】15頭

順位	1	2	3	4	5	6	7	8	9	10	11	12	13	14	15
馬番															
指数値															
平均値		70	63	59	56	54	52	51	50	48	47	45	43	41	40
差															

【1位82】14頭

順位	1	2	3	4	5	6	7	8	9	10	11	12	13	14
馬番														
指数値														
平均値		70	63	59	56	54	52	51	49	48	45	44	42	40
差														

【1位81】14頭

順位	1	2	3	4	5	6	7	8	9	10	11	12	13	14
馬番														
指数値														
平均値		70	63	59	56	54	52	51	49	48	45	44	42	40
差														

【1位82】13頭

順位	1	2	3	4	5	6	7	8	9	10	11	12	13
馬番													
指数値													
平均値		70	63	59	56	54	52	51	49	47	44	43	40
差													

【1位81】13頭

順位	1	2	3	4	5	6	7	8	9	10	11	12	13
馬番													
指数値													
平均値		70	63	59	56	54	52	51	49	47	44	43	40
差													

実践シート・補足 1位82・81 12頭立て

【1位82】12頭

順位	1	2	3	4	5	6	7	8	9	10	11	12
馬番												
指数値												
平均値		70	63	59	56	54	52	51	48	46	43	41
差												

【1位81】12頭

順位	1	2	3	4	5	6	7	8	9	10	11	12
馬番												
指数値												
平均値		70	63	59	56	54	52	51	48	46	43	41
差												

▼あなたにも実践シートは作れる！

ここまでに掲載した以外の実践シートは、P 30の1位指数別の平均値、P 39の出走頭数別の平均値を参照してもらえれば作れます。その際、P30、39の表のコピーを用意し、出走頭数別の平均値を先に入れて埋めたほうが作りやすいでしょう。すべて空白のシートを下に掲載したので、コピーなどしてお試しください。

【1位　　】　　頭

順位	1	2	3	4	5	6	7	8	9	10	11	12	13	14	15	16	17	18
馬番																		
指数値																		
平均値																		
差																		

激走リスト【コンピ10位以下限定】

日	レース	馬名	順位	人気	着	主な配当
7.7	函館8R	ニホンピロアリー	10	9	3	複勝1020円、ワイド2670円、4200円
7.7	函館9R	サイレンスゴールド	11	8	2	複勝490円、馬連4020円
7.7	函館11R	ニューノーマル	14	10	3	複勝630円、ワイド2300円、3050円
7.14	函館11R	グランディア	11	4	2	複勝300円、馬連4310円
7.14	福島12R	ハンデンカイザー	10	5	3	複勝280円、ワイド440円、1240円
7.14	小倉10R	ライジングラパス	12	9	1	単勝2180円、馬連4850円
7.20	福島10R	ワザモノ	10	10	2	複勝630円、馬連5270円
7.20	福島11R	ダテボレアス	12	4	2	複勝330円、馬連1980円
7.20	福島11R	メイショウイジゲン	15	14	3	複勝1760円、ワイド4140円、13000円
7.20	札幌4R	カーモス	12	11	2	複勝1030円、馬連11840円
7.20	札幌4R	ユメカウツツカ	11	9	3	複勝740円、ワイド1630円、12100円
7.27	新潟10R	ユウトザキンパツ	13	12	2	複勝1430円、馬連21330円
7.28	新潟11R	ピースヒロフェイス	14	14	3	複勝1220円、ワイド4790円、11280円
7.28	札幌12R	シグナルファイアー	10	9	3	複勝700円、ワイド1260円、2560円
8.3	新潟7R	シンティレーション	11	11	1	単勝3540円、馬連3500円
8.3	新潟7R	ロジシルバー	13	9	3	複勝500円、ワイド4710円、1040円
8.4	新潟9R	シューンカイゼリン	13	12	3	複勝1180円、ワイド15480円、3020円
8.4	札幌6R	ショウナンガチ	11	7	3	複勝1020円、ワイド3260円、3190円
8.4	札幌10R	マルプリ	16	14	2	複勝1270円、馬連53070円
8.10	新潟9R	カナウ	10	9	3	複勝530円、ワイド1600円、2310円
8.10	札幌7R	シエラメンテ	11	10	2	複勝930円、馬連9120円
8.11	新潟9R	タケトンボ	11	10	3	複勝610円、ワイド1710円、4580円
8.17	新潟2R	リベルテ	10	7	2	複勝400円、馬連1700円
8.17	新潟9R	トーホウボルツ	10	13	2	複勝1380円、馬連6380円
8.17	札幌7R	テイクノーティス	13	13	3	複勝1050円、ワイド1510円、8890円
8.18	中京5R	ウォーターガーベラ	14	14	2	複勝1510円、馬連50710円
8.18	札幌6R	エミサソウツバサ	11	12	3	複勝1370円、ワイド5370円、11880円
8.24	新潟6R	キタノライブリー	13	12	2	複勝810円、馬連8510円
8.25	新潟2R	ハウンドトゥウィン	13	13	2	複勝2980円、馬連25万1140円
8.31	新潟4R	タンジェントアーク	10	8	2	複勝880円、馬連10420円
9.1	新潟4R	カラーオブジアース	10	9	1	単勝2160円、馬連7510円
9.1	新潟12R	アイリッシュパール	11	4	3	複勝290円、ワイド560円、3030円
9.8	中京10R	ホワイトガーベラ	11	16	3	複勝1800円、ワイド6210円、6320円
9.8	中山4R	ミツカネヴィーナス	13	14	2	複勝740円、馬連3270円
9.15	中京11R	セキトバイースト	13	11	3	複勝950円、ワイド2520円、9110円
9.15	中山7R	マーシヴィガラス	11	10	1	単勝4940円、馬連14260円
9.21	中京5R	アルサクレイグ	11	12	2	複勝1160円、馬連11790円
9.29	中山11R	ルガル	13	9	1	単勝2850円、馬連15840円

巻末資料●2024年5～9月のEP馬

日	レース	馬名	順位	人気	着	主な配当
5.4	新潟9R	ゴーインマイウェイ	12	11	2	複勝590円、馬連4830円
5.4	京都10R	アルーブルト	12	13	3	複勝1060円、ワイド8320円、5720円
5.5	新潟8R	ウイングランブルー	11	11	2	複勝700円、馬連5730円
5.5	京都11R	カリポール	12	13	3	複勝2180円、ワイド10170円、20050円
5.12	東京3R	シベリアンポラリス	10	10	1	単勝4240円、馬連3430円
5.12	京都10R	ボーデン	11	12	1	単勝5490円、馬連30070円
5.18	東京1R	サラフォーコン	13	14	2	複勝1600円、馬連24280円
5.18	東京12R	マテンロウガイ	10	5	1	単勝910円、馬連3180円
5.19	新潟10R	ベルウッドウズメ	13	13	2	複勝640円、馬連5660円
5.19	新潟11R	チェイスザドリーム	10	1	1	単勝420円、馬連21340円
5.19	東京9R	レガトゥス	11	9	3	複勝370円、ワイド600円、2210円
5.19	東京12R	メイショウホオズキ	13	13	2	複勝1020円、馬連10100円
5.19	京都6R	ギマール	11	11	3	複勝1120円、ワイド7820円、6390円
5.25	東京11R	ベジャール	13	11	3	複勝810円、ワイド2560円、1790円
5.25	京都12R	アスクビギンアゲン	10	12	1	単勝2890円、馬連15970円
5.26	東京4R	ホウオウシンデレラ	10	9	3	複勝500円、ワイド1160円、1700円
5.26	東京5R	サンリコリス	15	14	3	複勝1450円、ワイド5020円、12220円
5.26	東京5R	タイセイレスポンス	10	7	2	複勝680円、馬連8670円
6.2	東京10R	ニシノカシミヤ	11	9	3	複勝710円、ワイド2920円、8230円
6.2	東京10R	ムーヴ	12	11	2	複勝780円、馬連8190円
6.2	東京12R	バルミュゼット	14	14	3	複勝1080円、ワイド10400円、2910円
6.8	函館3R	ラントゥリーダンス	11	11	3	複勝460円、ワイド1720円、1190円
6.8	函館9R	ペリプルス	14	12	3	複勝1430円、ワイド5650円、7010円
6.9	京都7R	レアンダー	13	14	1	単勝16640円、馬連32780円
6.9	京都10R	ペプチドヤマト	13	13	3	複勝1140円、ワイド1690円、6850円
6.16	函館2R	ヘキルリ	14	10	1	単勝3650円、馬連17160円
6.16	函館12R	ラリベラ	12	12	2	複勝1000円、馬連6860円
6.16	京都11R	アリスヴェリテ	11	4	1	単勝910円、馬連1880円
6.22	東京11R	カランドゥーラ	13	12	3	複勝1650円、ワイド12160円、4970円
6.23	函館7R	ビッグベルーガ	10	10	3	複勝1010円、ワイド2200円、3720円
6.29	函館6R	アースミューズ	11	9	1	単勝4400円、馬連7090円
6.29	福島11R	エコロレジーナ	11	12	2	複勝980円、馬連10480円
6.29	小倉11R	ワイドアラジン	12	11	3	複勝1180円、ワイド6340円、4190円
6.30	函館3R	フェアアイル	13	14	2	複勝1100円、馬連15720円
6.30	小倉7R	イミュータブル	11	13	3	複勝2080円、ワイド6680円、6520円
7.6	函館3R	ディアアリーチェ	13	8	2	複勝650円、馬連11020円
7.6	小倉8R	キタサンダムール	10	12	3	複勝660円、ワイド1760円、5200円
7.7	函館2R	ピクラリーダ	11	10	1	単勝8800円、馬連49510円

●**著者紹介**

田中洋平（たなか　ようへい）

1976年、奈良県出身。日刊コンピ指数の研究家。月刊「競馬最強の法則」2009年4月号の「ブラックジャーナル」コーナーに「逃げ馬」理論で初登場。そして同誌2010年4月号にて「コンピ・アナライズを追え」で巻頭デビューを果たす。2012年7月に単行本『新コンピ・アナライズ　ゾーンレベル』を上梓。その後も日刊コンピ指数を独自の視点で攻略した理論を、「競馬の天才！」などに寄稿し活躍中。日刊スポーツの競馬サイト『新極ウマ・プレミアム』での連載ほか、ネット上にて『競馬予想を組み立てるオンラインサロン』（右のQRコード）などを主宰。近著に『日刊コンピ新テクニカル6』（秀和システム）。

また、エリートポイント馬の有料配信も始めました。詳細及び申し込みなどは、下記アドレス（もしくは左のQRコード）にアクセスをしてください。

https://vindictiveimmunity.com/lp/?page_id=9561

日刊（にっかん）コンピ　エリートポイント！

発行日　2024年11月20日　　第1版第1刷

著　者　田中洋平（たなかようへい）＆（アンド）日刊（にっかん）コンピ研究（けんきゅう）チーム

発行者　斉藤　和邦
発行所　株式会社　秀和システム
〒135－0016
東京都江東区東陽2-4-2　新宮ビル2F
Tel 03-6264-3105（販売）　Fax 03-6264-3094

印刷所　日経印刷株式会社　Printed in Japan

ISBN978-4-7980-7409-2 C0075